Stressmanagement im Fernstudium

Lizenz zum Wissen.

Sichern Sie sich umfassendes Wirtschaftswissen mit Sofortzugriff auf tausende Fachbücher und Fachzeitschriften aus den Bereichen: Management, Finance & Controlling, Business IT, Marketing, Public Relations, Vertrieb und Banking.

Exklusiv für Leser von Springer-Fachbüchern: Testen Sie Springer für Professionals 30 Tage unverbindlich. Nutzen Sie dazu im Bestellverlauf Ihren persönlichen Aktionscode **C0005407** auf *www.springerprofessional.de/buchkunden/*

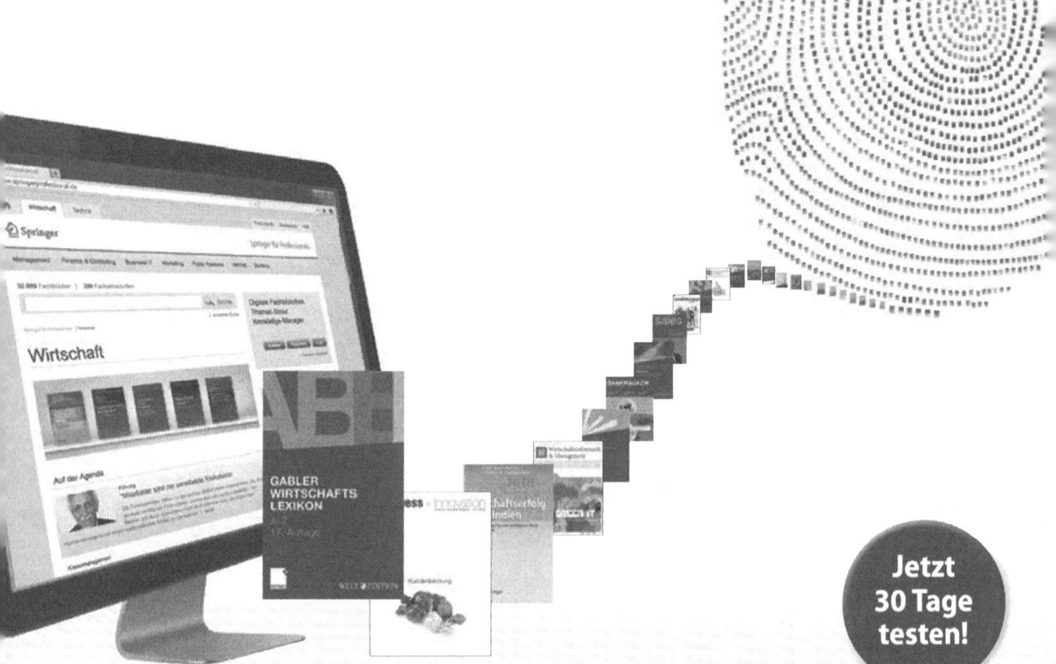

Jetzt 30 Tage testen!

Springer für Professionals.
Digitale Fachbibliothek. Themen-Scout. Knowledge-Manager.

- Zugriff auf tausende von Fachbüchern und Fachzeitschriften
- Selektion, Komprimierung und Verknüpfung relevanter Themen durch Fachredaktionen
- Tools zur persönlichen Wissensorganisation und Vernetzung

www.entschieden-intelligenter.de

Springer für Professionals

Viviane Scherenberg • Petra Buchwald

Stressmanagement im Fernstudium

Ein Praxisratgeber für nebenberuflich Aktive

Viviane Scherenberg
Prävention & Gesundheitsförderung
Apollon Hochschule der
Gesundheitswirtschaft
Bremen
Deutschland

Petra Buchwald
School of Education
Bergische Universität Wuppertal
Institut für Bildungsforschung
Wuppertal
Deutschland

ISBN 978-3-658-09606-9   ISBN 978-3-658-09607-6 (eBook)
DOI 10.1007/978-3-658-09607-6

Die Deutsche Nationalbibliothek verzeichnet diese Publikation in der Deutschen Nationalbibliografie; detaillierte bibliografische Daten sind im Internet über http://dnb.d-nb.de abrufbar.

Springer Gabler
© Springer Fachmedien Wiesbaden 2016
Das Werk einschließlich aller seiner Teile ist urheberrechtlich geschützt. Jede Verwertung, die nicht ausdrücklich vom Urheberrechtsgesetz zugelassen ist, bedarf der vorherigen Zustimmung des Verlags. Das gilt insbesondere für Vervielfältigungen, Bearbeitungen, Übersetzungen, Mikroverfilmungen und die Einspeicherung und Verarbeitung in elektronischen Systemen.
Die Wiedergabe von Gebrauchsnamen, Handelsnamen, Warenbezeichnungen usw. in diesem Werk berechtigt auch ohne besondere Kennzeichnung nicht zu der Annahme, dass solche Namen im Sinne der Warenzeichen- und Markenschutz-Gesetzgebung als frei zu betrachten wären und daher von jedermann benutzt werden dürften.
Der Verlag, die Autoren und die Herausgeber gehen davon aus, dass die Angaben und Informationen in diesem Werk zum Zeitpunkt der Veröffentlichung vollständig und korrekt sind. Weder der Verlag noch die Autoren oder die Herausgeber übernehmen, ausdrücklich oder implizit, Gewähr für den Inhalt des Werkes, etwaige Fehler oder Äußerungen.

Lektorat: Margit Schlomski

Gedruckt auf säurefreiem und chlorfrei gebleichtem Papier

Springer Fachmedien Wiesbaden ist Teil der Fachverlagsgruppe Springer Science+Business Media
(www.springer.com)

Vorwort

Liebe Leserin, lieber Leser,

endlich gibt es einen praxisorientierten Ratgeber speziell für alle, die sich mutig dazu entschlossen haben, neben ihrem Beruf einen Fernlehrgang oder ein Fernstudium zu absolvieren! Mit der wichtigen Entscheidung, sich weiterzuqualifizieren und in Ihre berufliche Zukunft zu investieren, befinden Sie sich zunehmend in guter Gesellschaft, denn laut Fernunterrichtsstatistik 2013 absolvieren in Deutschland bereits mehr als 410.000 sogenannte „Distance Learner" einen staatlich zugelassenen Fernlehrgang oder Fernstudiengang (vgl. Forum Distance E-Learning, 2014) und deren Zahl steigt stetig. Teilnehmer von Fernlehrgängen und Fernstudiengängen sind besonderen Belastungssituationen ausgesetzt, da sie ihren Beruf, ihr Fernstudium und ihre Familie beziehungsweise ihre Partnerschaft zeitlich miteinander vereinen müssen. Diese Mehrfachbelastung kann zu Stress, Überforderung und Lernproblemen und sogar zum Burn-out führen. Das muss nicht sein! Aus diesem Grund sollen im vorliegenden Buch die beiden zentralen Fragen beantwortet werden:

- Warum kann ein Fernstudium zu einem gesundheitlichen Problem werden?
- Welche wirkungsvollen Möglichkeiten der Stressbewältigung gibt es?

Sowohl Fernstudierende als auch Angehörige und Lehrende werden über die spezifischen Mehrfachbelastungen und den damit verbundenen Stress informiert und erhalten praktische Hilfestellungen. Die verschiedenen Stressoren mit ihren typischen Kennzeichen und Warnsignalen werden dabei anhand von konkreten Fallbeispielen illustriert. Das Buch liefert wichtige Tipps bei der „stressfreieren" Bewältigung Ihres Fernlehrgangs oder Fernstudiums und zeigt wie auch das soziale Umfeld für die spezifischen Belastungen sensibilisiert und miteinbezogen werden kann. Es unterstützt Sie dabei, …

- Ihr persönliches Verhalten unter Druck reflektieren zu können,
- Ihre Verhaltensweisen und Emotionen während des Stressvorgangs wahrzunehmen und zu verstehen,
- kurzfristig Wege zu finden, wie Sie dem Stress im Fernstudium entfliehen können und
- langfristig mit Stresssituationen bewusster umzugehen.

Zudem finden Sie Übungen, die nicht nur das individuelle Meistern von schwierigen Situationen in den Mittelpunkt stellen, sondern Ihnen auch zeigen, wie Sie Ihr soziales Umfeld einbeziehen und dabei Stressmanagement sofort in Ihren Alltag einbinden können. Kurz: Es hilft Ihnen, Ihren Alltag ruhig und entspannt zu organisieren.

Hinweis: Werden Personenbezeichnungen aus Gründen der besseren Lesbarkeit lediglich in der männlichen oder weiblichen Form verwendet, so schließt dies das jeweils andere Geschlecht mit ein.

Wir wünschen Ihnen eine stressfreie und eine angenehme Lektüre!

Bremen, 12.05.2015   Viviane Scherenberg
                                                            Petra Buchwald

Inhaltsverzeichnis

1	**Einleitung**	1
2	**Was heißt Stress im Fernstudium?**	5
	2.1 Was sind die Besonderheiten eines Fernstudiums?	6
	2.2 Was ist Stress und was löst Stress im Fernstudium aus?	12
	2.3 Wie entsteht Stress allgemein und im Fernstudium?	18
	2.3.1 Einfluss früherer Erfahrungen auf akute Stresssituationen	23
	2.3.2 Die stressreiche Situation	24
	2.3.3 Ressourcenbilanz	25
	2.4 Was sind typische Stressreaktionen?	28
	2.5 Wann ist Stress gesundheitsschädlich?	30
	2.6 Wann kann Stress im Fernstudium nützlich sein?	35
	2.7 Wie sieht Ihr persönliches Stressprofil aus?	37
	2.8 Handlungsplan	38
3	**Wie können Sie Stress im Fernstudium bewältigen?**	41
	3.1 Stressbewältigung durch mentale Entspannungstechniken	46
	3.1.1 Stopp negativer Gedanken	52
	3.1.2 Aufbau positiver Gedanken	53
	3.1.3 Handlungsplan	56
	3.2 Stressbewältigung durch körperliche Entspannungstechniken	57
	3.2.1 Atementspannung	57
	3.2.2 Progressive Muskelentspannung	61
	3.2.3 Handlungsplan	63
	3.3 Stressbewältigung und -vermeidung im sozialen Umfeld	64
	3.3.1 Stressvermeidung durch das soziale Umfeld	67
	3.3.2 Stressvermeidung durch unangemessene Hilfe	68

3.3.3	Stressbewältigung durch soziale Unterstützung	69
3.3.4	Professionelle Hilfe bei schwerwiegenden Stressbelastungen	71
3.3.5	Handlungsplan	73

4 Wie können Sie Stress im Fernstudium vorbeugen und langfristig reduzieren? ... 75

4.1 Stressprävention durch die „innere Einstellung" ... 77
    4.1.1 Positiver Nutzen von Misserfolgen und Rückschlägen ... 77
    4.1.2 Positiver Nutzen einer optimistischen und dankbaren Grundhaltung ... 83
    4.1.3 Relativierung und Umgang mit negativen Gedanken ... 85
    4.1.4 Sinnsuche und Sinnstiftung im Fernstudium ... 86
    4.1.5 Humor und sein Nutzen im Fernstudium ... 88
    4.1.6 Handlungsplan ... 89
4.2 Stressprävention durch verbesserte Kommunikation ... 90
4.3 Stressprävention durch optimiertes Zeitmanagement ... 97
    4.3.1 Entlarvung unnötiger Zeitfresser ... 98
    4.3.2 Wirkungsvolle Ziel- und Prioritätensetzung im Fernstudium ... 104
    4.3.3 Schaffung von Belohnungen und Ritualen im Fernstudium ... 106
    4.3.4 Handlungsplan ... 112
4.4 Stressprävention durch ausreichende Bewegung, gesunde Ernährung und erholsamen Schlaf ... 113
    4.4.1 Ausreichende Bewegung ... 114
    4.4.2 Gesunde Ernährung ... 118
    4.4.3 Erholsamer Schlaf ... 121
    4.4.4 Handlungsplan ... 125
4.5 Stressprävention durch Ablenkung und Erholung ... 126
4.6 Stressprävention durch die Inanspruchnahme von Unterstützungen ... 136
    4.6.1 Vielfache Möglichkeiten: Unterstützungsangebote im Fernstudium ... 137
    4.6.2 Gemeinsam statt einsam: Schriftliche Arbeiten im Fernstudium ... 140
    4.6.3 Falscher Stolz: Hilfe annehmen heißt Stärke zeigen ... 142
    4.6.4 Handlungsplan ... 143
4.7 Stressprävention durch effektives Selbstmanagement ... 144

5	Nachwort	159
Literatur		161
Sachverzeichnis		169

Die Autorinnen

Prof. Dr. Viviane Scherenberg MPH ist seit Mitte 2009 als Autorin und Lehrbeauftragte für den Bereich Public Health und seit April 2011 als Dekanin Prävention und Gesundheitsförderung an der APOLLON Hochschule für Gesundheitswirtschaft in Bremen tätig. Zuvor studierte sie Betriebswirtschaft (Schwerpunkt Marketing) an der AKAD Hochschule, Angewandte Gesundheitswissenschaften und Public Health an der Universität Bielefeld und promovierte am Zentrum für Sozialpolitik (Universität Bremen) bei Herrn Prof. Dr. Gerd Glaeske. Sie verfügt zudem über eine Ausbildung als psychologische Beraterin (ALH). Vor ihrer Hochschultätigkeit war sie acht Jahre in der Industrie und 13 Jahre in einer Marketingagentur tätig (u. a. Leitung des Bereichs Health- & Socialcare). Sie ist Autorin zahlreicher Publikationen und engagiert sich ehrenamtlich in diversen Verbänden (z. B. BDVB: Fachgruppe s3 – Soziale Sicherungssysteme, Gesundheitsökonomie; Gesellschaft für Nachhaltigkeit).

Prof. Dr. Petra Buchwald studierte Erziehungswissenschaft, Psychologie und Soziologie. Im Anschluss an ihre Promotion habilitierte sie sich an der Heinrich-Heine-Universität in Düsseldorf im Bereich der Stressforschung. Für ihr Forschungsprojekt „Stress gemeinsam bewältigen" erhielt sie im Jahr 2000 den Bennigsen-Foerder-Preis des Landes Nordrhein-Westfalen für außergewöhnliche wissenschaftliche Leistungen. Sie arbeitet an der Bergischen Universität Wuppertal am Institut für Bildungsforschung in der School of Education. Zudem ist sie Autorin bzw. Herausgeberin von vielen Büchern und Artikeln rund um das Thema Stress und war Präsidentin der internationalen Stress and Anxiety Research Society (STAR).

Abkürzungsverzeichnis

Abb.	Abbildung
Abs.	Absatz
App	Applikation
Bafög	Bundesausbildungsförderungsgesetz
et al.	et alii (und andere)
f.	folgende
ff.	fortfolgende
FH	Fachhochschule
PMR	Progressive Muskelrelaxation
SGB	Sozialgesetzbuch
SOC	sense of coherence
Tab.	Tabelle
vgl.	vergleiche
z.B.	zum Beispiel
zit. n.	zitiert nach

Abbildungsverzeichnis

Abb. 2.1	Entwicklung der Teilnehmerzahlen im Distance-Learning 2003–2013	7
Abb. 2.2	Einfaches Stress-Schema: Stresssituation und folgende Stressreaktion	13
Abb. 2.3	Individuelle Wahrnehmung und Bewertung der Situation	13
Abb. 2.4	Klassifikation mittels drei Dimensionen von Stress	17
Abb. 2.5	Gewinn- und Verlustspiralen	20
Abb. 2.6	Stresswaage	23
Abb. 2.7	Ressourcenbilanz als Tortendiagramm	25
Abb. 2.8	Zusammenhang zwischen Stress und Leistung	35
Abb. 3.1	Bereiche von Stress und Stressbewältigung	45
Abb. 3.2	Gefühlskreis	48
Abb. 3.3	Die Auswirkungen positiver Gedanken	51
Abb. 3.4	Entspannung und ihre positive Wirkungen	58
Abb. 4.1	Stressfaktoren nach Geschlecht (Mehrfachantwort möglich)	91
Abb. 4.2	Assoziationen zum Stimulus „Bett"	122
Abb. 4.3	Gegenüberstellung bestrafender und belohnender Motive der Limbic®Map	131
Abb. 4.4	Pauseneffekte am Beispiel eines Wochenzyklus	135
Abb. 4.5	Methodik des effizienten Arbeitens	147
Abb. 4.6	SMART-Regel	148
Abb. 4.7	Eisenhower-Prinzip	152

Tabellenverzeichnis

Tab. 2.1 Lebensereignisse und Stresspunkte 19

Tab. 3.1 Positive Umkehrung von Aussagen 54
Tab. 3.2 Atemmuster und psychische Zustände 59
Tab. 3.3 Formen der sozialen Unterstützung 65

Tab. 4.1 Am häufigsten ausgeübte Sportarten nach Geschlecht und Alter ... 117
Tab. 4.2 Inhaltliche Typologie sozialer Unterstützung 138
Tab. 4.3 Beispielhafte Übersicht über Stressmanagement-Kompetenzen ... 145

Einleitung 1

> **In diesem Kapitel lernen Sie, ...**
> - welches Anliegen mit dem Praxisratgeber verfolgt wird,
> - welchen Nutzen Sie daraus ziehen können,
> - wie der Ratgeber aufgebaut ist und
> - wie Sie bei der Bearbeitung vorgehen sollten, um für sich den größtmöglichen Nutzen zu ziehen.

Benjamin Franklin sagte einst: *„Eine Investition in Wissen bringt immer noch die besten Zinsen."* Ein Zitat, das gerade in unserer dynamischen Welt immer mehr an Aktualität gewinnt, denn die wertvollen Erfahrungen, Fähigkeiten und Begegnungen, die Sie während Ihres Fernstudiums sammeln werden, kann Ihnen keiner mehr nehmen. Ein wertvoller Schatz, den Sie für Ihr ganzes Leben Ihr eigen nennen können. Wir gratulieren Ihnen zu dieser sinnvollen Entscheidung, mehr aus Ihrem Leben machen zu wollen und in Ihre eigene Zukunft zu investieren. Bevor Sie die Früchte Ihres Fernstudiums ernten können, gilt es den spezifischen Herausforderungen, die ein nebenberufliches Fernstudium mit sich bringt, zu begegnen, denn Beruf, Familie und Fernstudium unter einen Hut zu bekommen ist nicht immer einfach und führt häufig zu Stress. Dieser Ratgeber soll Ihnen dabei helfen, Stress und Stressreaktionen Ihres Körpers besser zu verstehen, stressreichen Situationen während Ihres Fernstudiums vorzubeugen und sie zu bewältigen.

Hierzu möchten wir wie folgt vorgehen: Im Kap. 1 bieten wir Ihnen zunächst einen Einblick in die Besonderheiten eines Fernstudiums und im Kap. 2 eine theoretische Einführung in das Thema Stress und damit in die Zusammenhänge zwischen wahrgenommenen Belastungen und Stress. Anschließend werden im Kap. 3 Strategien zur Stressbewältigung thematisiert und Sie erhalten konkrete Tipps wie

Sie akuten Stress bewältigen können. Im Kap. 4 erfahren Sie, wie Sie Stress in Zukunft langfristig vorbeugen können. Das Kap. 5 schließt mit einem Fazit und einem Appell gegen Stress und für Ihre persönliche Gesundheit ab. Nach jedem Kapitel können Sie anhand eines Handlungsplans Ihr persönliches Training beispielsweise für den Zeitraum einer Woche zusammenstellen und versuchen, das Erlernte in die Praxis umzusetzen. Stressmanagement bedeutet nicht, dass Sie von heute auf morgen weniger Stress empfinden. Vielmehr müssen Sie sich mit neuen Handlungsmöglichkeiten auseinandersetzen und dabei alte eingefahrene Gewohnheiten ablegen – das fällt nicht immer leicht. Daher noch ein paar Hinweise zur Vorgehensweise.

Wie Sie am besten von diesem Ratgeber profitieren
Damit Sie den größtmöglichen Nutzen aus diesem Praxisratgeber ziehen und die negativen Begleiterscheinungen von Stress minimieren können, sollten Sie Folgendes beachten: Lassen Sie sich auf die Inhalte des Ratgebers ein, gehen Sie schrittweise vor und seien Sie mit sich und Ihrer sozialen Umwelt geduldig. Wir brauchen alle etwas Zeit, um festgefahrene Einstellungen und Gewohnheiten umzustellen. Daher werden wir immer wieder praxisorientierte Alltagsbeispiele zur Selbstreflexion aufgreifen, um Ihnen zu verdeutlichen, dass Stress nicht erst bei extremen Ereignissen zustande kommt, wie zum Beispiel bei Mobbing oder in Prüfungsphasen, sondern Tag für Tag auf uns einwirkt. Wir möchten Ihnen Strategien der Stressbewältigung aufzeigen, und zwar nicht nur solche, die Sie allein ausführen, sondern auch Varianten der partnerschaftlichen und kollegialen Stressbewältigung.

Auch ist dieses Buch kein Wundermittel, sondern Mittel zum Zweck, um Ihre persönliche Lebensqualität zu steigern. Sie als Leser dieses Buches sind so individuell, einzigartig und vielschichtig, wie Ihre Stresssituationen und -reaktionen. Aus diesem Grund werden Sie an vielen Stellen des Buches aufgefordert, Übungen zu machen, um Ihr eigenes Verhalten zu reflektieren und kritisch zu hinterfragen. Nur so ist es möglich, dass Sie auf der Basis Ihrer persönlichen Übungsergebnisse und vielen praxisorientierten Tipps und Handlungshilfen **Ihre individuelle Erfolgsstrategie** entwickeln können. Sehen Sie den vorliegenden Praxisratgeber daher als eine Art Warenkorb, in dem Sie das einkaufen, was Sie ganz persönlich benötigen.

Als **Buch-Seminarteilnehmer** können Sie profitieren und aktiv mitmachen. Daher möchten wir Sie ausdrücklich ermutigen, die Übungen gewissenhaft durchzuführen. Folgen Sie dieser Einladung, so werden Sie mit der Zeit eine **völlig neue Sichtweise auf Stress** entwickeln. In welcher Geschwindigkeit Sie dabei vorgehen, ist nicht von Bedeutung. Finden Sie Ihren individuellen Rhythmus und seien

1 Einleitung

Sie geduldig mit sich. Lassen Sie sich in kleinen Schritten inspirieren und bearbeiten Sie die einzelnen Abschnitte in **kleinen „Dosierungen"**, um diese nach und nach **in die Praxis umsetzen** zu können. Denn festverankerte **Gewohnheiten** und eingefahrene Gedankenmuster verändern sich erst langsam. Dabei können Sie den Praxisratgeber immer wieder zur Hand nehmen, einzelne Aspekte bearbeiten und durch **Wiederholung** verinnerlichen.

Noch ein wichtiger Hinweis Dieses Buch kann weder eine Therapie noch eine psychologische Beratung ersetzen! Auch liegt Ihnen mit diesem Buch keine wissenschaftliche Literatur vor. Vielmehr halten Sie einen Praxisratgeber in der Hand, der Ihnen konkrete Hilfestellungen und Tipps gibt, um Ihr Fernstudium möglichst stressarm, gesund und erfolgreich zu bewältigen.

Was heißt Stress im Fernstudium? 2

Inhaltsverzeichnis

2.1 Was sind die Besonderheiten eines Fernstudiums? 6
2.2 Was ist Stress und was löst Stress im Fernstudium aus? 12
2.3 Wie entsteht Stress allgemein und im Fernstudium? 18
    2.3.1 Einfluss früherer Erfahrungen auf akute Stresssituationen 23
    2.3.2 Die stressreiche Situation 24
    2.3.3 Ressourcenbilanz 25
2.4 Was sind typische Stressreaktionen? 28
2.5 Wann ist Stress gesundheitsschädlich? 30
2.6 Wann kann Stress im Fernstudium nützlich sein? 35
2.7 Wie sieht Ihr persönliches Stressprofil aus? 37
2.8 Handlungsplan 38

© Springer Fachmedien Wiesbaden 2016
V. Scherenberg, P. Buchwald, *Stressmanagement im Fernstudium*,
DOI 10.1007/978-3-658-09607-6_2

> **In diesem Kapitel lernen Sie, …**
> - was die auslösenden Stressoren eines Fernstudiums sein „können",
> - was unter Stress verstanden wird und wie Stress überhaupt entsteht,
> - wie wir auf Stress reagieren und wann Stress zu gesundheitlichen Beeinträchtigungen führen kann und
> - warum Stress durchaus auch positive Seiten haben kann.
>
> **Zudem haben Sie die Gelegenheit zu reflektieren, …**
> - wie sich Stress bei Ihnen persönlich bemerkbar macht und
> - wie Ihr individuelles Stressprofil aussieht und was Sie dem Stress entgegensetzen können.

2.1 Was sind die Besonderheiten eines Fernstudiums?

Ohne Zweifel, ein nebenberufliches Fernstudium ist nicht mit einem klassischen Präsenzstudium zu vergleichen. Bilden Sie sich nebenberuflich weiter, dann durchlaufen Sie während Ihrer Studienzeit mitunter einige emotionale Höhen und Tiefen. Wir möchten Sie zu Beginn dieses Buches bewusst für die Vorteile und Herausforderungen sensibilisieren, die ein solches Fernstudium mit sich bringt. Ziel soll es natürlich auch sein, dass Sie gerade die bestehenden Vorteile eines Fernstudiums erkennen und ermutigt werden, es durchzuführen. Der Blick auf die anstehenden Herausforderungen soll Sie darauf vorbereiten, dass Sie Ihre neue Situation realistisch einschätzen können und erkennen, dass Sie mit dieser Situation nicht allein sind.

Dies verdeutlicht allein schon Abb. 2.1 mit den stetig steigenden Teilnehmerzahlen an nebenberuflich Aktiven, den sogenannten „Distance-Learnern" (Fernstudierende und Teilnehmer von Fernlehrgängen). Wie Sie sehen, gibt es keine wesentlichen Merkmale hinsichtlich des Alters. Auch wenn die Mehrheit Fernstudierender zwischen 21 und 35 Jahre (54 %) alt sind, nutzen die über 40-Jährigen (31 %) Fernstudienangebote, um sich für neue berufliche Herausforderungen weiterführend zu qualifizieren oder ihren beruflichen Traum zu verwirklichen (vgl. Forum DistancE-Learning 2014). Unabhängig davon wie jung oder alt Sie sind oder welche persönlichen Ziele Sie mit Ihrem berufsbegleitenden Fernstudium verfolgen: Sie befinden sich in guter Gesellschaft.

Damit verbunden ist die Tatsache, dass aufgrund der technologischen Entwicklung die Lehre in einem Fernstudium immer professioneller wird. Regelmäßige Online-Vorträge in virtuellen Klassenräumen, Lehr-Videos oder E-Bibliotheken,

2.1 Was sind die Besonderheiten eines Fernstudiums?

Abb. 2.1 Entwicklung der Teilnehmerzahlen im Distance-Learning 2003–2013. (vgl. Forum DistancE-Learning 2014)

gehören heute zum Standardrepertoire einer guten Fernhochschule und erleichtern den Fernstudierenden das Lernen und die Kommunikation mit Lehrenden und anderen Studierenden über weite Distanzen.

Natürlich werden wir im Folgenden auch auf die „vermeintlichen" Nachteile eines Fernstudiums eingehen, um Ihnen auf dieser Basis zentrale Tipps an die Hand zu geben, wie Sie Herausforderungen präventiv begegnen können. Bevor wir nun genauer die Pro- und Contra-Argumente gegenüberstellen, möchten wir, dass Sie einmal in sich gehen und selbst reflektieren, wo Sie persönlich die besonderen Vorteile und Herausforderungen in Ihrem Fernstudium sehen.

Übung

Gehen Sie einmal in sich und ergänzen Sie die folgende Tabelle, um herauszufinden wo für Sie die Pro- und Contra-Argumente für Ihr Fernstudium liegen.

Pro-Argumente	Contra-Argumente

Nun haben Sie für sich eine persönliche Pro- und Contra-Liste erstellt, bei der hoffentlich die positiven Argumente überwiegen. Wir möchten uns jetzt bewusst den Herausforderungen widmen, die ein Fernstudium mit sich bringt und die Stress auslösen „können". Dies insbesondere aus dem Grund, da Sie im Verlauf der folgenden Gegenüberstellung und beim Durcharbeiten des vorliegenden Ratgebers merken werden, dass sich einige der folgenden negativen Punkte bei genauer Betrachtung noch als positive Aspekte herausstellen werden:

- **Soziale Isolation:** Die Isolation bei einem Fernstudium „kann" Probleme mit sich bringen. Sie bekommen Studienhefte zugeschickt, erleben Online-Vorlesungen alleine zu Hause, lernen meist ohne Gesellschaft und können sich daher mitunter sehr alleine fühlen. Diese weitverbreitete Meinung resultiert besonders bei Fernstudierenden zu Beginn eines Fernstudiums, da die Wahrnehmung vorherrscht, dass Kommilitonen nur bei Präsenzseminaren getroffen werden können. Dabei kann eine mögliche „Vereinsamung" demotivierend sein, da der Austausch und die gegenseitige Ermutigung fehlen. Dies muss nicht sein. Zwar gibt es das „typische Studentenleben" in einem Fernstudium nicht, allerdings ist ein vielfältiges Miteinander und die Vernetzung mit Kommilitonen auch bei einem Fernstudium über beispielsweise den Online-Campus (Forenkommunikation, Chat, E-Mail etc.), bei Prüfungsleistungen (z. B. Gruppenprojekten, Lerngruppen über Skype zur Prüfungsvorbereitung), über Online-Gruppen (Facebook, WhatsApp etc.), über sogenannte Stammtische der jeweiligen Hochschule oder Treffen auf Konferenzen möglich. Wie „isoliert" Sie im Verlauf Ihres Fernstudiums sind, haben Sie in einem großen Maß selbst in der Hand.
- **Präsenzseminare:** Ein Großteil der Lehre wird in Fernstudiengängen über Studienhefte vorgenommen. Daher wird ein Nachteil oft darin gesehen, dass aufkommende Verständnisfragen, die in traditionellen Präsenzvorlesungen unmittelbar gestellt werden können bei Fernstudiengängen schwer möglich sind. Das Gegenteil „kann" der Fall sein, denn ein Fernstudium kann auch heißen, besseren Zugang zu Dozenten bzw. Tutoren und weniger „Flaschenhals"-Probleme aufgrund von zu überfüllten Pflichtseminaren (vgl. Althaus 2009) zu haben. Denn die neuen Medien machen es möglich, dass Fragen per E-Mail, in Themenforen und in einem Chat direkt gestellt und relativ zeitnah beantwortet werden können. Dabei müssen Sie sich nicht – wie an Präsenzhochschulen – an festgesetzte Vorlesungszeiten oder Sprechstunden einzelner Professoren oder Lehrenden halten. Ein Fernstudium verlangt den Anbietern einen hohen Betreuungsaufwand ab, um einen hohen Servicestandard und damit kurze Reaktionszeiten zu gewährleisten. Aus diesem Grund werden in der Regel Tutoren und Dozenten vertraglich dazu verpflichtet innerhalb eines vorgegebenen Zeit-

2.1 Was sind die Besonderheiten eines Fernstudiums?

rahmens auf Fragen der Studierenden zu reagieren. Ist dies nicht der Fall, kann jederzeit der Studienservice kontaktiert werden, um sicherzustellen, dass diese Zeiten eingehalten werden.

- **Neue Lernsituation:** Viele Fernstudierende waren vor ihrem Studium berufstätig oder sind es auch währenddessen. Wieder die „Schulbank zu drücken" und regelmäßig lernen zu müssen bzw. zu dürfen, bringt eine Umstellung des aktuellen Lebensrhythmus mit sich. Zudem bestehen zuweilen Ängste, die neue Herausforderung bewältigen zu können. Die große Anzahl an Fernstudierenden und Absolventen sollte Sie allerdings ermutigen. Zumal jeder Studiengang in Deutschland vor Markteintritt von sogenannten Akkreditierungsagenturen nicht nur inhaltlich, sondern auch auf die grundsätzliche Studier- und Berufsfähigkeit von einem ausgewählten Gutachterteam (bestehend aus Hochschulvertretern, einem Vertreter aus der Praxis sowie einer studentischen Vertretung) auf „Herz und Nieren" geprüft wird. Zudem lernen Fernstudierende nicht nur „theoretisch", sondern haben den großen Vorteil, dass sie das Gelernte direkt in ihren beruflichen Alltag integrieren können. Von diesen positiven Synergieeffekten profitieren nicht nur die Fernstudierenden, sondern 83 % der Arbeitgeber sehen dies als einen deutlichen Pluspunkt für ihr eigenes Unternehmen (vgl. EURO-FH 2013). Darüber hinaus bieten Bildungsinstitute nicht selten Interessierten die Möglichkeit für beispielsweise drei Monate ein Probestudium an, bei dem die Studierenden selbst ohne Risiko einschätzen und austesten können, ob ihnen ein solches Studium gefällt und wie das jeweilige Bildungs- und Serviceangebote beschaffen ist. In dieser Zeit haben die Studierenden ebenfalls die Möglichkeit, sich mit erfahrenen Studierenden auszutauschen, um ihre Entscheidung zu bestätigen.
- **Hohe Studiengebühren:** Auch die Kosten für Studiengebühren werden oft als negativ angesehen. Stellt man diesen Aspekt der Tatsache gegen, dass auch Präsenzstudierende Studiengebühren zahlen müssen, die eventuell erhaltenen BAföG-Leistungen (von bis zu 10.000,00 € laut § 17 Abs. 2 BAföG) nach ihrem Studium abzahlen müssen und dabei nicht die Möglichkeit haben, wichtige Berufserfahrungen parallel zum Studium sammeln zu können, relativiert sich dieses Argument deutlich. Zudem ist zu bedenken, dass die meisten Präsenzstudierenden gezwungen sind, Nebenjobs anzunehmen (z. B. als Kellner), die keinen direkten Nutzen für ihre spätere berufliche Karriere mit sich bringen. Anders bei Fernstudierenden: Sie geben ihren derzeitigen Beruf nicht auf und können ihre berufliche Qualifizierung so flexibel nebenberuflich vorantreiben. Finanzierungsbroschüren der einzelnen Bildungsinstitute mit aufschlussreichen Hinweisen (z. B. Studienkredite, steuerliche Absetzbarkeit, Bildungsprämie oder Aufstiegsstipendium) werden den Studierenden in der Regel zur Verfügung gestellt.

- **Geringer Zugriff auf Fachliteratur:** Als ein weiterer Negativpunkt galt in der Vergangenheit oft, dass Fernhochschulen im Vergleich zu Präsenzhochschulen über keine Bestandsbibliotheken verfügen. Im Zuge der Einführung von Online-Bibliotheken bei Fernhochschulen kann dieser Punkt entkräftet werden. Allerdings kann der zusätzliche Gang in eine umfangreiche Bibliothek einer staatlichen Präsenzhochschule, die natürlich auch Fernstudierenden offen steht, nicht schaden, denn jede Bibliothek verfügt über einen mehr oder weniger umfangreichen Bestand an Fachbüchern, je nach Gründungsjahr der Bibliothek und nach fachlicher Ausrichtung der jeweiligen Hochschule.
- **Geringere Akzeptanz bei potenziellen Arbeitgebern:** Auch die Frage nach der Akzeptanz von Fernstudiengängen bei potenziellen Arbeitgebern wird häufig gestellt. Einer Forsa-Studie im Auftrag der Europäischen Fachhochschule in Hamburg (Euro-FH) zufolge machen zwei Drittel aller Personalchefs keinen Unterschied zwischen Fern- und Präsenzstudierenden (vgl. Euro-FH 2012). Im Gegenteil, denn nach dieser Studie schätzen Personalverantwortliche gerade die Vorzüge, die ein Fernstudium mit sich bringen, da ein nebenberufliches Studium mit einer hohen Selbstdisziplin und Leistungsbereitschaft (93 %), praxisorientiertem Wissen (87 %), Belastbarkeit (87 %) und Berufserfahrungen (78 %) bei den (potenziellen) Mitarbeitern einhergeht (vgl. EURO-FH 2013). Wichtige Soft Skills, die Sie während Ihres Fernstudium erlernen und die in der heutigen Arbeitswelt mehr denn je gefragt sind.

Schauen wir uns jetzt einmal die mannigfaltigen Vorteile an, die ein berufsbegleitendes Fernstudium mit sich bringt. Beginnen wir mit dem wichtigsten Vorzug:

- **Räumliche und zeitliche Unabhängigkeit:** Sie haben mit einem Fernstudium die Möglichkeit, räumlich und zeitlich relativ unabhängig zu lernen. Damit können Sie unabhängig davon, ob Sie in einer ländlichen Gegend oder im Ausland wohnen oder wo immer Sie sich gerade befinden, lernen und müssen nicht wie viele andere Präsenzstudierende sogar umziehen. Dabei wird das Ablegen von Prüfungen in der Regel durch Einsendearbeiten oder bei Klausuren durch regionale Fernstudienzentren gesichert. Die Lehre wird zu einem großen Teil ortsunabhängig über Online-Vorträge und die Zusendung von Studienheften sichergestellt. Studienhefte werden nicht selten zudem als PDF-Dokumente zur Verfügung gestellt, die Sie beispielsweise auf Ihren Laptop oder Ihren Tablet-PC laden und jederzeit und allerorts lesen können.
- **Selbstbestimmtheit, Autonomie und Flexibilität:** Auch im Hinblick auf ihren persönlichen Lernrhythmus sind Fernstudierende weitgehend selbst- statt

2.1 Was sind die Besonderheiten eines Fernstudiums?

fremdbestimmt. Denn oft können wir unser Leben nicht komplett durchplanen. Bei unvorhersehbaren Lebensereignissen wie Schwangerschaft, Krankheit oder hohem Arbeitsaufkommen im Job können Sie flexibel reagieren, ohne Ihren Studienplan anzupassen oder in vielen Fällen sogar das Fernstudium (bis zu einem halben Jahr) ohne jegliche Mehrkosten pausieren lassen. Diesen Luxus sollten Sie sich immer vor Augen führen, zumal die meisten Fernstudiengänge nicht an feste Semesterzeiten gebunden sind und dies nicht nur Ihre Flexibilität deutlich erhöht, sondern die Studienzeit reduzieren kann: Fallen Sie beispielsweise einmal durch eine Prüfung (was keine Schande ist), können Sie diese Prüfung in der Regel direkt wieder erneut ablegen und sind nicht gezwungen, ein ganzes Semester zu warten. Online-Vorträge werden meist aufgezeichnet und können so jederzeit – unabhängig von möglichen beruflichen Terminen (z. B. Schichtdiensten) oder privaten Belangen – so oft Sie möchten im Nachhinein angeschaut werden. Ein Freiheitsgrad, der es Ihnen ermöglicht, Ihren Studienrhythmus auf Ihr berufliches und privates Leben abzustimmen und nicht umgekehrt.

- **Zugriff auf ein umfangreiches Netzwerk:** Sie sollten sich zudem immer vor Augen führen, dass Sie mit dem Fernstudium und mit dem Zugriff auf den sogenannten Online-Campus der jeweiligen Bildungsinstitute einen permanenten Zugriff auf viele Fachexperten haben. Damit sind nicht nur die Tutoren und Dozenten gemeint, sondern auch Ihre Kommilitonen. Denn im Gegensatz zu einem Präsenzstudium haben Ihre Fernstudienkollegen in der Regel bereits einen Beruf erlernt, verfügen über umfangreiche Berufserfahrungen und haben nicht selten bereits eine verantwortungsvolle Position in unterschiedlichsten Branchen inne. Aus diesem interdisziplinären Vorteil können Sie einen gegenseitigen Nutzen ziehen, da Sie untereinander auf die unterschiedlichen Erfahrungen und auf das umfangreiche Wissen jederzeit zugreifen können. Das soziale Netzwerk und damit die sozialen Ressourcen, die Sie während des Fernstudiums aufbauen, können Ihnen in vielfältiger Weise nutzen: Sei es bei der Arbeitsplatzsuche und Stellenfindung oder bei der Beantwortung von branchen- und fachspezifischen Fragen, die Erfahrungen und Insiderwissen erfordern.

▶ **Merksatz** Ein nebenberufliches Fernstudium ist eine Investition in Ihre Zukunft, die Ihnen neue berufliche Türen öffnet. Die Investition in Bildung ist und bleibt die nachhaltigste Investition: Etwas, das Ihnen niemand mehr nehmen kann. Ihre Stellenauswahl und Ihre Karrierechancen werden sich automatisch durch diese Qualifizierung erhöhen.

Dass sich die Mühen für das nebenberufliche Engagement mehr als lohnen, zeigen die Ehrungen des Fachverbands Forum DistancE-Learning (www.forum-distance-learning.de). Denn bereits seit 1985 verleiht der Fachverband die Titel „*Fernlernerin des Jahres*" und „*Fernlerner des Jahres*" sowie seit 1988 den „*Studienpreis Lebenslanges Lernen*". Zudem würdigt der Fachverband seit 2005 das nachhaltige Engagement auf Hochschulniveau mit dem Studienpreis DistancE-Learning in der Kategorie „*Fernstudentin des Jahres*" und „*Fernstudent des Jahres*". Mit diesen jährlichen Auszeichnungen wird das kontinuierliche Fortbildungsengagement von nebenberuflich aktiven Menschen gewürdigt, die mit sehr viel Leidenschaft und Freude am lebenslangen Lernen ihr persönliches und berufliches Potenzial zur Entfaltung bringen.

Wie Sie in der Aufzählung der „vermeintlichen" Negativpunkte gesehen haben, konnten einige Negativmythen bereits entkräftet werden. Die neue Situation, ein Fernstudierender zu sein und einen geringeren Face-to-Face-Kontakt zu Lehrenden und Kommilitonen zu haben, darauf werden wir im Verlauf dieses Ratgebers noch genauer eingehen. Zuerst möchten wir uns damit beschäftigen, was eigentlich unter Stress zu verstehen ist.

2.2 Was ist Stress und was löst Stress im Fernstudium aus?

Jeder von uns hat in unserer immer hektischer werdenden Welt schon einmal Erfahrungen mit Stress gemacht. Nicht ohne Grund gilt Stress als eine der zentralen gesundheitlichen Bedrohungen des 21. Jahrhunderts. Dabei kann Stress in sehr vielfältigen Formen auftreten: Wir haben Beziehungsstress, Freizeitstress, Prüfungsstress oder wir können Stress bei der Arbeit oder im Fernstudium haben. Bevor Stress allerdings zu auffälligen Symptomen, Arbeitsausfällen oder Lernrückständen im Studium führt, äußert er sich durch Gefühle der inneren Anspannung, Unruhe und Angst. Stress bei der Arbeit oder in Ihrem Studium kann Ihr Wohlbefinden und Ihre Lebensqualität negativ beeinflussen, ja sogar Ihre Gesundheit bedrohen. Aber was genau versteht man eigentlich unter Stress?

In der Wissenschaft wird Stress als eine unspezifische Reaktion des Organismus auf einen Stressor dargestellt (vgl. Seyle 1956), was zu einer Störung des seelischen und körperlichen Gleichgewichtes führt. Stress besteht also aus der **Stresssituation** (bzw. dem äußeren Reiz) und der **Stressreaktion** (bzw. dem Reizergebnis). Gemeint sein kann bei der Stressreaktion die Art, mit der unser Körper auf Stress reagiert, wie beispielsweise Herzklopfen oder Schweißausbrüche. Stresssituationen oder Stressoren stellen die Auslöser dar, wie zum Beispiel Termindruck, Prüfungen oder Krankheit, wie Sie dem einfachen Stress-Schema in Abb. 2.2 entnehmen können.

2.2 Was ist Stress und was löst Stress im Fernstudium aus?

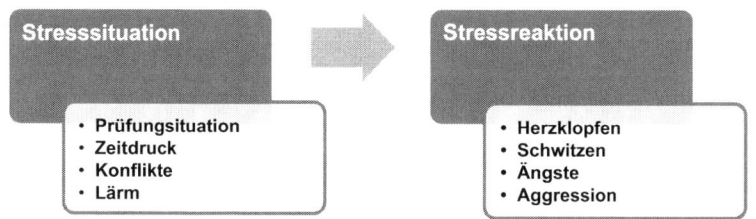

Abb. 2.2 Einfaches Stress-Schema: Stresssituation und folgende Stressreaktion. (Eigene Darstellung in Anlehnung an Selye 1956)

Eine solch einfache Sichtweise vernachlässigt aber den Menschen als denkendes und fühlendes Wesen, der sich in einer bestimmten Situation befindet und nur aufgrund seiner eigenen Bewertung eine Situation als stressreich einstuft. Denn jeder Mensch bewertet Situationen unterschiedlich und je nachdem, ob er glaubt damit fertig zu werden, reagiert er mehr oder weniger gestresst.

So erklärt sich, dass verschiedene Menschen von unterschiedlichen Dingen gestresst sind. Für den einen ist ein nebenberufliches Fernstudium eine willkommene Abwechslung und Herausforderung, für den anderen kann es mit Befürchtungen und Ängsten verbunden sein. Stress ist zu einem großen Maße psychologischer Stress, und Stressreaktionen hängen sehr von der **individuellen Wahrnehmung** und **Bewertung einer Situation** ab, Abb. 2.3). Zwischen diesen beiden Perspektiven – die individuelle Wahrnehmung einer Person von sich selbst auf der einen Seite und ihre Bewertung der Situation, in der sie sich gerade befindet, auf der anderen Seite – wird eine wechselseitige Beziehung angenommen. Die Situation stellt bestimmte Anforderungen an die Person, so z. B. die Situation, am Morgen pünktlich bei der Arbeit erscheinen zu müssen, aber beim Frühstück in einen Streit

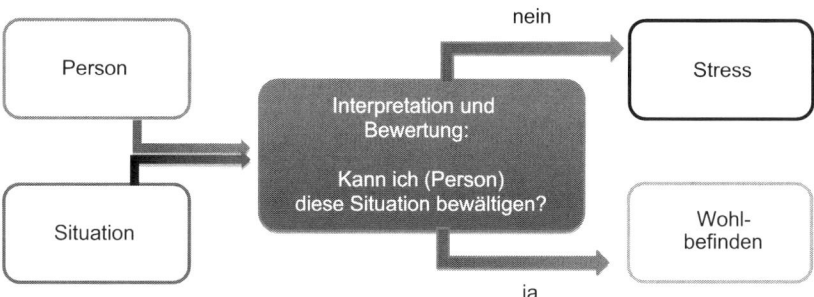

Abb. 2.3 Individuelle Wahrnehmung und Bewertung der Situation. (vgl. Lazarus und Launier 1981)

mit dem Partner zu geraten, der viel Zeit raubt. Meint die Person nun, dieser Anforderung nicht gewachsen zu sein oder ihr nichts entgegensetzen zu können, entsteht Stress. Eine Situation ist demnach nicht per se stressig, sondern wird erst durch die Person als solche eingeschätzt, wenn die eigenen Stressbewältigungsmöglichkeiten als unzureichend wahrgenommen werden.

Eine Stresssituation kann ausgelöst werden durch das Wahrnehmen eines Verlustes, einer Bedrohung oder einer Herausforderung. Diese unterschiedlichen Wahrnehmungen lösen wiederum verschiedene Gefühle aus. Das Erleben von Verlusten kann zu Ärger und Trauer führen. Wird eine Bedrohung wahrgenommen, geht dies mit Angst und Besorgnis einher. Allerdings kann eine Situation auch als Herausforderung bewertet werden und positive Gefühle auslösen, wie Zuversicht, Interesse, Freude und Neugier, wie wir im Folgenden noch sehen werden.

Beispiel

Janine möchte sich in ihrer Arbeit als Hebamme weiterentwickeln und hat sich voller Elan entschlossen, ein Fernstudium aufzunehmen. Ihr Mann und ihre Kinder (8 und 12 Jahre) standen dieser Idee von Anfang an skeptisch gegenüber. Nun fühlt sich Janine nicht ausreichend unterstützt und zweifelt daran, ihre Arbeit, das Familienleben und das Fernstudium miteinander vereinen zu können. Schließlich stellt sich Janine ernsthaft die Frage, ob es ein Fehler war, das Studium zu beginnen.

Das Beispiel von Janine verdeutlicht, dass die gleiche Situation zu unterschiedlichen Stressreaktionen führen kann. Während Janine zunächst voller Tatendrang war, ist sie nun genervt und enttäuscht. Ihre Familie stellt den Sinn ihres Fernstudiums infrage und entsprechend erhält Janine wenig Rückendeckung. Woher kommt das? Die unterschiedlichen Wahrnehmungen der Beteiligten beginnen bereits bei der Ausgangssituation. Janine nimmt das Fernstudium auf, weil sie sich in ihrem derzeitigen Job nicht mehr herausgefordert fühlt, manchmal sogar langweilt. Das Fernstudium könnte neue Perspektiven eröffnen und dieses Problem lösen. Die Familienmitglieder möchten hingegen die vertraute Familiensituation beibehalten, für sie ist es nicht so wichtig, ob ihre Frau bzw. Mutter im Job zufrieden ist.

Ob diese Situation stressauslösend ist, lässt sich objektiv nicht beurteilen. Subjektiv hängt es von der Wahrnehmung und Bewertung der einzelnen Personen ab. Janine wird an ihrer Zielerreichung (**innerer Anforderung**), nämlich ihre beruflichen Perspektiven zu verbessern, gehindert. Sie weiß nicht, wie sie ihre Familie von der Notwendigkeit eines Fernstudiums überzeugen soll (**Bewältigungsmöglichkeiten**). Es entsteht ein Ungleichgewicht zwischen den Anforderungen, die

2.2 Was ist Stress und was löst Stress im Fernstudium aus?

die Situation an sie stellt und ihren Möglichkeiten, damit umzugehen. Auch die Familienangehörigen werden an ihrer Zielerreichung gehindert, nämlich die für sie unbequeme Situation zu stoppen. Sie wissen nicht, wie sie sich in der für sie stressigen Situation angemessen verhalten sollen.

Aber wie kann Janine diese Situation positiv beeinflussen? Betrachten wir einmal die einfachste aller Lösungen, nämlich die Veränderung der eigenen, subjektiven Einschätzung von Situationen. Ist die Situationseinschätzung, die Janine vornimmt, denn tatsächlich „richtig"? Man könnte dies einmal hinterfragen. Janine nimmt offensichtlich eine Bedrohung durch ihre Familie wahr, die sich über die veränderte Familiensituation beklagen könnte. Vielleicht sieht sie ihre Eigenständigkeit bedroht oder hat Angst, ihren Job zu verlieren. Möglicherweise ist diese Einschätzung der Lage aber falsch! Denkbar ist auch, dass Janine ihren Mann ganz leicht davon überzeugen könnte, dass er ihr beispielsweise mehr im Haushalt hilft, wenn sie dafür später mehr zum Haushaltseinkommen beitragen wird. Und vermutlich gewinnt sie bei ihren Kindern Verständnis für ihre Lage, wenn sie ihnen einmal erklärt, wie sie sich in ihrem Job derzeit fühlt.

Allein die veränderte Perspektive, aus der man ein und dieselbe Situation betrachten kann, verhilft also schon zu einer Stressreduktion. Plötzlich tun sich Alternativen auf, die man vorher nicht gesehen hat und die vielleicht gar nicht mehr so bedrohlich und stressreich erscheinen.

▶ **Merksatz** Die Einschätzung einer Situation ist immer subjektiv und hängt von verschiedenen Faktoren ab, zum Beispiel von der momentanen Stimmung, den früheren Erfahrungen und den eigenen Persönlichkeitseigenschaften.

Eigene Persönlichkeitseigenschaften können Stress verstärken. Hierzu zählen (vgl. Kaluza 2014):

- Ungeduld,
- Perfektionismus,
- Profilierungsstreben,
- Kontrollstreben,
- Einzelkämpfertum,
- Selbstüberforderung,
- überstarkes Harmonisierungsstreben.

Übung

Gehen Sie einmal in sich und reflektieren Sie (durch die Ergänzung der folgenden Sätze), in welchen Situationen Sie sich besonders gestresst fühlen, wie Sie in den jeweiligen Situationen reagieren und was diesen Prozess mitunter beschleunigt. Wiederholen Sie diese Übung zur Selbstreflexion gerne öfter (z. B. täglich, wöchentlich, monatlich), um sich immer wieder klar zu werden, an welcher subjektiven Einstellung Sie (stufenweise) arbeiten können, um Ihr Stressempfinden zu reduzieren.

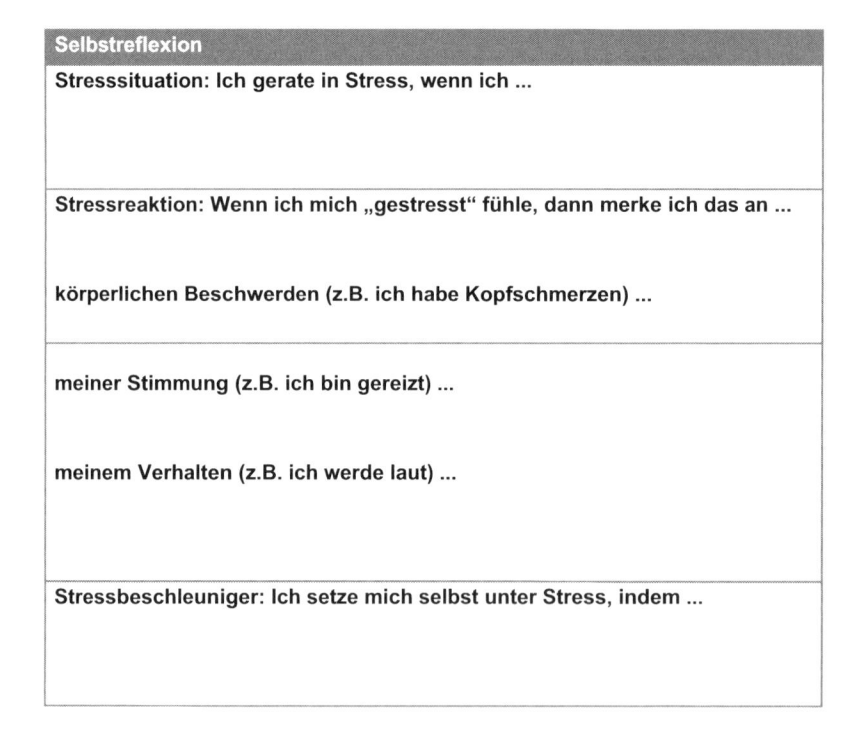

Selbstreflexion

Stresssituation: Ich gerate in Stress, wenn ich ...

Stressreaktion: Wenn ich mich „gestresst" fühle, dann merke ich das an ...

körperlichen Beschwerden (z.B. ich habe Kopfschmerzen) ...

meiner Stimmung (z.B. ich bin gereizt) ...

meinem Verhalten (z.B. ich werde laut) ...

Stressbeschleuniger: Ich setze mich selbst unter Stress, indem ...

Der erlebte Stress im Fernstudium, bei der Arbeit oder innerhalb von Beziehungen, kann sich – wie wir später noch sehen werden – kurz- oder langfristig negativ auf das Wohlbefinden und die Gesundheit auswirken. Dabei kann sich die stressreiche Beanspruchung auf unterschiedlichen Ebenen zeigen, denn Stress wirkt sich auf unser Verhalten, unsere Gefühle und Stimmungen sowie auf unseren Körper aus. Müdigkeit, Gereiztheit oder schlechte Stimmung können kurzfristige Auswirkun-

2.2 Was ist Stress und was löst Stress im Fernstudium aus?

Zeitliche Ausdehnung	Makro-Stress		Mikro-Stress	
	persönlich (internal)	kollektiv (external)	persönlich (internal)	kollektiv (external)
Akut	Verkehrsunfall	Naturkatastrophe	Konflikte mit Arbeitskollegen	Fluglärm
Chronisch	Chronische Erkrankung	Wirtschaftskrise	Lärmende Nachbarn	Mobbing am Arbeitsplatz

Abb. 2.4 Klassifikation mittels drei Dimensionen von Stress. (vgl. Bodenmann und Gmelch 2009)

gen darstellen, während langfristig Stress zu Frustration, Arbeitsunzufriedenheit oder gar einer verschlechterten psychischen beziehungsweise körperlichen Gesundheit und zu chronischen Folgeerkrankungen führen kann.

Abbildung 2.4 soll Ihnen zusammenfassend und anhand von Beispielen einen Überblick darüber geben, wie die zuvor beschriebenen Stressoren kategorisiert werden können. Denn Stressoren können sowohl nach der **Intensität** (Makro- vs. Mikro-Stress), der **zeitlichen Ausdehnung** (akuter Stress vs. chronischer Stress) als auch nach der **Betroffenheit** (persönliche vs. kollektive Betroffenheit) unterschieden werden (vgl. Bodenmann und Gmelch 2009). Die einzelnen Formen sind natürlich nicht strikt voneinander zu trennen, sondern es trifft jeweils ein Merkmal zu. Dies verdeutlicht die Kombination der drei vorgestellten Dimensionen in Abb. 2.4.

Darüber hinaus können Stressoren auch nach inhaltlichen Aspekten kategorisiert werden (vgl. Bodenmann und Gmelch 2009):

- **physikalische** Stressoren (Lärmbelästigung, schlechte Beleuchtung etc.),
- **soziale** Stressoren (Konflikte mit Arbeits- oder Studienkollegen etc.),
- **ökologische** Stressoren (enger Wohnraum, Isolation etc.),
- **ökonomische** Stressoren (finanzielle Sorgen, Schulden etc.),
- **berufliche** Stressoren (Überlastung, Hektik etc.).

Natürlich existieren in Bezug auf ein Fernstudium spezifische Stressoren, die Sie mehr oder weniger stark belasten können. Typische Auslöser, die zu Stress im Fernstudium führen können, sind zum Beispiel:

- **Orientierungslosigkeit** und **Angst** zu Beginn des Fernstudiums,
- **Zweifel** an der **Wahl des Studienfaches** und der **persönlichen Eignung** (z. B. durch überzogenen Perfektionismus),
- **Zweifel** am **persönlichen Nutzen** des Fernstudiums,

- **Konflikte** mit einem Tutor oder mit anderen Studienkollegen,
- **Unter- oder Überforderung** in bestimmten Modulen oder Themengebieten,
- **Prüfungsangst,**
- **Gefühl der Vereinsamung** im Fernstudium,
- **Termin- und Abgabedruck** bei Einsendeaufgaben, Prüfungen oder Abschlussarbeiten,
- **schlechte zeitliche Vereinbarkeit** mit beruflichen und familiären Aufgaben,
- **wahrgenommene mangelnde Unterstützung** durch den Arbeitgeber, die Familie oder Freunde,
- **technische Schwierigkeiten** bei der Nutzung von E-Medien,
- Schwierigkeiten, sich selbst **zu motivieren und zu organisieren.**

Auf all diese (möglichen) typischen Stressoren, die während eines Fernstudiums aufkommen können, werden wir im Verlauf des Praxisratgebers – *direkt oder indirekt* – noch näher eingehen. Doch wie Sie bereits gesehen haben, ist für die **eigene Stresswahrnehmung und -verarbeitung** sowie die körperlichen Reaktionen Ihre **persönliche Einstellung und Bewertung der jeweiligen Stressoren sowie der Einsatz der Bewältigungsressourcen** entscheidend! Daher schauen wir uns nun genauer an, wie Stress entsteht und welchen bedeutenden Einfluss Sie persönlich auf diesen Entstehungsprozess haben.

2.3 Wie entsteht Stress allgemein und im Fernstudium?

Im Kap. 2.2 (*„Was ist Stress und was löst Stress im Fernstudium aus?"*) haben wir gesehen, dass die subjektive Bewertung einer Situation jedes Einzelnen darüber entscheidet, was als Stress wahrgenommen wird. Allerdings gibt es natürlich auch sogenannte **kritische Lebensereignisse**, die laut einer wissenschaftlichen Studie als besonders stressreich wahrgenommen werden (vgl. Holmes und Rahe 1967). Tabelle 2.1 listet solche allgemeinen kritischen Lebensereignisse auf.

Jedoch sind nicht nur solche **sehr kritischen Lebensereignisse** stressreich, sondern auch **alltägliche Belastungen**, sogenannte *„daily hassles"*, wie beispielsweise eine Auseinandersetzung mit Kollegen, ein Verkehrsstau oder eine lange Wartezeit auf Prüfungsergebnisse können als belastendes Stressereignis wahrgenommen werden (vgl. Buchwald 2011; Eppel 2007). Auch bei alltäglichen Belastungen wird Stress als eine wechselseitige Beziehung zwischen persönlicher Einstellung und der Wahrnehmung der Situation aufgefasst. Die Beziehung lässt sich in Form von Gewinnen und Verlusten darstellen.

2.3 Wie entsteht Stress allgemein und im Fernstudium?

Tab. 2.1 Kritische Lebensereignisse und Stresspunkte. (Aronson et al. 2004)

Lebensereignisse	Stresspunkte
Tod des Lebenspartners	100
Scheidung	73
Tod naher Familienangehöriger/Gefängnisaufenthalt	70
Eigene Verletzung/Schwere Krankheit	63
Heirat	50
Entlassung vom Arbeitsplatz	47
Versöhnung nach Streit mit Ehegatten/Pensionierung	45
Schwangerschaft	40
Familienzuwachs/Arbeitsplatzwechsel/Sexuelle Schwierigkeiten	39
Erhebliche Einkommensänderung	38
Ehestreit	35
Aufnahme eines größeren Kredits	31
Neue Verantwortung im Beruf/Ärger mit angeheirateten Verwandten/Auszug eines Kindes	29
Ärger mit dem Chef	23
Wohnungswechsel	20
Tod eines nahen Freundes	17
Änderung der Essgewohnheiten	15
Urlaub	13
Weihnachten	12
Geringfügige Grenzübertretungen	11

Aber was ist das eigentlich, was Menschen gewinnen oder verlieren können? Es sind **Ressourcen**, also **wünschenswerte Güter ideeller und materieller Natur**, wie z. B. Haus, Auto, Gesundheit, Glück und unsere Eigenschaften, Fähigkeiten, Kompetenzen ebenso wie unsere Zeit. Also alles, was wir einsetzen, um unser Leben zu bewältigen. Einen wesentlichen Einfluss auf den Bestand unserer Ressourcen haben stressreiche Anforderungen in Form kritischer Lebensereignisse, aber auch Anforderungen in Form alltäglicher, kleinerer Scherereien. Unter Stress setzen Menschen zur Bewältigung der Anforderungen ihre vorhandenen Ressourcen ein. Stress tritt dann auf, wenn Menschen dabei viele Ressourcen verlieren oder Angst haben, sie zu verlieren. Stellen Sie sich vor, Sie sind voller Tatkraft an eine Aufgabe gegangen und erahnen bereits Ihr Scheitern. Das bedeutet Stress für Sie, denn Sie sehen einige Ihrer Ressourcen bedroht: Sie haben Angst, all Ihre Motivation, Ihren Optimismus und Ihre Hoffnungen zu verlieren oder Sie haben sie bereits verloren.

![Diagramm: Gewinn- und Verlustspiralen mit Verlustspirale (Stress/Burn-out, schlechte Bewältigung, Schwund) und Gewinnspirale (Wohlsein/Gesundheit, gute Bewältigung, Vermehrung) von Ressourcen, ausgelöst durch Große Krisen oder alltägliche Ärgernisse]

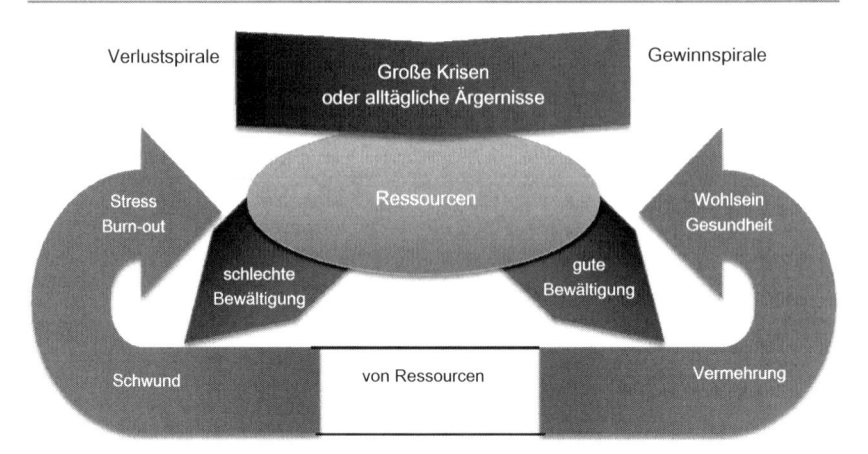

Abb. 2.5 Gewinn- und Verlustspiralen. (vgl. Hobfoll und Buchwald 2004)

Stressreich ist es auch, wenn Menschen wertvolle Ressourcen investieren und dann keinen angemessenen Gewinn erzielen (Abb. 2.5). Angenommen Sie möchten Ihre nächste Prüfung absolvieren, Sie investieren viel Zeit und Mühe, um sich vorzubereiten und gemeinsam mit einer Lerngruppe Ihr Wissen bei der nächsten Gelegenheit zu überprüfen. Dabei stellen Sie fest, dass Ihr Wissen nicht ausreicht, um die Prüfung zu bestehen. Jetzt empfinden Sie die Prüfung und Ihr Fernstudium als stressreich, da Ihr Erfolg in Gefahr gerät, Sie sich darüber ärgern, soviel Zeit investiert zu haben, die Ihnen nun verloren erscheint.

Stress ist also die eigene Wahrnehmung und Bewertung eines realen oder drohenden Verlustes von Ressourcen oder das Ausbleiben eines adäquaten Zugewinns nach einer Ressourceninvestition. Bei andauerndem Stress kann man sich diesen Prozess als eine Verlustspirale vorstellen, die immer unerträglicher wird, je weniger Ressourcen beim Fortgang der Geschehnisse noch vorhanden sind (vgl. Hobfoll und Buchwald 2004).

> **Beispiel**
>
> Tatjana studiert seit drei Jahren Gesundheitsökonomie. Als sie mit dem Fernstudium begann, freute sie sich auf die neue Aufgabe. Sie besaß eine Menge Ressourcen: Sie war hoch motiviert, voller Optimismus und konnte ihr erworbenes Wissen im Job schnell einbringen. Mit ihrem Mann Patrick und den beiden Kindern führte sie eine harmonische Beziehung. Seit ein paar Monaten gibt es allerdings keinen normalen Alltag mehr. Sie fühlt sich überfordert, genervt und oft allein gelassen. Am liebsten möchte sie von allen in Ruhe gelassen werden.

2.3 Wie entsteht Stress allgemein und im Fernstudium?

Zu allem Übel muss sie jetzt noch die Urlaubsvertretung für eine Kollegin übernehmen.

Tatjana beginnt das Fernstudium mit vielen Ressourcen, die sie für die Bewältigung ihres privaten und beruflichen Lebens braucht. Tatsächlich gestaltet sich die Situation an der Fernhochschule auf Dauer als sehr anstrengend. Permanenter neuer Lernstoff und Prüfungen stellen für sie recht hohe Anforderungen dar. Zu Beginn kann sie noch aus ihrem reichhaltigen Reservoir an unterschiedlichen Bewältigungsressourcen schöpfen (z. B. Familie, Freunde, Freizeit). Jetzt stellt sie fest, dass sie mehr an Kraft und Energie in das Fernstudium investiert als sie an Anerkennung und Bestätigung zurückerhält. Ihre Ressourcen beginnen zu schwinden, Optimismus und Motivation lassen langsam nach. Sie investiert sehr viel, erhält aber nicht in gleichem Maße wieder Ressourcen zurück.

Situationen, wie sie Tatjana gerade durchlebt, hat schon jeder von uns in ähnlicher Form erlebt. Aber wie schaffen wir es, Ressourcen wieder zurückzubekommen beziehungsweise zu gewinnen? Indem wir beispielsweise in unsere Arbeit investieren, um eine weitere Karrierestufe zu erklimmen, um mehr Geld zu verdienen oder um mehr Freizeit zu haben (Stichwort: **objektive Bewältigungsressourcen**)? Oder indem wir unsere Einstellung ändern und unser Selbstwertgefühl steigern (Stichwort: **subjektive Bewältigungsressourcen***)* oder unser soziales Netzwerk (z. B. Freundschaften, Familienharmonie) pflegen (Stichwort: **soziale Bewältigungsressourcen**)? Sie sehen, die Formen an Ressourcen, die Sie verlieren aber auch aufbauen können sind vielfältig.

Allgemein streben Menschen vor allem nach Schlüssel-Ressourcen, wie Wertschätzung, Anerkennung, positiver Rückmeldung und nach Hilfe und Unterstützung des sozialen Umfelds. Bei Anerkennungen von außen ist aus psychologischer Sicht kritisch anzumerken, dass es Menschen, deren Verhalten in erster Linie durch externe Anreize (z. B. Prestige, Macht) bestimmt wird, schlechter ergeht, als Menschen, die ihr Verhalten auf ihre inneren Bedürfnisse ausrichten (bspw. innere Zufriedenheit, Ausgeglichenheit) (vgl. Ryan und Deci 2000). Zwar trägt eine wechselseitige Anerkennung und Wertschätzung dazu bei, ein gutes Beziehungsklima zu schaffen, eine (Sehn-)Sucht nach permanenter sozialer Anerkennung und Bewunderung hingegen kann dazu führen, dass der Fokus eher auf das Außen als auf das eigene Innere gerichtet wird.

Wesentlich für die Ressourcen sind Motive, aus denen sie geschöpft werden. Extrinsische (bzw. äußere) Motive wie *„Ich studiere, weil mein Chef es erwartet!", „Ich studiere, weil ich möchte, dass meine Eltern auf mich stolz sind!", „Ich studiere, weil man ohne Studium in dieser Gesellschaft nicht anerkannt wird!"*

sind zwar durchaus motivierende Gründe, verebben aber schnell, wenn der externe Anreiz ausbleibt. Intrinsische (bzw. innere) Motive wie *„Ich studieren, weil ich mich weiterentwickeln möchte!"*, *„Ich studiere, weil ich mich im Beruf entfalten möchte!"* oder *„Ich studiere, weil ich mir eine erfüllte Zukunft aufbauen möchte!"* zeigen, dass Sie persönlich einen Nutzen darin sehen. Den Erwartungen anderer immer gerecht zu werden, kann Sie unter Druck setzen.

> **Merksatz** Richten Sie Ihre Ziele an Ihren eigenen Bedürfnissen aus und nicht an den Bedürfnissen Ihrer Umwelt. Ihre Umwelt unterliegt einem ständigen Wandel und das kann dazu führen, dass Sie Ihre eigenen Bedürfnisse ständig anpassen und unterordnen müssen.

Im Beispiel oben hat Tatjana das Gefühl, dass sie Anerkennung und Hilfe bislang nur selten bekommen hat. Das Verhältnis zu ihren Mitstudierenden ist eher distanziert, selten greift ihr jemand unter die Arme, sie hat zwar anfangs ihrerseits Hilfe geleistet, aber als nichts zurückkam, hat sie damit aufgehört. Oft hat sie das Gefühl, ihr Mann belächelt sie und nimmt sie nicht ernst. Die Stufen der Karriereleiter sind abgezählt und bislang hat sie noch keine Gehaltserhöhung erhalten. Die meiste Unterstützung erhält sie durch ihre Schwester Inge, aber sie hat umgekehrt kaum ein offenes Ohr für deren Probleme – das macht ihr ein schlechtes Gewissen und sie hat Angst, Inge zu verlieren.

Das Beispiel von Tatjana zeigt, dass ein drohender oder realer Verlust von Ressourcen zu Stress und Unbehagen führt und noch schwerer wiegt als Ressourcengewinne. Es müssen Ressourcen investiert werden, um neue hinzuzugewinnen und um sich vor Verlusten zu schützen. Je mehr Ressourcen man hat, umso weniger anfällig ist man gegenüber Stress und kann seine vorhandenen Ressourcen zur Stressbewältigung gewinnbringend einsetzen.

Umgekehrt gilt, mit je weniger Ressourcen man in eine Situation oder Lebenslage gerät, desto sensibler reagiert man auf Stressoren und desto weniger Chancen hat man, durch Stressbewältigung neue Ressourcen zu gewinnen. Aufgrund der anfänglichen Ressourcendefizite und der damit verbundenen schlechteren Bewältigungsmöglichkeiten ist man kaum in der Lage, eine positive Dynamik von Ressourcengewinnen und erfolgreicher Bewältigung zu etablieren. Stattdessen erwachsen aus anfänglichen Verlusten weitere Nachteile, man hat immer weniger Kraft, den Stress zu bewältigen. Es entsteht also eine Spirale (Abb. 2.5), bei der man nach jedem Verlust anfälliger und verletzlicher wird und es im Zuge der sich ausbauenden Verlustspirale immer schwieriger wird, anstehende Probleme zu bewältigen (vgl. Buchwald und Hobfoll 2004).

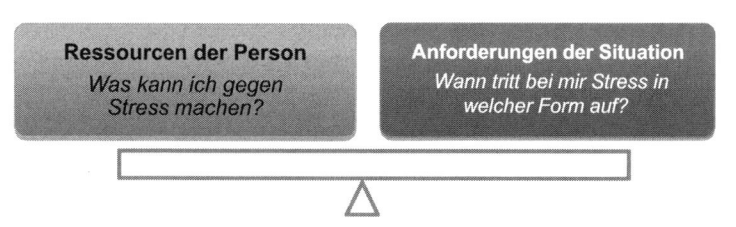

2.3 Wie entsteht Stress allgemein und im Fernstudium?

Ressourcen der Person
Was kann ich gegen Stress machen?

Anforderungen der Situation
Wann tritt bei mir Stress in welcher Form auf?

Abb. 2.6 Stresswaage. (vgl. Dirks et al. 1994)

Ist hingegen die in Abb. 2.6 stehende Stresswaage im Gleichgewicht, so entsprechen unsere „Reserven" (Ressourcen) den Anforderungen. Das Ergebnis: Wir fühlen uns neutral und wohl. Noch wohler fühlen wir uns aber, wenn die Waage zugunsten unserer Ressourcen ausschlägt, unser Ressourcenpool also gefüllt ist und wir vielen Anforderungen gerecht werden können, ohne dass die Waage in ein ungünstiges Ungleichgewicht gerät.

Ob unsere Stresswaage im Gleichgewicht ist, hängt auch von unseren früheren Erfahrungen ab. Daher werden wir in den folgenden Abschnitten darauf eingehen, welchen Einfluss Vorerfahrungen haben und ergründen, woher wir unsere Ressourcen im Wesentlichen ziehen und wohin unsere Ressourcen fließen.

2.3.1 Einfluss früherer Erfahrungen auf akute Stresssituationen

Die Einschätzung einer Situation beziehungsweise der Ressourcen, die in einer Situation zur Verfügung stehen, wird durch die persönliche Haltung und subjektive Wahrnehmung der Dinge beeinflusst. Ein Beispiel dafür war die veränderte Sichtweise der Familiensituation von Tatjana als sie die Aufgabe ihres Fernstudiums erwog (vgl. Kap. 2.2, *„Was ist Stress und was löst Stress im Fernstudium aus?"*). Wäre es damit getan, bräuchte man ab hier nicht mehr weiterzulesen. Man ändert seine Einstellung und schon wäre man den Stress los. Aber Stress hängt natürlich nicht nur von der persönlichen Einschätzung ab, sondern Stress wird gleichzeitig durch noch viele andere Faktoren ausgelöst – die subjektive Wahrnehmung der Situation ist nur einer davon.

Stress hängt auch davon ab, welche Ressourcen wir tatsächlich besitzen und welche Erfahrungen wir bereits in früheren Stresssituationen gemacht haben. Solche Erfahrungen werden bewusst oder unbewusst bei der Einschätzung einer neuen Situation zum Vergleich herangezogen. Wenn wir in einer ähnlichen Situation festgestellt haben, dass unsere Bemühungen aussichtslos waren und unsere

Ressourcen nicht ausreichten, werden wir dies in der neuen Situation wieder so einschätzen. Hegen Sie beispielsweise Angst vor bestimmten Fächern in Ihrem Fernstudium (wie Wirtschaftsmathematik), liegt diese vermutlich lediglich daran, dass Sie während Ihrer Schulzeit negative **Vorerfahrungen** gemacht haben.

Ebenso spielt die momentane Stimmung bei der Einschätzung der Situation eine bedeutsame Rolle. Nach einem erholsamen Wochenende erscheint der *„Montag-Morgen-Stau"* nicht so lang, aber wenn wir es besonders eilig haben, doppelt so lang. Neben der aktuellen Stimmung und den Vorerfahrungen beeinflussen unsere Persönlichkeitseigenschaften und unsere persönlichen Ressourcen wie Ängstlichkeit, Optimismus oder Kompetenzen unsere Situationseinschätzung. Ängstliche Personen empfinden stressreiche Situationen eher als bedrohlich, während Optimisten das gleiche Ereignis als Herausforderung erleben können und sich zutrauen, es zu bewältigen.

Wesentlich sind außerdem die eigenen Erwartungen, Ziele, Wertmaßstäbe und Überzeugungen, denn sie beeinflussen wiederum die subjektive Bedeutung eines Ereignisses. Wäre es der Fernstudierenden Tatjana aus unserem letzten Beispiel gleichgültig, wie es in ihrem Job läuft, hätte sie die Situation kaum als stressreich empfunden. Eigene stressauslösende Erwartungen oder Ziele sind uns in den seltensten Fällen bewusst. Durch die gezielte Aufmerksamkeit auf unsere Gedanken und Gefühle in stressreichen Situationen können wir sie uns aber ins Bewusstsein rufen. Dies ermöglicht uns ein Umdenken und wir sind stressreichen Ereignissen nicht mehr hilflos ausgeliefert!

2.3.2 Die stressreiche Situation

Betrachten wir nun eine stressauslösende Situationen losgelöst von der subjektiven Wahrnehmung einer Person. Es gibt verschiedene Ereignisse, die von fast allen Menschen als belastend erlebt werden und somit „objektiv" stressreich sind. Das sind die sogenannten kritischen Lebensereignisse beziehungsweise massiven Krisen (z. B. der Tod eines Angehörigen, eine Naturkatastrophe, eine entscheidende Prüfung), die beinahe jeder als stressreich empfindet. Kritische Lebensereignisse können Arbeitslosigkeit, schwere Krankheit oder negative Prüfungsereignisse sein. Sie treffen eine Person plötzlich, unerwartet, mit hoher Intensität und hinterlassen ein Gefühl der Ohnmacht. Trotzdem können wir durch die erfolgreiche Bewältigung solcher Erlebnisse an uns wachsen. Menschen, die extremen Stress erlebt haben, berichten über einen Zuwachs an innerer Reife, erleben ihre eigenen Stärken nun bewusster und lernen das Leben zu schätzen.

Manchmal sind es aber gar nicht die massiven, kritischen Lebensereignisse, die unsere Gesundheit angreifen, sondern vielmehr die alltäglichen Ärgernisse beziehungsweise *„daily hasses"*. Hierzu zählen zum Beispiel Gewichtsprobleme, Streit mit den Kollegen oder gar der vergessene Regenschirm. Im Gegensatz zu den kritischen Lebensereignissen erleben wir die täglichen, weniger intensiven Widrigkeiten recht oft. Massive Krisen und tägliche Widrigkeiten, gleichgültig ob vorhersehbar oder nicht, sind in den meisten Fällen stressauslösend und bedürfen einer eingehenden Analyse.

2.3.3 Ressourcenbilanz

In Stresssituationen ist es hilfreich, eine Bestandsaufnahme der eigenen Ressourcen zu machen. Wenn wir uns unserer eigenen Situation und unserem Bestand an eigenen Ressourcen bewusst sind, erkennen wir unsere Lage und können sie gezielt ändern. Zur Visualisierung bietet sich ein Tortendiagramm an, um genau zu sehen, wo unsere Energie herkommt, d. h. wo wir Ressourcengewinne verbuchen können und wo unsere Ressourcen hingehen, also Verluste entstehen. Abbildung 2.7 zeigt exemplarisch eine solche Ressourcenbilanz.

Bei diesem Beispiel fällt sofort auf, dass ein Großteil der Energie und Ressourcen in den Job und das Fernstudium fließen, aber beides offensichtlich bei Weitem nicht in diesem Ausmaß die Möglichkeit bietet, neue Ressourcen zu gewinnen. Umgekehrt wird ein großes Maß an Energie aus der Familie gezogen, fließt aber nicht dorthin zurück. Die hier dargestellte getrennte Betrachtung der Gewinne und

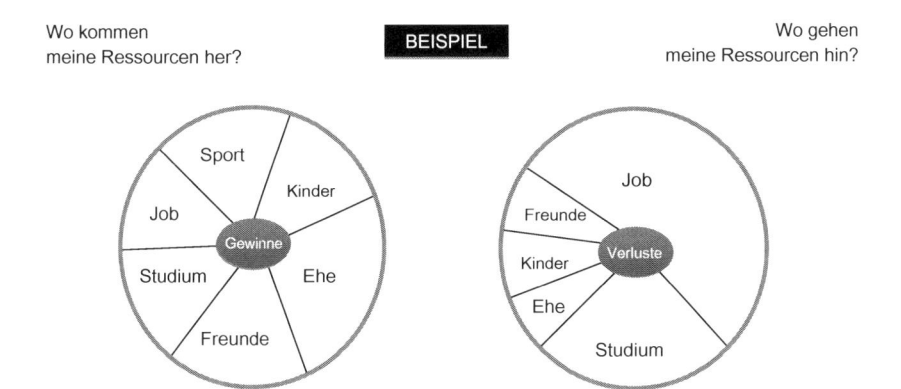

Abb. 2.7 Ressourcenbilanz als Tortendiagramm. (vgl. Buchwald 2011)

Verluste ist nur zur besseren Veranschaulichung gedacht, denn in der Realität sind die beiden Aspekte eng miteinander verknüpft.

Mit der folgenden Übung können Sie selbst herausfinden, aus welchen Ressourcenquellen Sie in Ihrem Leben schöpfen können und in welchen Lebensbereichen Sie Ressourcen als Fernstudierende/r investieren.

Übung

Erstellen Sie zunächst eine Liste Ihrer sämtlichen Ressourcen, das könnten z. B. folgende sein: Freizeit, Schlaf, Job, Familie, Freunde, Musik, Sport, Shopping, Kultur, Sex, Auto, Gesundheit, Reisen, usw.

Fertigen Sie anschließend Ihr persönliches Tortendiagramm an.

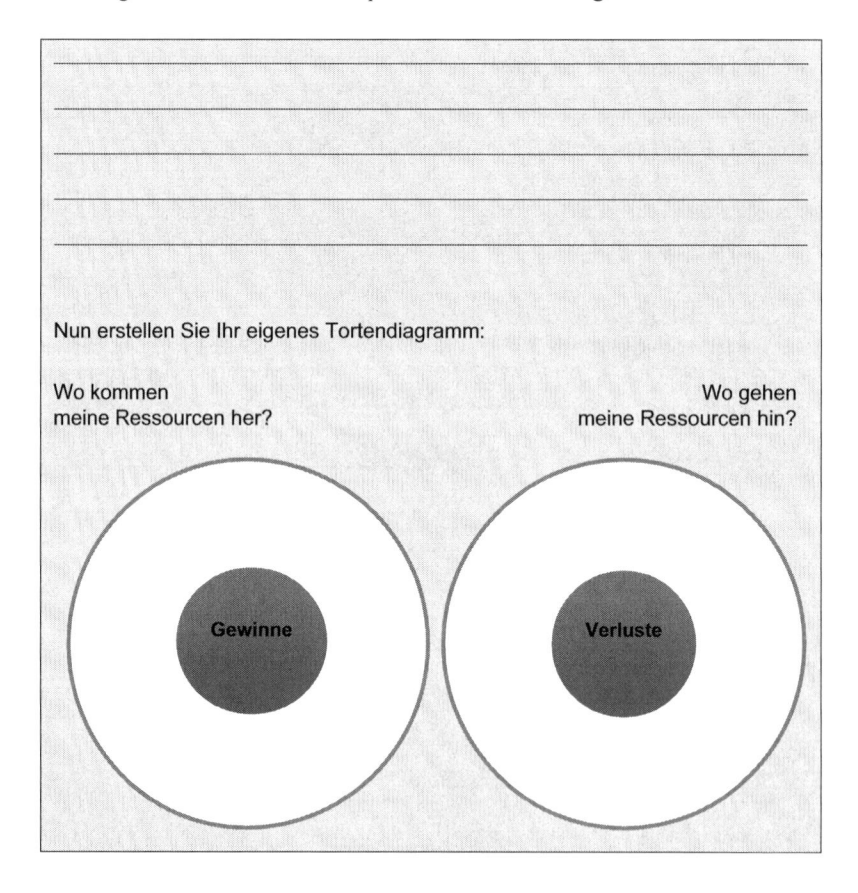

_____

_____

_____

_____

Nun erstellen Sie Ihr eigenes Tortendiagramm:

Wo kommen meine Ressourcen her?　　　　　　　　　　Wo gehen meine Ressourcen hin?

Gewinne　　　　　　　　　　**Verluste**

2.3 Wie entsteht Stress allgemein und im Fernstudium?

Die Auseinandersetzung mit Ihren persönlichen Ressourcen soll Ihnen Ihren Bestand an Ressourcen bewusst werden lassen. Oft wird davon ausgegangen, dass die Ressourcenbilanz ausgeglichen ist, bei genauerer Bearbeitung der Tortendiagramme stellt sich aber oft heraus, dass wir viel weniger Gewinne in Bereichen verbuchen, an die wir viele Ressourcen verlieren. Oder umgekehrt, dass wir einige unserer Ressourcenquellen regelrecht ausnutzen, indem wir zwar Energie herausziehen, aber nichts investieren. Daher ist es von Zeit zu Zeit sinnvoll, ein **persönliche Bestandsaufnahme** in Form eines Tortendiagramms zu erstellen und dabei zu reflektieren, wo sich neue Ressourcen gewinnen lassen und wie unnötige Ressourcenverluste vermieden werden können.

Das folgende Beispiel soll deutlich machen, welche Gewinne und Verluste eine Fernstudierende bei der Anfertigung der Abschlussarbeit erleben kann.

> **Beispiel**
>
> Angelika plant ihre Bachelor-Thesis im nächsten Jahr bei ihrem Arbeitgeber zu machen, welcher ihr bereits eine lukrative Arbeitsstelle in Aussicht gestellt hat. Allerdings ist das Angebot sowohl an die Note als auch an eine Zeitvorgabe gebunden. Die Familie hat bereits unter dem Fernstudium gelitten, daher ist Angelika zerrissen zwischen den beiden Positionen.

Angelika plant seit Monaten den Abschluss ihres Fernstudiums und erhofft sich eine gute Abschlussnote (*Gewinn*). Ihre Stimmung ändert sich, weil sie sich nicht entspannen kann (*Verlust*). Sie ist enttäuscht und gibt ihrer Familie die Schuld (*Verlust*). Ihr Arbeitgeber ist begeistert von dem Engagement von Angelika (*Gewinn*) und offeriert ihr schon eine attraktive Stelle mit mehr Verantwortung und Einkommensmöglichkeiten (*Gewinn*). Die Erstellung einer Bachelor-Thesis stellt vorrangig für Angelika eine stressreiche Situation dar. Ihre Erwartungen an den Abschluss und die wenig entspannende Situation in der Familie führen bei Angelika zu einem Spannungsverhältnis zwischen dem Ideal- und dem Ist-Zustand dieser Aktivität.

Das Beispiel zeigt, wie die gleiche Situation durch unterschiedliche Erwartungen und Stimmungen zu unterschiedlichen Wahrnehmungen von Verlusten und Gewinnen führt und damit auch zu unterschiedlichen Ressourcenbilanzen bei allen Beteiligten. Die Reflexion der unterschiedlichen Wahrnehmungen von Verlusten und Gewinnen des sozialen Umfelds ebenfalls kritisch zu betrachten, macht daher Sinn.

2.4 Was sind typische Stressreaktionen?

Die Auswirkungen von Stress sind vielseitig und äußern sich auf unterschiedliche Weise:

- körperlich,
- psychisch,
- verhaltensbezogen,
- sozial,
- emotional,
- kognitiv.

Unter **körperlichen Stressreaktionen** versteht man automatisch ablaufende Reaktionen des Körpers als Antwort auf eine stressreiche Situation. Hierunter fallen zum Beispiel starkes Schwitzen, erhöhter Blutdruck sowie Beschleunigung des Herzschlags und der Atmung. In der Menschheitsgeschichte haben sich solche Reaktionen als Abwehr von körperlichen Schädigungen bewährt. Heute haben sie allerdings ihre ursprüngliche Bedeutung überwiegend verloren und können durchaus störend sein. So ist zum Beispiel eine zittrige Stimme durch erhöhten Blutdruck in Gesprächen eher unangenehm.

Während körperliche Stressreaktionen automatisch ablaufen und normalerweise nicht bewusst kontrolliert werden können, verhält es sich bei den **psychischen Stressreaktionen** anders. Es handelt sich hier um erlernte Reaktionen, die Aspekte des **Verhaltens**, der **Emotionen** und **Kognitionen** enthalten. Unsere Wahrnehmungen und Deutungen der Umwelt spielen hier eine entscheidende Rolle. **Emotionale Stressreaktionen** äußern sich häufig in Stressreaktionen wie Angst, Wut, Verleugnung der Bedrohung, Reizbarkeit, Depression und Burn-out. Wird dagegen ein stressiges Ereignis als Herausforderung – also als positiver Stress (**Eustress**) (siehe Kap. 2.6 „*Wann kann Stress im Fernstudium nützlich sein?*") und nicht als negativer Stress (**Disstress**) – wahrgenommen, entstehen positive Reaktionen wie Freude und Hoffnung auf Erfolg.

Negativer Stress (Disstress) wirkt sich hingegen eher ungünstig auf die **kognitiven Prozesse** aus. So kann beispielsweise die Konzentration eingeschränkt und das Kurzzeitgedächtnis beeinträchtigt werden. Kreatives Denken, welches für das Problemlösen hilfreich ist, wird behindert und die Wahrnehmung stark reduziert.

Auf der sozialen Ebene kann Stress durch Konflikte am Arbeitsplatz, zu Kommunikationsproblemen und familiären Schwierigkeiten führen. Alle genannten

2.4 Was sind typische Stressreaktionen?

Auswirkungen von Stress können auch gleichzeitig auftreten, wie das folgende Beispiel veranschaulicht.

Beispiel

Christian bittet seinen Kommilitonen Max, ihm bei der Präsentation für das anstehende Gruppenprojekt in Controlling mit Eva zu helfen. Nachdem Max sich schon bei den Vorbereitungen zurückgezogen hat, soll er nun wenigstens bei der Präsentation helfen. Doch Max stellt auf stur und sagt, dass er dafür keine Zeit hat. Christian, mittlerweile mehrfach enttäuscht von Max, schreit ihn an: *„Nie hilfst du mit, wir müssen alles allein machen!"*. Eva schüttelt den Kopf und guckt Christian entsetzt an. Er wird rot und schaut beschämt auf den Boden.

Die Auswirkungen dieser stressreichen Situation sind vielseitig: Bei Christian wird jetzt vermehrt Adrenalin produziert, so dass der Blutdruck steigt und sich dadurch sein Gesicht rötet (*körperliche Reaktion – körperliche Ebene*). Gleichzeitig wird er unsicher und nervös, so dass er sich nicht getreu seiner Einstellung verhält (*psychische Reaktion – Verhaltensebene*). Das Problemlösen ist außer Kraft gesetzt, da sein kreatives Denken eingeschränkt ist (*psychische Reaktion – kognitive Ebene*). Stattdessen gilt seine Aufmerksamkeit Eva, durch die er sich negativ bewertet fühlt. Ihr Kopfschütteln deutet er als Vorwurf (*soziale Ebene*). Dadurch entsteht bei ihm die Angst, als inkompetenter Studienkollege bewertet zu werden (*psychische Reaktion – emotionale Ebene*).

Wie das Beispiel verdeutlicht, ist die Stressreaktion zusammengesetzt aus einer vielfältigen Kombination von Reaktionen auf unterschiedlichen Ebenen:

- körperliche Ebene,
- verhaltensbezogene Ebene,
- soziale Ebene,
- emotionale Ebene,
- kognitive Ebene.

Im Folgenden werden wir einmal näher betrachten, welche Reaktionen Sie bereits auf den unterschiedlichen Ebenen wahrnehmen.

Übung

Überlegen Sie sich, wie Sie persönlich bei Stress auf den jeweiligen Ebenen reagieren. Suchen Sie sich dafür eine Situation z. B. aus Ihrem Fernstudium aus, die Sie als besonders stressreich wahrgenommen haben.

Selbstreflexion
Körperliche Ebene ...
Verhaltensbezogene Ebene ...
Soziale Ebene ...
Emotionale Ebene ...
Kognitive Ebene ...

Das Wissen über die unterschiedlichen Reaktionen unseres Körpers kann uns vor negativen gesundheitlichen Auswirkungen von Stress bewahren. Im Folgenden wollen wir dieses Thema vertiefen.

2.5 Wann ist Stress gesundheitsschädlich?

Zwar muss Stress nicht negativ und damit gesundheitsschädlich sein, er kann allerdings unter bestimmten Voraussetzungen auch krank machen. Gesundheitliche Auswirkungen sind dann zu erwarten, wenn eine große Anspannung über einen längeren Zeitraum ohne Erholungsphasen gegeben ist. Das heißt, sowohl die Häufigkeit als auch die Intensität von Stressbelastungen sind ausschlaggebend, besonders dann, wenn keine ausreichenden individuellen Ressourcen zur Stressbewältigung vorhanden sind. Ist dies der Fall, so kann es zu einer chronischen Überforderung und so zu chronischem Stress kommen.

Eine solche chronische Anspannung – insbesondere dann, wenn es sich um negativen Stress (Disstress) handelt – kann mit negativen Langzeitfolgen einhergehen, die sich in körperlichen Beschwerden niederschlagen (vgl. Caplan et al. 1982). Aus diesem Grund sollten Sie sich nach einer Stressphase immer eine Erholungsphase gönnen. Chronischer Stress kann sowohl einen negativen Einfluss auf den Stoffwechsel, das Immun- und kardiovaskuläre System ausüben, als auch die Schlafregulierung sowie Lern-, Gedächtnis- und Aufmerksamkeitsprozesse negativ beeinträchtigen (vgl. Techniker Krankenkasse 2013; Hapke et al. 2013). Entsprechend sind dauergestresste Menschen durch die Schwächung des Immunsystems anfälliger für Infektionskrankheiten.

Zudem kann der Verlauf von Krankheit durch Dauerstress negativ beeinflusst und der Heilungsprozess verzögert werden. Selbst wenn die Erkrankung offensichtlich nicht in direkter Verbindung mit der chronischen Anspannung steht (z. B. Verheilung von Wunden, Allergien), verzögert sich die Gesundung. Körperliche Beschwerden von Menschen, die sich gestresst fühlen, lassen sich in ein Ranking bringen (vgl. Techniker Krankenkasse 2013):

- Platz 1: Rückenschmerzen, Muskelverspannungen,
- Platz 2: Schlafstörungen,
- Platz 3: Erschöpfung, Ausgebranntsein,
- Platz 4: Nervosität, Gereiztheit,
- Platz 5: Kopfschmerzen,
- Platz 6: Niedergedrückte Stimmung, Depression.

Können Sie sich in dieser „Hitliste" bereits wiederfinden? Wissen Sie welche Signale Ihr Körper aussendet, um Sie vor zu viel Stress zu warnen? Die folgende Übung soll Ihnen dabei helfen, Ihre Achtsamkeit auf die eigene Körperwahrnehmung zu steigern, damit körperliche Beschwerden zukünftig erst gar nicht aufkommen.

Übung

Die folgenden Punkte können Anzeichen für eine Überforderung sein. Welche davon haben Sie in den letzten drei Wochen an sich feststellen können? Bitte nutzen Sie diese Liste für eine offene und ehrliche Reflexion.

	stark	leicht	kaum	Punkte
Körperliche Signale				
Herzklopfen/Herzstiche	2	1	0	
Engegefühl in der Brust	2	1	0	
Atembeschwerden	2	1	0	
Einschlafstörungen	2	1	0	
Chronische Müdigkeit	2	1	0	
Verdauungsbeschwerden	2	1	0	
Magenschmerzen	2	1	0	
Appetitlosigkeit	2	1	0	
Sexuelle Funktionsstörungen	2	1	0	
Muskelverspannungen	2	1	0	
Kopfschmerzen	2	1	0	
Rückenschmerzen	2	1	0	
Kalte Hände/Füße	2	1	0	
Starkes Schwitzen	2	1	0	
Emotionale Signale				
Nervosität, innere Unruhe	2	1	0	
Gereiztheit, Ärgergefühle	2	1	0	
Angstgefühle, Versagensängste	2	1	0	
Unzufriedenheit/Unausgeglichenheit	2	1	0	
Lustlosigkeit (auch sexuell)	2	1	0	
Innere Leere, Ausgebranntsein	2	1	0	
Kognitive Signale				
ständig kreisende Gedanken	2	1	0	
Konzentrationsstörungen	2	1	0	
Leere im Kopf („black out")	2	1	0	
Tagträume	2	1	0	
Albträume	2	1	0	
Leistungsverlust/häufige Fehler	2	1	0	
Warnhinweise im Verhalten				
Aggressives Verhalten, „aus der Haut fahren"	2	1	0	
Fingertrommeln, Füße scharren, Zähneknirschen	2	1	0	
Schnelles Sprechen oder Stottern	2	1	0	
Andere unterbrechen, nicht zuhören können	2	1	0	
Unregelmäßig essen	2	1	0	
Konsum von Alkohol/Medikamenten zur Beruhigung	2	1	0	
Private Kontakte „schleifen lassen"	2	1	0	
Mehr Rauchen als gewünscht	2	1	0	
Weniger Sport und Bewegung als gewünscht	2	1	0	

(vgl. Kaluza 2011, inkl. Auflösung in der folgenden Box)

Bevor Sie von Ihren Ergebnissen allzu sehr beunruhigt werden, sollten Sie folgendes wissen: Eine von der Techniker Krankenkasse in Auftrag gegebenen Studie ergab, dass für über die Hälfte aller Deutschen (57 %) Stress zum Alltag gehört. Jeder fünfte Bundesbürger (20 %) leidet sogar unter Dauerstress (vgl. Techniker Krankenkasse 2013). Sollten Sie über einen hohen Stresspegel verfügen, so befinden Sie sich leider in guter Gesellschaft. Nur mit dem Unterschied, dass Sie sich

2.5 Wann ist Stress gesundheitsschädlich?

mit dieser Lektüre bewusst dafür entschieden haben, etwas gegen diesen Zustand zu unternehmen und Stress damit aktiv vorzubeugen.

Auflösung zur vorangegangenen Übung

0–10 Punkte:
Sie können sich über Ihre relativ gute gesundheitliche Stabilität freuen. Ein Entspannungstraining wird bei Ihnen vor allem vorbeugende Wirkung zeigen.

11–20 Punkte
Die Kettenreaktion von körperlichen und seelischen Stressreaktionen findet bei Ihnen bereits statt. Sie sollten beginnen, Ihre Kompetenzen zur Stressbewältigung zu erweitern.

21 und mehr Punkte
Sie stecken bereits tief im Teufelskreislauf der Verspannungen, emotionalen Belastungen und Gesundheitsstörungen. Sie sollten auf jeden Fall etwas gegen Ihren Stress und für mehr Gelassenheit, Ruhe und Leistungsfähigkeit tun.

Oft verhalten wir uns leider erst dann gesundheitsbewusst, wenn wir krank sind. Der österreichische Schriftsteller Karl Kraus (1874–1935) fasste dies eindrucksvoll mit dem folgenden Zitat zusammen: *„Gesund ist man erst, wenn man wieder alles tun kann, was einem schadet"* (Steiner 2009). Viele Menschen schaden ihrem Körper durch ungeeignete Stressbewältigungsversuche, wie beispielsweise übermäßiges Rauchen, Tabletten, Alkohol, mangelnde Bewegung sowie unregelmäßige und ungesunde Essgewohnheiten.

Um aufzudecken, welche (vielleicht sogar gesundheitsschädlichen) Stressbewältigungsmethoden Sie derzeit bei akuten Stresssituationen anwenden, machen Sie folgende kurze Übung.

Übung

Denken Sie einmal darüber nach, in welcher Stresssituation Sie welche ungesunde Stressbewältigungsmethode anwenden und ob und wie Sie in Zukunft nach außerordentlichen Stressphasen für Entspannung sorgen werden. Hinterfragen Sie Ihr Verhalten kritisch und machen Sie sich dabei bitte Gedanken, ob die Art der Entspannung nachhaltig und gesundheitsfördernd ist.

Stresssituation und derzeitige Stressbewältigungsmethode
Art der Anspannung / Stresssituation:
Stressbewältigungsmethode:
Gesundheitliche Wirkung:

Zukünftige Entspannungsmethode nach einer Lernphase
Art der Entspannung:
Dauer der Entspannung:
Gesundheitliche Wirkung:

Zukünftige Entspannungsmethode nach einer Prüfungsleistung
Art der Entspannung:
Dauer der Entspannung:
Gesundheitliche Wirkung:

Während Menschen in der Frühzeit angestaute, stressbedingte Energie für Muskeln, Herzschlag und Atmung in Form von körperlichen Kampf- und Fluchtmechanismen abbauen konnten, ist dies heute bei uns kaum der Fall, da wir uns im Vergleich zu unseren Vorfahren deutlich weniger bewegen. Arbeitsbedingt verbringen wir immer mehr Zeit bei sitzenden Tätigkeiten. Daher werden wir im Kap. 4.4 (*„Stressprävention durch ausreichende Bewegung, gesunde Ernährung und erhol-*

samen Schlaf") noch intensiv auf die Beeinflussung Ihrer persönlichen Gesundheit eingehen.

2.6 Wann kann Stress im Fernstudium nützlich sein?

Der Pionier der Stressforschung, Selye, bezeichnet Stress als „*Würze des Lebens*" (vgl. Selye 1974). Stress ist nicht gleich Stress: Stress beeinflusst das Verhalten einer Person in Abhängigkeit von dem Grad des Stresslevels. Ein gewisses Maß an Stress brauchen Menschen, um ihre körperlichen und geistigen Funktionen zu erhalten und zu verbessern.

So verlangt die Vorbereitung auf eine größere Herausforderung nach einer optimalen Dosis Stress, die etwa in der Mitte der Extreme von Unter- und Überforderung liegt. Dieser positive Stress spornt Menschen zur Leistung an. Wie Abb. 2.8 verdeutlicht, führt ein mittleres Stressniveau zu optimaler Leistungsfähigkeit (auch bekannt als Yerkes-Dodson-Gesetz). Der Organismus ist dann wachsam, Energien werden konzentriert und die Leistungsfähigkeit ist hoch. Dagegen führt auf der einen Seite ein geringes Stressniveau zu einer Antriebslosigkeit, auf der anderen Seite kann ein zu hohes Niveau zu einer Verhaltenshemmung oder zu negativen Verhaltensweisen, wie Suchtverhalten oder zu sozialer Abkapselung führen.

Ein mittleres Stressniveau ist nicht nur unschädlich, sondern kann den Körper vitalisieren. Es kann stille Freude bereiten bis hin zu Ausgelassenheit und Ekstase

Abb. 2.8 Zusammenhang zwischen Stress und Leistung. (Yerkes und Dodson 1908 zit. n. Dietz 2006)

und so als eine Art Lebenselixier wirken. Situationen, in denen wir solche angenehmen Gefühle durch positiven Stress erleben, sind z. B. eine Ferienreise, eine Party, ein Fußballspiel oder ein Vorstellungsgespräch. Wer ein gesundes Leben führen möchte, sollte somit nicht nur negativen Stress vermeiden, sondern auch positive Stresserlebnisse suchen.

Auch ein Fernstudium kann positiven Stress erzeugen, besonders dann, wenn das Ergebnis sinnvoll und befriedigend erscheint und ohne äußere Zwänge erledigt werden kann. Im günstigsten Fall wird die positive Herausforderung als **Flow-Erlebnis** empfunden, bei dem man ganz in der jeweiligen Aufgabe aufgeht und Raum und Zeit vergisst. Solch ein Flow-Erlebnis stellt ein subjektives Glücksgefühl dar, bei dem man sich einer Aufgabe gewachsen fühlt und das Gefühl der vollkommenen Kontrolle hat (vgl. Csikszentmihalyi et al. 2005). Dies ist besonders dann der Fall, wenn die Herausforderung beziehungsweise die Tätigkeit selbst schon als Belohnung wahrgenommen wird und nicht als Mittel zum Zweck, wie das folgende Beispiel zeigt.

Beispiel
Torsten ist im Fernstudium Pflegemanagement und fertigt eine wissenschaftliche Hausarbeit an. Zwar hat er großen Respekt davor, aber er freut sich auch riesig auf diese Herausforderung. Für ihn steht nicht die Bewältigung der Prüfungsleistung oder eine gute Note im Vordergrund. Vielmehr freut er sich als Vater darauf, eine gesundheitswissenschaftliche Fragestellung bearbeiten zu können, die ihn schon immer brennend interessiert hat. Er möchte sich (aus tiefstem Herzen) mit den *„Möglichkeiten und Grenzen von Nichtraucher-Apps für Jugendliche"* auseinandersetzen. Somit kombiniert er sein persönliches Interesse an Prävention und neuen Medien und geht in seiner Tätigkeit voll auf.

Wie wir am Beispiel von Torsten gesehen haben, schätzt er die Hausarbeit zwar realistisch als Herausforderung ein, nutzt allerdings die Gelegenheit, seine persönlichen Bedürfnisse und Interessen einzubringen. Dadurch ist er nicht nur in hohem Maße intrinsisch motiviert, sondern seine hohe Motivation sorgt zugleich für ein Flow-Gefühl, und es kann davon ausgegangen werden, dass sein Engagement und seine Resultate positiv ausfallen.

Übung
Machen Sie sich Gedanken darüber, wann Sie positiven Stress erleben.

> **Selbstreflexion**
>
> **Bei welcher Tätigkeit waren Sie schon einmal im Flow?**
>
> **Was meinen Sie, warum Sie dieses positive Glücksgefühl hatten?**
>
> **Welche Konsequenz ziehen Sie aus dieser Erkenntnis?**

Um unsere persönliche Bestandsaufnahme des Kap. 2 zu vervollständigen, wollen wir uns im Folgenden anschauen, wie Ihr persönliches Stressprofil aussieht, um uns anschließend konkret auf die Bewältigungsstrategien konzentrieren zu können.

2.7 Wie sieht Ihr persönliches Stressprofil aus?

Nachdem Sie nun wissen, was Stress ist, wodurch er entsteht und welche Auswirkungen er möglicherweise hat, können Sie nun Ihr eigenes Stressprofil erstellen. Hierzu eignet sich das Manhattan-Modell. Das sogenannte „**Stress-Manhattan**" wurde von Guy Bodenmann Mitte der 90er Jahre ursprünglich als Stresspräventionstraining für Paare auf der Grundlage der Paarforschung entwickelt (vgl. Bodenmann 1996; Bodenmann 1997). Da das Stresspräventionstraining auch austauschtheoretische Aspekte, wie Fairness, Gerechtigkeit und Ausgeglichenheit berücksichtigt und Sie im Alltag, im Berufsleben und im Fernstudium ebenfalls zwischenmenschlichen Beziehungen pflegen, bietet sich dieses Modell auch für eine Analyse Ihres persönlichen Stressprofils an. Hintergrund ist es herauszufinden, wo die persönlichen Stressbereiche liegen.

Die folgende Übung gibt Ihnen die Möglichkeit, Ihr eigenes Stressprofil mithilfe des Stressmanhattans zu erstellen. Dabei stehen die Säulen für verschiedene Bereiche, in denen Sie möglicherweise Stress erleben. Fühlen Sie sich in einem dieser Bereiche besonders belastet, so füllen Sie die Säule dementsprechend ganz aus. Erleben Sie dagegen keine Belastung, bleibt die Säule leer. Für jene Bereiche, in denen Sie sich mittelmäßig belastet fühlen, können Sie Abstufungen vornehmen, indem Sie ein Kästchen nur teilweise ausfüllen. Vergleichen Sie die einzelnen Bereiche, so dass die ausgefüllten Kästchen das Verhältnis der Belastungen widerspiegeln.

> **Übung**
>
> Malen Sie mithilfe von Balkenausprägungen das Ausmaß an Stress in den einzelnen Bereichen ein, um zu erfahren wo Ihre persönlichen Belastungsbereiche liegen. Schauen Sie sich Ihre „Wolkenkratzermetropole" bzw. Ihr „Stress-Manhattan" genau an. Sind viele Säulen ausgefüllt? Wie hoch sind Ihre „Häuser" im Einzelnen und insgesamt betrachtet? Sie können nun erkennen, mit wie vielen Belastungen Sie konfrontiert werden und in welchen Bereichen Ihre Stressquellen liegen.

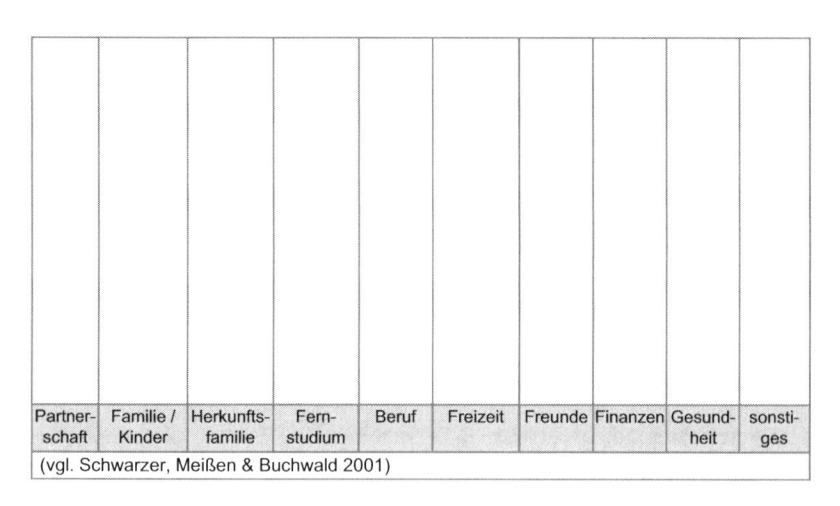

Partner-schaft	Familie / Kinder	Herkunfts-familie	Fern-studium	Beruf	Freizeit	Freunde	Finanzen	Gesund-heit	sonstiges

(vgl. Schwarzer, Meißen & Buchwald 2001)

2.8 Handlungsplan

In diesem Kapitel haben Sie gelernt, was Stress ist, wodurch er entsteht und welche Auswirkungen er haben kann. Sie wissen nun, dass Ihre eigene Bewertung der Stresssituation einen wesentlichen Einfluss darauf hat, welche Stressreaktionen sich bei Ihnen auf körperlicher, verhaltensbezogener, sozialer, emotionaler und kognitiver Ebene bemerkbar machen. Anhand dessen wissen Sie, was bei Ihnen Stress auslöst und wie Sie persönlich reagieren. Neben den gesundheitlichen Nebeneffekten, haben Sie erfahren, dass Stress auch positive Seiten für Sie haben kann. Zudem konnten Sie reflektieren, welche Bedeutung Ihre Ressourcen für die Stressbewältigung haben und welche Ressourcen Ihnen zur Verfügung stehen. In den folgenden Kapiteln geht es um Möglichkeiten, den Umgang mit stressreichen

2.8 Handlungsplan

Situationen noch zu verbessern und dadurch gelassener zu werden. Hierzu werden wir Ihnen ausgewählte Methoden an die Hand geben, mit denen Sie akut Stresssituationen bewältigen können.

Da Ressourcen eine hohe Bedeutung bei Ihrer Stressbewältigung einnehmen, sollten Sie mithilfe des folgenden Handlungsplans, während des nächsten Monats, ergründen, wo Sie Ihre Ressourcen verlieren und gewinnen.

Handlungsplan

Um meine Ressourcenbilanz zu überprüfen, plane ich für den nächsten Monat:

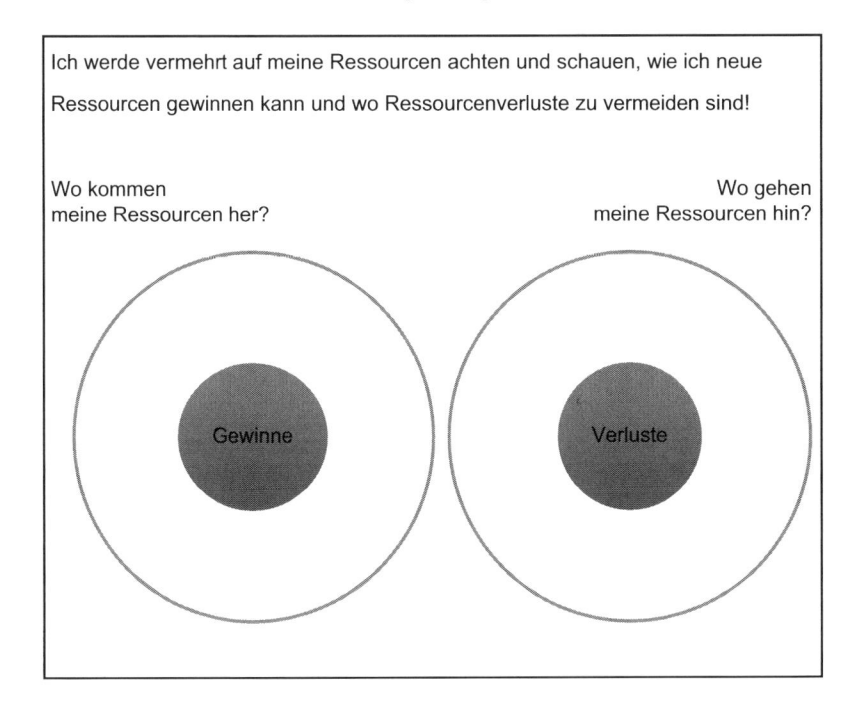

Ich werde vermehrt auf meine Ressourcen achten und schauen, wie ich neue Ressourcen gewinnen kann und wo Ressourcenverluste zu vermeiden sind!

Wo kommen meine Ressourcen her?

Wo gehen meine Ressourcen hin?

Gewinne

Verluste

Wie können Sie Stress im Fernstudium bewältigen? 3

Inhaltsverzeichnis

3.1	Stressbewältigung durch mentale Entspannungstechniken	46
	3.1.1 Stopp negativer Gedanken	52
	3.1.2 Aufbau positiver Gedanken	53
	3.1.3 Handlungsplan	56
3.2	Stressbewältigung durch körperliche Entspannungstechniken	57
	3.2.1 Atementspannung	57
	3.2.2 Progressive Muskelentspannung	61
	3.2.3 Handlungsplan	63
3.3	Stressbewältigung und -vermeidung im sozialen Umfeld	64
	3.3.1 Stressvermeidung durch das soziale Umfeld	67
	3.3.2 Stressvermeidung durch unangemessene Hilfe	68
	3.3.3 Stressbewältigung durch soziale Unterstützung	69
	3.3.4 Professionelle Hilfe bei schwerwiegenden Stressbelastungen	71
	3.3.5 Handlungsplan	73

> **In diesem Kapitel lernen Sie, ...**
> - welche positiven und negativen Auswirkungen Stress haben kann,
> - welche unterschiedlichen Möglichkeiten es zur mentalen Stressbewältigung und zur Entspannung gibt,
> - wie Ihr soziales Umfeld Sie entlasten aber auch belasten kann.
>
> **Zudem haben Sie die Gelegenheit zu reflektieren, ...**
> - wie Sie akut stressreiche Situationen bewältigen,
> - welche Gedanken und Gefühle Sie in diesen Situationen bei sich wahrnehmen und
> - durch wen und wie Sie in Ihrem persönlichen Umfeld Hilfe erfahren.

Durch die vorangegangenen Übungen wissen Sie jetzt, wodurch Sie besonders belastet werden, wo Sie eventuell Ressourcenverluste und wo Sie Ressourcengewinne erleben. Der Umgang mit stressreichen Situationen erfordert allerdings noch mehr als das bloße Wissen um die Stressquelle und den Ressourcenverlauf. In diesem Kapitel stellen wir Ihnen daher verschiedene Strategien vor, mit Stress umzugehen.

Doch bevor Sie weiterlesen, macht es Sinn, mit der folgenden Übung zu testen, welche persönliche Strategie Sie derzeit zur Stressbewältigung bevorzugen.

Übung

Überlegen Sie sich einmal, wie Sie in der Regel stressreiche Situationen bewältigen und füllen Sie hierzu die folgende Tabelle aus.

3 Wie können Sie Stress im Fernstudium bewältigen?

Selbstreflexion	nie	selten	manchmal	häufig	meistens
1 Ich gebe selbst im schlimmsten Augenblick nicht auf, denn oft kann ich das Ruder noch einmal herumwerfen.	○	○	○	○	○
2 Ich stimme mich mit Freunden darüber ab, was sie tun würden.	○	○	○	○	○
3 Ich glaube an mich selbst und meine persönlichen Stärken.	○	○	○	○	○
4 Ich vertraue meinen Instinkten, nicht meinem Verstand.	○	○	○	○	○
5 Ich vermeide es, mich mit dem Problem auseinanderzusetzen, denn so etwas regelt sich häufig von alleine.	○	○	○	○	○
6 Ich greife frontal an und bin aggressiv.	○	○	○	○	○
7 Ich stimme michmit der Familie darüber ab, was sie tun würde.	○	○	○	○	○
8 Ich wende mich anderen Dingen zu, denn es gibt wenig Hoffnung, dass ich solche Situationen verändern kann.	○	○	○	○	○
9 Ich gehe sehr behutsam vor.	○	○	○	○	○
10 Ich ziehe mich zurück und meide andere Menschen, bis sich das Problem verzieht.	○	○	○	○	○
11 Ich suche nach den Schwächen anderer, um diese zu meinem Vorteil zu nutzen.	○	○	○	○	○
12 Ich zeige Durchsetzungsvermögen und bekomme so meine Wünsche erfüllt.	○	○	○	○	○
13 Ich versuche die Kontrolle zubehalten, lasse aber andere in dem Glauben, sie hätten immer noch das Sagen.	○	○	○	○	○
14 Ich lasse mich von meiner Intuition leiten.	○	○	○	○	○
15 Ich gehe sehr überlegt mit Personen um, die das Gefühl brauchen, sie seien der Boss, damit ich Sachen erledigt bekomme.	○	○	○	○	○
16 Ich überlege mit anderen zusammen, wie sich die Situation meistern lässt.	○	○	○	○	○
17 Ich entscheide aus dem Bauch heraus.	○	○	○	○	○
18 Ich berücksichtige vor der Entscheidung immer, was andere empfinden.	○	○	○	○	○

Selbstreflexion	nie	selten	manchmal	häufig	meistens
19 Ich starte einen Gegenangriff und erwische andere ohne Vorwarnung.	○	○	○	○	○
20 Ich bin äußerst vorsichtig und ziehe unentwegt alle Alternativen in Betracht.	○	○	○	○	○
21 Ich halte das Steuer fest in der Hand, lasse aber andere in dem Glauben, sie hätten das Kommando.	○	○	○	○	○

Auswertung:

Für die Fragen 4, 5, 6, 8, 10, 11, 14, 17 und 19 gilt:

Nie = 5 Punkte, selten = 4 Punkte, manchmal = 3 Punkte, häufig = 2 Punkte und meistens = 1 Punkt.

Für die Fragen 1, 2, 3, 7, 9, 12, 13, 15, 16, 18, 20 und 21 gilt:

Nie = 1 Punkt, selten = 2 Punkte, manchmal = 3 Punkte, häufig = 4 Punkte und meistens = 5 Punkte.

Schreiben Sie nun die Punkte neben die von Ihnen angekreuzten Kreise und zählen sie zusammen. Sie können maximal einen Wert von 105 Punkten und minimal einen Wert von 21 Punkten erreichen. Je höher Ihr Punktwert ist, desto besser. Die Grenze liegt etwa bei 80 Punkten. Liegen Ihre Werte darunter, ist Ihre Stressbewältigung noch verbesserungsfähig.

(vgl. Buchwald 2012)

Sie wissen jetzt, welche Lebensbereiche Sie am meisten belasten. Mit der letzten Übung konnten Sie einschätzen, ob Ihre Bewältigungsstrategien optimal oder noch verbesserungsfähig sind. Bevor wir Ihnen in den nächsten Abschnitten verschiedene Bewältigungsmöglichkeiten genauer vorstellen, möchten wir im Folgenden noch kurz darstellen, welche günstigen und ungünstigen Bewältigungsstrategien es gibt.

Die Angemessenheit von Strategien zur Stressbewältigung hängt in erster Linie von der jeweiligen Situation ab. So kann man vor manchen Stresssituationen flüchten und versuchen ihr zu entgehen, aber bei einer Prüfung ist diese Strategie eher unangebracht. Zudem muss die Strategie zu der jeweiligen Person passen. Während der eine Entspannung bei einem Spaziergang findet, kann für den anderen Musik hören eine hilfreiche Stressbewältigung sein. Allerdings lassen sich aus der Stressforschung grundlegende Erkenntnisse über hilfreiche Bewältigungsstrategien ableiten. Übergreifend können nach Tausch (1996) folgende drei Bereiche der Stressbewältigung unterschieden werden:

1. **Stress-Verminderung durch förderliche Gedanken, Bewertungen, Vorstellungen, Einstellungen.** Negative Selbstgespräche oder sorgenvolles Nachdenken sind hinderlich. Besser ist es, wenn man bewusst positive Gedanken fördert, indem man mit anderen Menschen über die Situation spricht oder sich Situationen ins Gedächtnis ruft, in denen man ähnliche Stresssituationen bereits erfolgreich gemeistert hat.

2. **Zielorientierte Handlungen zur stressfreieren Gestaltung von Situationen.** Vorhersehbaren, stressreichen Lebenssituationen können wir von vorneherein den Wind aus den Segeln nehmen, indem wir gezielt etwas ändern, bevor es überhaupt zu Stress kommt. Dazu zählt zum Beispiel das Unterlassen belastender Verhaltensweisen oder das Erstellen eines Zeitplans.
3. **Stress-Verminderung durch körperlich-seelische Entspannung.** Wenn wir bestimmte Techniken der Entspannung (autogenes Training, Atemtechniken) üben und beherrschen, fällt uns deren Anwendung in stressreichen Situationen leichter und ein entspannter Zustand stellt sich schneller ein. Es kommt zu einem zunehmend gelassenen Umgang mit Stress, dabei vergrößert sich zudem unsere Stresstoleranz.

Die drei genannten Bereiche der Stressbewältigung sind nicht nur isoliert zu betrachten, sondern sie beeinflussen sich gegenseitig. Um ein Gefühl dafür zu bekommen, welche Auswirkungen die unterschiedlichen Bereiche der Stressbewältigung auf uns (bzw. unsere Gedanken, unseren Körper und unser Verhalten) haben, bietet sich ein Blick auf Abb. 3.1 an. Beispielsweise führt eine erhöhte Stresstoleranz

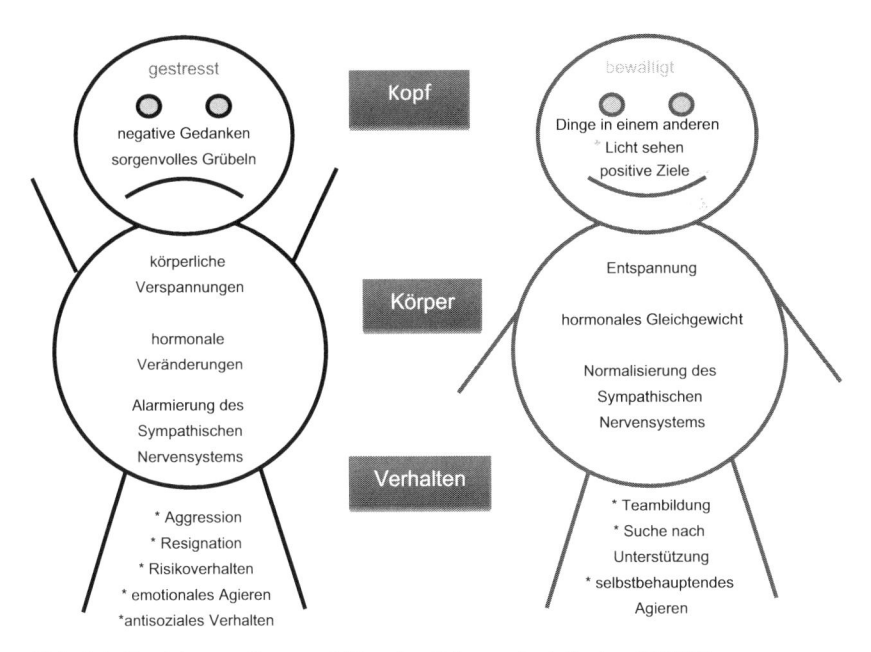

Abb. 3.1 Bereiche von Stress und Stressbewältigung. (vgl. Buchwald 2011)

dazu, dass in stressreichen Situationen eher förderliche Gedanken und Bewertungen entstehen.

Da Sie nun einen Einblick darüber haben, wie Sie auf Stress reagieren, lernen Sie nun ausgewählte Anti-Stress-Strategien kennen, die Ihnen helfen können entspannter durch Ihr Fernstudium zu kommen. Aus diesem Grund stellen wir Ihnen nun die wichtigsten Entspannungstechniken und Techniken zur emotionalen und mentalen Stressbewältigung vor.

3.1 Stressbewältigung durch mentale Entspannungstechniken

Unsere Gefühle und Stimmungen beeinflussen unsere Wahrnehmung und unser Handeln, das kennt jeder von uns. Stimmungen und Gefühle wirken sich auch auf unser Wohlbefinden und auf unsere geistige und körperliche Leistungsfähigkeit aus. Fühlen wir uns schlecht, so scheint nichts zu gelingen. Unter dem Einfluss positiver Stimmungen und Gefühle denken und handeln wir dagegen klarer und entschlossener.

Wie bereits in Kap. 2.2 *(„Was ist Stress und was löst Stress im Fernstudium aus?")* aufgezeigt, spielen Emotionen also bei der Einschätzung von potenziellen Stresssituationen und eigenen Bewältigungsmöglichkeiten eine bedeutsame Rolle. Gefühle der Unzulänglichkeit oder Ängste hemmen die Durchführung einer Handlung, während Vertrauen in die eigenen Fähigkeiten zum Handeln anregt. Gefühle und Gedanken können sich in einer Situation gegenseitig beeinflussen und so unsere Handlung stark bestimmen. Schauen wir uns hierzu ein konkretes Beispiel an:

> **Beispiel**
>
> Andreas ist angespannt und schlecht gelaunt, weil er im Büro einen Berg voller Arbeit vor sich hat und heute Abend noch eine Fallaufgabe für sein Fernstudium abgeben muss. In der Cafeteria unterhält er sich mit seinem Chef, während er Kaffee und Kuchen auf sein Tablett stellt und umständlich sein Kleingeld aus dem Portemonnaie kramt. Zwei Kolleginnen, die nach ihm an der Reihe sind, hört er sich bewusst laut darüber unterhalten, dass Andreas nichts richtig im Griff habe und bei ihm auf dem Schreibtisch einfach alles drunter und drüber gehe.

Wir lassen nun die Geschichte in zwei Varianten enden, um zu zeigen, dass unterschiedliche Gefühle und Gedanken zu verschiedenen Handlungen führen können.

3.1 Stressbewältigung durch mentale Entspannungstechniken

Variante 1: Andreas ist die Situation in Gegenwart seines Chefs peinlich. Es stellen sich bei ihm Schamgefühle ein und er denkt: *„Ist das unangenehm."* Er verabschiedet sich abrupt und verschwindet mit seinem Tablett schnell aus der Cafeteria. Somit verlässt er die unangenehme Situation, aber die negativen Gefühle bleiben.

Variante 2: Andreas fühlt sich der Situation gewachsen, nimmt ein positives Gefühl der Kompetenz wahr und denkt: *„Was soll's, die beiden haben ja keine Ahnung."* Er lächelt die beiden Kolleginnen an und verabschiedet sich freundlich von seinem Chef, bevor er die Cafeteria in Ruhe verlässt.

Die Frage ist nun, wer oder was entscheidet, wie man sich letztendlich fühlt. Natürlich wäre es schön, wenn Andreas im oben genannten Beispiel ein Gefühl der Kompetenz wahrnimmt. Was führt aber dazu, dass er sich schämt?

Es gibt verschiedene Faktoren, die unsere Gefühle beeinflussen. Ähnlich wie bei der Situationseinschätzung, führen unsere Vorerfahrungen, momentane Stimmungen, persönliche Einstellungen, Ziele sowie die Situation selbst zu unterschiedlichen Gefühlen. Wurde beispielsweise die Kompetenz von Andreas in Bezug auf seine Arbeitsorganisation bereits öfter infrage gestellt (zum Beispiel durch andere Kolleginnen, den Büroleiter oder Kunden; negative Vorerfahrungen), so wird er eher an seiner tatsächlichen Kompetenz zweifeln und die Situation als weiteres Versagen einstufen. Stört sich Andreas allerdings generell nicht an den Vorwürfen anderer Menschen (eigene Einstellung), so wird das Infragestellen seiner Kompetenz durch die beiden Kolleginnen seine Gefühle nicht beeinflussen. Zu jeder Situation stellen sich verschiedene Gefühle ein.

Abbildung 3.2 zeigt wie vielfältig Gefühle sein können.

Die folgende Übung soll Ihnen helfen, dass Sie sich der Vielfalt möglicher Gefühle bewusst werden und Ihre eigenen Gefühle stärker wahrnehmen.

Übung

Horchen Sie einmal in sich! Wie fühlen Sie sich aktuell? Stellen Sie sich diese Frage auch in anderen Situationen und wiederholen Sie diese immer wieder, um Ihre Gefühle zu erkennen und zu lernen, diese auszusprechen. Denn bei der Übung geht es darum, dass Sie in Zukunft stärker darauf achten, spezifische stressbelastende Situation und Ihre persönlichen Gefühlen und Gedanken zu reflektieren.

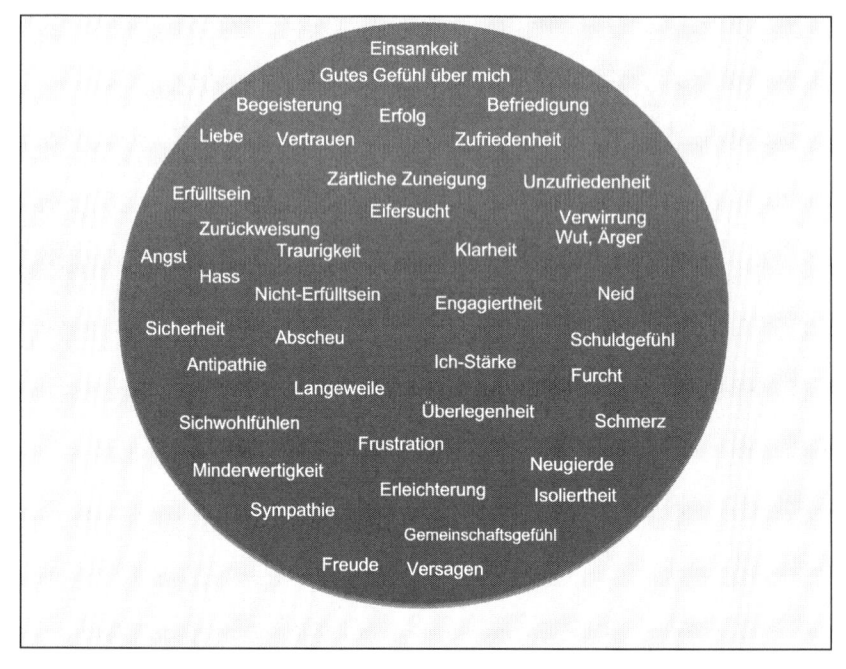

Einsamkeit
Gutes Gefühl über mich
Begeisterung   Befriedigung
        Erfolg
Liebe   Vertrauen   Zufriedenheit
            Zärtliche Zuneigung   Unzufriedenheit
Erfülltsein
            Eifersucht   Verwirrung
    Zurückweisung   Wut, Ärger
Angst   Traurigkeit   Klarheit
    Hass
        Nicht-Erfülltsein   Engagiertheit   Neid
Sicherheit   Abscheu   Schuldgefühl
    Antipathie   Ich-Stärke   Furcht
        Langeweile
Sichwohlfühlen   Überlegenheit   Schmerz
            Frustration
    Minderwertigkeit   Neugierde
            Erleichterung   Isoliertheit
        Sympathie
            Gemeinschaftsgefühl
        Freude   Versagen

Abb. 3.2 Gefühlskreis. (vgl. Buchwald 2011)

Übung

Notieren Sie eine für Sie unangenehme Situation, die Sie erst kürzlich erlebt haben. Welche Gefühle und Gedanken hatten Sie in dieser Situation?

Situation:	
Gefühle:	
Gedanken:	

Schauen Sie sich Ihre Gefühle und Gedanken noch einmal in Ruhe an. Haben Sie immer noch die gleichen Gefühle und Gedanken, wie damals in der Situation? Ist die Intensität gleich geblieben? Hätten Sie jetzt, nachdem etwas Zeit vergangen ist, anders reagiert (z.B. wie Andreas in der Variante 2)?

3.1 Stressbewältigung durch mentale Entspannungstechniken

Sie wissen jetzt, dass die Wahrnehmung der Situation durch Gefühle beeinflusst wird und so Ihr Handeln bestimmt. Die Kontrolle über unsere Gefühle kann uns dabei helfen, in stressreichen Situationen angemessen zu reagieren. Nicht alle Emotionen lassen sich allerdings hierbei gezielt beeinflussen. Die Angst vor einem großen Hund, der bellend und herrenlos auf uns zuläuft, ist schwer mit Entspannungstechniken zu reduzieren. Im Studien- und Berufsalltag begegnen uns allerdings eher Gefühle der Frustration, Verwirrung oder Unzufriedenheit, die mit Hilfe von solchen Techniken minimiert werden können.

Die Wahrnehmung einer Situation sowie unser Handeln werden durch Gefühle und Gedanken beeinflusst. Beides ist eng miteinander verzahnt. Betrachten wir die Bedeutung der Gedanken, der sogenannten Kognitionen, etwas genauer.

Bei der Bewertung des Inhalts von dem *„halb vollen oder halb leeren Glas"* spielen Gefühle wie Freude, Ärger oder Ekel eine große Rolle. Doch auch die Gedanken, die wir beim Anblick dieses Glases haben, beeinflussen die Wahrnehmung. Der Optimist denkt: *„Prima, das Glas ist ja noch halb voll"*. Der Pessimist denkt: *„Schade, das Glas ist schon halb leer."* Demzufolge führen unsere Gedanken bei einem scheinbar objektiven Sachverhalt, nämlich ein zur Hälfte mit Flüssigkeit gefülltes Glas, zu unterschiedlichen Wahrnehmungen.

> **Beispiel**
> Tanja hat sich für den heutigen Nachmittag viel vorgenommen: Sie will an einem Studienheft zum Thema Recht arbeiten, die Testfragen beantworten, die Wäsche bügeln, einkaufen gehen und noch schnell das Abendessen vorbereiten. Nachdem sie die Wäsche gebügelt hat, ruft ihre beste Freundin an und fragt, wie es ihr geht. Tanja ist hin- und hergerissen: Natürlich will sie gerne mit ihrer Freundin reden, auf der anderen Seite wird sie dann niemals fertig. Sie redet dennoch mit ihrer Freundin, weil sie Lust auf eine Pause hat.

Die Geschichte beenden wir nun auf zwei Weisen, um die Verquickung von Gefühlen und Gedanken sowie den daraus resultierenden Handlungen zu veranschaulichen.

Variante 1: Tanja hat ein schlechtes Gewissen, weil sie ihrem Vergnügen und nicht ihren selbst gesetzten Pflichten nachgegangen ist. Sie denkt: *„Ich bin eine schlechte Fernstudierende."* Für den nächsten Tag nimmt sie sich noch viel mehr vor, um ihr Gewissen zu beruhigen.

Variante 2: Tanja ist froh, dass sie auch noch morgen lernen kann und so eine nette Freundin hat. Sie denkt: *„Schön, dass ich noch morgen Zeit habe, so konnte ich endlich mal wieder mit meiner Freundin reden."*

Gedanken beeinflussen die Wahrnehmung einer Situation genauso wie die Gefühle und werden wiederum durch die folgenden Faktoren beeinflusst:

- Wünsche,
- eigene Ansprüche,
- Erwartungen,
- Ziele,
- Normen und
- Gefühle.

Zu hohe Erwartungen und Ansprüche, starre Normen und ein hohes Leistungsstreben führen dazu, dass viele Situationen als stressreich eingeschätzt werden. Durch eine realistischere Sichtweise lässt sich Stress verringern oder sogar vermeiden.

Übung

Notieren Sie eine für Sie unangenehme Situation aus Ihrem Studienalltag. Also eine Situation, mit der Sie fast täglich konfrontiert werden. Überlegen Sie nicht lange, sondern schreiben Sie spontan Ihre Gedanken, Erwartungen und Gefühle auf!

Situation:	
Spontane Gedanken und Erwartungen:	
Gefühle:	

Schauen Sie sich Ihre Gedanken, Erwartungen und Gefühle noch einmal in Ruhe an. Für wie realistisch halten Sie Ihre Erwartungen? Wie wichtig sind Sie Ihnen? Wie intensiv sind Ihre Gefühle?

(vgl. Buchwald 2011)

3.1 Stressbewältigung durch mentale Entspannungstechniken

> **Positive Gedanken – Bewertungen – Vorstellungen**
> Man nimmt sich selbst und die Umwelt als positiv, neutral oder herausfordernd wahr. Das eigene Handeln wird als sinnvoll erlebt und man sieht bei Belastungen auch die förderlichen Aspekte.

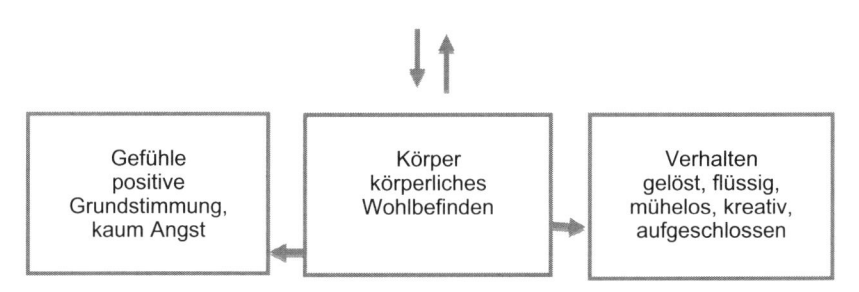

Gefühle positive Grundstimmung, kaum Angst	Körper körperliches Wohlbefinden	Verhalten gelöst, flüssig, mühelos, kreativ, aufgeschlossen

Abb. 3.3 Die Auswirkungen positiver Gedanken. (vgl. Tausch 1996)

Anhand der Abb. 3.3 sehen Sie die verschiedenen Auswirkungen, die günstige Gedanken bewirken können. Die Abbildung macht zudem deutlich, wie förderliche Gedanken einen positiven Einfluss auf die Gefühle, die Körpervorgänge und das Verhalten nehmen. Die Situation, die eigene Person sowie die persönlichen Bewältigungsmöglichkeiten in einem positiven Licht zu sehen, fördert eine positive Grundstimmung, eine offenere Wahrnehmung und eine größere Flexibilität im Denken. Werden dagegen die Situation als bedrohlich und die eigenen Bewältigungsmöglichkeiten als nicht ausreichend wahrgenommen, entstehen Spannungen und Ängste, die ein klares Denken blockieren.

Beeinträchtigende Gedanken können zudem zu einer sich selbst erfüllenden Prophezeiung werden. Das, was man die ganze Zeit befürchtet hat, erfüllt sich nun durch das eigene Verhalten. Negative Gedanken, wie *„Das schaffe ich niemals", „Andere machen das viel besser als ich"* oder *„Mir wird das alles zu viel"*, fördern wiederum Verhaltensweisen, die genau diese Einstellungen verstärken, so dass man hinterher guten Gewissens sagen kann: *„Ich habe ja von Anfang an gewusst, dass ich das nicht schaffe!"*. Übrigens wird dieses weit verbreitete psychologische Phänomen in der Wissenschaft auch als **Rückschaufehler** (oder Hindsight-Bias) durch nachträgliche Einsicht – den wir sicherlich alle gut kennen – bezeichnet (vgl. Myers 2008). Es ist wichtig, diesen Teufelskreis mit Hilfe von förderlichen Gedanken zu unterbrechen, um die eigenen Bewältigungsmöglichkeiten zu aktivieren.

> **Merksatz** Gedanken – positive wie negative – bestimmen im Wesentlichen darüber, wie wir uns fühlen. Dabei sind Sie Ihren negativen Gedanken nicht hilflos ausgeliefert, sondern können sie bewusst kontrollieren.

Um positive Gedanken zu fördern und negativen Gedanken entgegenzuwirken, können Sie folgendes tun:

- Erwartungen und Ziele sollten sich an Ihren eigenen Fähigkeiten und den Ihnen zur Verfügung stehenden Möglichkeiten orientieren. Seien Sie Ihr eigener Maßstab!
- Vermeiden Sie zu hohe Ansprüche an sich selbst!
- Sehen Sie das Wesentliche: Was ist Ihnen im Leben und in dieser konkreten Situation wichtig?
- Sehen Sie in belastenden Situationen auch das Förderliche: Welchen Sinn kann das Ereignis für Sie haben? Welche förderlichen Aspekte beinhaltet es?
- Sehen Sie in Schwierigkeiten die Herausforderung: Vertrauen Sie auf Ihre Bewältigungsmöglichkeiten! Welches persönliche Wachstum können Sie aus dem negativen Ereignis gewinnen?
- Akzeptieren Sie die Realität. Versuchen Sie nicht perfekt zu sein: Kein Mensch ist perfekt!

Wir werden Ihnen nun zwei aufeinander aufbauende Techniken vorstellen, mit denen Sie aufkommende negative Gedanken stoppen und positive Gedanken aufbauen können.

3.1.1 Stopp negativer Gedanken

Negativen Gedanken können Sie bewusst mit der Gedankenstopp-Methode entgegenwirken, indem die aufkommenden negativen Gedanken möglichst früh unterbrochen werden. Die Methode des Gedankenstopps ist relativ einfach: Immer, wenn Sie sich beim Grübeln und bei negativen Gedanken ertappen, sagen oder denken Sie einfach: „*Stopp*" oder „*Halt*"! Sie können auch eigene, für Sie persönlich hilfreiche Signalsätze als Gedankenstopp verwenden.

> **Merksatz** Die Gedankenstopp-Methode hilft dabei, sich den eigenen Gedanken bewusst zu werden, negativen Gedanken keinen Raum mehr zu geben und sich selbst nicht zu blockieren.

3.1 Stressbewältigung durch mentale Entspannungstechniken

> **Übung**
>
> Notieren Sie kurz drei für Sie stressreiche Alltagssituationen aus dem Fernstudium. Welche negativen Gedanken verbinden Sie mit der jeweiligen Situation? Hier ein Beispiel: *Situation Fernstudium:* Ich schaffe es nicht, die Testfragen von Heft 10 bis morgen zu beantworten. *Gedanken und Erwartungen:* Jetzt werde ich wieder ewig nicht fertig und alles verschiebt sich in meinem Zeitplan – das macht mich ganz verrückt. Jetzt folgen Ihre eigenen Beispiele:
>
> | Situation 1: |
> | --- |
> | Gedanken und Erwartungen: |
>
> | Situation 2: |
> | --- |
> | Gedanken und Erwartungen: |
>
> | Situation 3: |
> | --- |
> | Gedanken und Erwartungen: |
>
> Spielen Sie in Gedanken die jeweiligen Situationen noch einmal durch. Wann treten die Gedanken auf? Welche Gefühle verbinden Sie mit diesen Gedanken? Gehen Sie jetzt gedanklich in die Situation, um bewusst ein *"Stopp"* einzulegen. An welcher Stelle endet jetzt Ihre stressreiche Situation? Welche Gefühle tauchen an dieser Stelle auf?

(vgl. Buchwald 2011)

3.1.2 Aufbau positiver Gedanken

Das Stoppen negativer Gedanken ist zunächst der erste Schritt, um bewusst eine Veränderung der Wahrnehmung und des eigenen Handelns herbeizuführen. Dann müssen positive Gedanken und Erwartungen folgen, welche die negativen Gedankengänge ersetzen. Was können Sie tun? Mit der folgenden Übung haben Sie die Gelegenheit, sich die für Sie hilfreichen Gedanken bewusst zu machen und sie einzuüben. Denn: Die positiven Gedanken müssen immer zu Ihrer Person passen!

> **Übung**
>
> Denken Sie einmal an eine für Sie stressreiche Situation im Bereich Fernstudium. Beantworten Sie anschließend die darunter stehenden Fragen. Lassen Sie sich bei der Übung ruhig Zeit!

Situation:
Was gewinne ich, wenn ich die stressreiche Situation positiv bewältige?
Was hindert mich an der Bewältigung?
Was für Stärken habe ich, um die stressreiche Situation zu bewältigen?
Wie können mir meine Stärken dabei helfen, diese Situation zu bewältigen?
Welche positiven Aspekte hat die (Bewältigung der) Situation auf lange Sicht für mich? (Lerneffekt)
Welche Situation aus der Vergangenheit ähnelt Ihrer jetzigen Situation, die Sie bereits positiv bewältigt haben?

Was haben Sie bei der Übung festgestellt? Haben sich bei Ihnen vielleicht doch negative Gedanken eingeschlichen? Das wäre vollkommen normal! Damit wir negative Gedanken langfristig durch eine positive Denkstrategie ersetzen können, bedarf es einer kontinuierlichen Reflexion und Wiederholung. Da unser Gehirn zwischen Gedanken und Realität nicht unterscheiden kann, können Sie positive Gedanken auch jederzeit gedanklich durchspielen. Wirkungsvoller ist es, wenn Sie Ihre Gedankengänge verschriftlichen. Achten Sie – wie in Tab. 3.1 – darauf, dass Sie bei der positiven Umwandlung positive Sätze bilden.

Tab. 3.1 Positive Umkehrung von Aussagen

Aktuelle Aussage	Positive Umkehrung der Aussage
Ich habe keine Lust die Klausur zu schreiben!	Ich freue mich, mein Wissen zeigen zu können!
Ich mache bestimmt viele Fehler!	Ich akzeptiere es, wenn ich Fehler mache!
Hoffentlich schaffe ich das Fernstudium überhaupt!	Ich bin zuversichtlich, dass ich das Fernstudium schaffe!

3.1 Stressbewältigung durch mentale Entspannungstechniken

Sie wissen nun, wie Sie Ihre negativen Gedankenmuster bändigen können. Haben Sie Gedankengänge erkannt, bei denen es Ihnen besonders wichtig erscheint, diese umzuwandeln? Positionieren Sie für Sie wichtige positive Umkehrungen an zentralen Stellen in Ihrer Wohnung (z. B. am Kühlschrank, an der Zimmertür), um mehrmals täglich daran erinnert zu werden. Die Verbildlichung Ihrer positiven Umkehrungen ist ein wirksames Mittel, um mit positiven Gedanken Ihre Wahrnehmung und Ihr Verhalten zu beeinflussen. Übrigens: Dies gilt für jede Herausforderung, die Sie meistern möchten. Finden Sie mit der folgenden Übung heraus, welche negativen Gedankenmuster Sie derzeit persönlich negativ beeinflussen und ersetzen Sie diese durch positive und damit für Sie motivierende Formulierungen.

Übung

Denken Sie noch einmal kurz an die drei stressreichen Situationen aus der letzten Übung. Anstatt nun die spontanen stressenden Gedanken zu notieren, überlegen Sie sich positive Gedanken und realistische Erwartungen. Lassen Sie sich dabei Zeit. Hier ein Beispiel:

Situation Fernstudium: Ich schaffe es nicht, die Testfragen von Heft 10 bis morgen zu beantworten.

Gedanken und Erwartungen: Ich werde ruhig und gelassen bleiben und die Fragen in Ruhe morgen beantworten. Jetzt folgen Ihre eigenen Beispiele.

Situation 1:
Positive Gedanken und Erwartungen:
Situation 2:
Positive Gedanken und Erwartungen:
Situation 3:
Positive Gedanken und Erwartungen:

(vgl. Buchwald 2011)

Sie können ein **Gefühls-Tagebuch** erstellen, um Ihre negativen Gedanken einmal über einen gewissen Zeitraum (z. B. drei Wochen) kritisch zu reflektieren. Die Verschriftlichung Ihrer Gefühlslagen trägt dabei gleichzeitig zur psychischen Entlastung bei, da Sie eine stärkere Distanz zwischen sich und dem Erlebten aufbauen (vgl. Bensberg 2012). An dieser Stelle möchten wir Ihnen ans Herz legen, Ihren Fokus dabei natürlich nicht nur auf Ihre negativen Gefühle, sondern auch auf Ihre positiven Erfolge und damit Lernfortschritte beim positiven Denken zu lenken. So wird aus einem Gefühls-Tagebuch ein **Lob-Tagebuch**.

3.1.3 Handlungsplan

In diesem Abschnitt haben Sie erfahren, wie Gedanken unsere Wahrnehmung und unser Handeln beeinflussen. Scheinbar objektive Gegebenheiten werden durch die subjektive Sichtweise des Betrachters unterschiedlich wahrgenommen. Wünsche, eigene Ansprüche, Erwartungen, Ziele, Normen und auch Gefühle sind hier die wesentlichen Faktoren, die unsere Gedanken bestimmen. Negative Gedanken zu stoppen und positive aufzubauen sind wichtige Methoden, um stressreichen Situationen akut entgegenzuwirken. Anhand von Übungen wurden diese Techniken eingeführt, so dass Sie diese in Ihrem Alltag anwenden können. Zur Verfestigung des Gelernten haben wir einen Handlungsplan für Sie erstellt.

Handlungsplan

Um mein positives Denken zu fördern, plane ich für die *nächste Woche* Folgendes:

1. Ich werde vermehrt auf meine positiven und negativen Gedanken achten!
2. In Situationen, in denen ich negative Gedanken habe, werde ich bewusst meine Gedanken stoppen!
3. In Situationen, in denen ich negative Gedankenhabe, werde ich...
    - ☐ mehrmals täglich
    - ☐ einmal täglich
    - ☐ alle zwei Tage Übungen wiederholen.
4. Zu diesen Situationen werde ich mir positive Gedankenund Erwartungen formulieren!

3.2 Stressbewältigung durch körperliche Entspannungstechniken

In stressreichen Situationen wird immer wieder unser **sympathisches Nervensystem** (Sympathikus) aktiviert und setzt die Stresshormone Adrenalin und Noradrenalin frei. Unser Körper wird in Alarmbereitschaft versetzt und bereitet sich u. a. mit einem Ansteigen des Pulses, Blutdrucks und Anspannen der Muskulatur auf die körperliche Betätigung vor. Die Folgen der Aktivierung des sympathischen Nervensystems sind innere Spannungen, Erregungen, Ängste; wir reagieren ungeduldiger und aggressiver. Wahrnehmung und Denken werden eingeengt und irrationale Gedanken nehmen zu. Die gute Nachricht ist: Mit Hilfe von Entspannungstechniken kann das sympathische Nervensystem beeinflusst und somit seine Überaktivität samt körperlicher Folgen vermindert werden. Einige solcher Entspannungstechniken sind:

- Muskelentspannung,
- Atementspannung,
- Yoga,
- Bewegungstraining (z. B. langsames Laufen),
- Meditation oder beispielsweise
- Autogenes Training.

Die Wahl der Entspannungstechnik ist Geschmackssache. Wichtig bei allen Varianten ist das regelmäßige Üben. Denn durch die regelmäßige Übung erreichen Sie, dass Sie in stressreichen Situationen gezielt und schnell auf die jeweilig eingeübte Technik zurückgreifen können. Zudem wird eine gelassene Lebenseinstellung gefördert, da Sie eine Distanz zum Alltag schaffen und Sie sich auf Ihren Körper und Ihre Atmung konzentrieren. Abbildung 3.4 zeigt die Auswirkungen von regelmäßiger Entspannung.

Körperliche Entspannungstechniken wirken entspannend auf unsere Körpervorgänge, unsere Gefühle, unsere Gedanken sowie unser Verhalten. Aufgrund der entspannenden Wirkung möchten wir Ihnen zwei Entspannungstechniken vorstellen, die Sie relativ leicht und rasch anwenden können, zum einen die Atementspannung und zum anderen die progressive Muskelentspannung.

3.2.1 Atementspannung

Eine relativ schnelle Möglichkeit für Sie akutem Stress zu begegnen, ist eine *„gesunde"* Atmung. Jeder von uns kennt sicherlich die bekannte Volksweisheit

```
                    ENTSPANNUNG
        durch progressive Muskelentspannung, Atem-
            Entspannung, Yoga, Meditation,
                  Sport (z.B. Jogging)
                          ↓
                        KÖRPER
        z.B. Verlangsamung des Pulses, Senkung des
      Blutdrucks, Senkung des Adrenalinspiegels, tiefere
                         Atmung
```

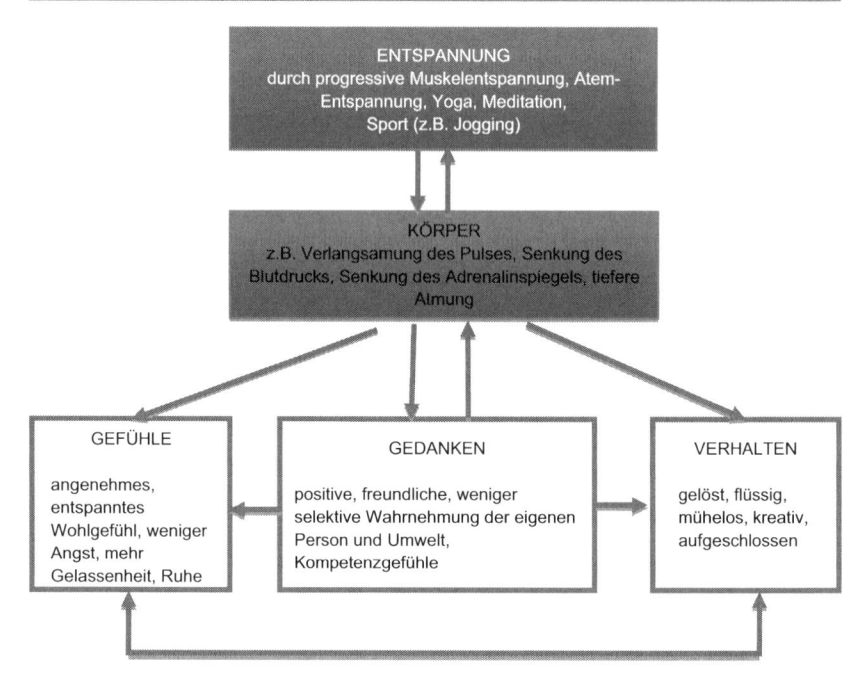

GEFÜHLE	GEDANKEN	VERHALTEN
angenehmes, entspanntes Wohlgefühl, weniger Angst, mehr Gelassenheit, Ruhe	positive, freundliche, weniger selektive Wahrnehmung der eigenen Person und Umwelt, Kompetenzgefühle	gelöst, flüssig, mühelos, kreativ, aufgeschlossen

Abb. 3.4 Entspannung und ihre positive Wirkungen. (vgl. Tausch 1996)

„einmal kräftig durchatmen", gerade dann, wenn wir in stressige Situationen geraten. Dies hat seinen Grund: Denn wenn wir einatmen nehmen wir nur einen Teil des Sauerstoffs in unsere Blut auf. Umso tiefer wir einatmen (wie z. B. bei Atemübungen oder bei der Meditation) und umso mehr Sauerstoff wir somit einatmen, desto mehr Sauerstoff gelangt in unser Blut. Bei flacher Atmung (wie bei der Brust-, Schulter- oder Schlüsselbeinatmung in Stresssituationen) gelangt weniger Sauerstoff in unser Blut, wir atmen häufiger, die Herzfrequenz steigt und wir fühlen uns eher müde und erschöpft. Für eine maximale Sauerstoffaufnahme müssen wir entsprechend Sauerstoff in den unteren Bereich unserer Lungen *„hineinatmen"*, wie bei der Rippen- oder Bauchatmung (vgl. Morschitzky 2009). Auf diese Weise können wir die Maximierung unserer Sauerstoffaufnahme mit unserer Atmung bewusst beeinflussen, 1.) in akuten Stresssituationen und 2.) langfristig durch regelmäßige sportliche Aktivitäten (siehe Kap. 4.4.1 *„Ausreichende Bewegung"*).

Um Ihre Atmung in akuten Stresssituationen beeinflussen zu können, sollten Sie wahrnehmen, wie Sie atmen und was Sie dabei fühlen. Tabelle 3.2 bietet einen Überblick über unterschiedliche **Atemmuster** und die dazugehörigen psychischen Zustände.

3.2 Stressbewältigung durch körperliche Entspannungstechniken

Tab. 3.2 Atemmuster und psychische Zustände (vgl. Schmid 2013)

Atemmuster	Psychische Zustände
Rasche, tiefe Atmung	Angst, Ärger, Kontrollverlust, Hilflosigkeit, Vorbereitung auf Flucht und Kampf, aber auch freudiger Stimmung
Rasche, seichte Atmung	Anstrengende, stressreiche Aufgaben, gespannte oder ängstliche Erregung
Langsame, tiefe Atmung	Entspannung
Langsame, seichte Atmung	Depression, Kummer, aber auch ruhige Freude
Unregelmäßige Atmung	Ängste, Ärger, Aufregung, Problemlösung
Brustkorbatmung	Unangenehme Emotionen, Angst, Anspannung
Bauchatmung	Angenehme Emotionen, Entspannung

Bedenken Sie, dass Atemmuster nicht immer eindeutig sind, denn eine rasche, tiefe Atmung kann auch auf eine freudige Stimmung hinweisen. Tabelle 3.2 soll daher lediglich dazu dienen, Sie stärker für Ihre Atmung in unterschiedlichen Stimmungssituationen zu sensibilisieren, damit Sie merken, dass Sie Ihre Atmung bewusst kontrollieren können.

Achten Sie dabei stärker auf die tiefe Ausatmung als auf die Einatmung. Denn mit jeder Einatmung spannen wir Atemmuskeln an, während sich bei der Ausatmung unsere Atemmuskeln entspannen. Tiefes Einatmen verstärkt Anspannungen und Verkrampfungen, tiefes Ausatmen entspannt, lockert und sorgt für Unterdruck in der Lunge, so dass das Einatmen automatisch erfolgt (vgl. Morschitzky 2009). Nicht ohne Grund wird bei der Atemtherapie großen Wert auf eine frei fließende und ausgedehnte Atmung gelegt, um Blockierungen des Ausatmens zu vermeiden. Deutlich wird dies bei Sportlern, die ebenfalls auf eine intensive Ausatmung durch den Mund (z. B. beim Schwimmen oder Laufen) achten, nur ungeübte Läufer und Schwimmer konzentrieren sich auf die Einatmung durch den Nase, mit der negativen Begleiterscheinung, dass es so häufiger zu Seitenstechen, Schwächezuständen und Muskelkater kommt (vgl. Morschitzky 2009).

> **Merksatz** Einatmung heißt Anspannung, Ausatmung Entspannung. Achten Sie daher in oder vor Stresssituationen bewusst darauf, dass Sie Ihre Atmung verlangsamen und vor allem tief ausatmen.

Hierzu möchten wir mit Ihnen eine Übung machen, die Ihnen dabei helfen soll, sich zu entspannen und den Stress „*wegzuatmen*". Wiederholen Sie die Übung gerne mehrmals in der Woche, um Ihre Atmung kennenzulernen, sich auf sie zu konzentrieren und sich mit der Zeit ganz fallen lassen zu können. Auch die Atementspannung braucht Geduld, erzwingen Sie nichts und seien Sie neugierig darauf, was diese Übung bei Ihnen bewirkt.

Übung

Diese Übungen können Sie im Sitzen oder Liegen durchführen. Suchen Sie sich dafür einen ruhigen und bequemen Ort aus. Beeinflussen Sie die Atmung nicht mit Ihrem Willen, sondern folgen Sie ihrem natürlichen Rhythmus. Atmen Sie so schnell oder langsam, wie es für Sie am bequemsten ist.

1. Variante: Atmung mit Wortwiederholung

Einatmen: Atmen Sie durch die Nase ein.

Ausatmen: Atmen Sie nun durch die Nase langsam und konzentriert wieder aus.

Sprechen Sie dabei in Gedanken ein zweisilbiges Wort, z.B. „Ruhe", „Frieden" oder „Freiheit". Wiederholen Sie diese Übung so oft Sie möchten.

Tipps:
- Atmen Sie durch die Nase, nicht durch den Mund! Damit wird die Brustatmung gefördert.
- Schweifen die Gedanken ab oder können Sie sich nicht richtig konzentrieren, dann nehmen Sie diese Gedanken in Ihre Übung auf: *„Gedanken kommen, steigen auf und ziehen dahin"*. Bilder können dabei helfen, z.B. indem Sie Ihre Gedanken in einen Luftballon packen und ihn davonschweben sehen.
- Bei Lärm oder äußerer Unruhe hilft diese Satz: *„Geräusche sind mir gleichgültig"*.

2. Variante: Dreistufige Atmung

Wiederholen Sie jede der folgenden Übungsschritte fünf- bis zehnmal.

1. Stufe: Schlüsselbeinatmung

Einatmen: Legen Sie die Hände auf den oberen Teil Ihres Brustkorbs, atmen Sie aus und dann *langsam ein*, so dass sich der Brustkorb leicht hebt.

Ausatmen: Achten Sie beim Ausatmen darauf, dass die *gesamte Luft* ausfließt, um genug Raum für die frische sauerstoffreiche Luft zu schaffen. Die Hände bleiben passiv, sie liegen einfach nur auf der Brust und fühlen das Heben und Senken.

2. Stufe: Brustatmung

Einatmen: Atmen Sie normal aus. Legen Sie die Hände beiderseits des Brustbeins auf die unteren Rippen, so dass sich die Fingerspitzen fast berühren.

Fühlen Sie beim Einatmen, wie sich die Rippen weit nach außen dehnen und ihre Hände sich voneinander entfernen.

Ausatmen: Beim Ausatmen nähern sich dann die Fingerspitzen wieder einander.

> **3. Bauchatmung:**
>
> Einatmen: Legen Sie jetzt die Hände in Höhe des Nabels auf den Bauch. Atmen Sie zunächst aus. Beim Einatmen hebt sich der Bauch, dadurch senkt sich das Zwerchfell und die unteren Lungenlappen füllen sich mit Luft. Die Hände werden dadurch nach oben gedrückt.
>
> Ausatmen: Beim Ausatmen kehrt das Zwerchfell in seine kuppelförmige Position zurück. Der Bauch wird flach und ihre Hände kommen in die Ausgangslage zurück.

(vgl. Wagner-Link 1996)

Vielleicht haben Sie es bei der Durchführung der Übung gemerkt: Wenn Sie sich voll und ganz auf Ihre Atmung konzentrieren, dann schaffen Sie zusätzlich eine *„gesunde"* Distanz zu möglichen Problemen, indem Sie sich bewusst ablenken, um für sich wieder innere Klarheit zu schaffen.

3.2.2 Progressive Muskelentspannung

Die progressive Muskelentspannung oder auch progressive Muskelrelaxation (PMR) wurde vor über 50 Jahren von dem amerikanischen Arzt Dr. Edmund Jacobson entwickelt (vgl. Derra 2007). Basierend auf dieser Entspannungstechnik gibt es heute eine Vielzahl an Varianten, doch alle beruhen auf der Grundidee von Dr. Jacobson: Um sich entspannen zu können, muss man die Empfindungen der Spannung und Entspannung im Körper wahrnehmen lernen. Dies tun Sie, indem Sie den angespannten und den entspannten Zustand der einzelnen Muskelgruppen miteinander vergleichen. Auf diese Weise können Sie in stressreichen Situationen Verspannungen schneller und besser wahrnehmen, um den Verspannungen dann durch das gezielte Loslassen entgegenzuwirken.

Probieren Sie die progressive Muskelentspannung mit der nächsten Übung aus.

Übung

Legen oder setzen Sie sich bequem hin. Ihre Hände liegen locker neben dem Körper oder auf dem Schoß. Überprüfen Sie, ob ihr Körper wirklich entspannt ist. Spannen Sie nacheinander die 16 Muskelgruppen an und beachten Sie dabei

Folgendes: Jede Muskelgruppe wird fünf bis sieben Sekunden angespannt (die Füße kürzer). Atmen Sie dabei gleichmäßig weiter. Danach lockern Sie sie wieder, ca. 30 bis 40 Sekunden lang. Vergleichen Sie die beiden Zustände der Spannung und Entspannung. Anschließend wiederholen Sie die Übung für die gleiche Muskelgruppe. So gehen Sie mit jeder Muskelgruppe vor.

Folgende Muskelgruppen werden jetzt nacheinander durchgegangen:
1. rechte Hand und Unterarm
2. rechter Oberarm
3. linke Hand und Unterarm
4. linker Oberarm
5. Stirn
6. obere Wangenpartie und Nase
7. untere Wangenpartie und Kiefer
8. Nacken und Hals
9. Brust, Schultern und obere Rückenpartie
10. Bauchmuskulatur
11. rechter Oberschenkel
12. rechter Unterschenkel
13. rechter Fuß
14. linker Oberschenkel
15. linker Unterschenkel
16. linker Fuß
Nach der Übung sollten Sie zuerst die Hände und Füße bewegen. Rekeln und strecken Sie sich. Nach längerer Übung können Sie die gewünschte Entspannungstiefe auch ohne den zweiten Anspannungs- bzw. Entspannungszyklus erreichen und sollten die Augen geschlossen haben, um sich voll und ganz entspannen zu können.

(vgl. Buchwald 2011)

Beherrschen Sie die Atementspannung und/oder die progressive Muskelentspannung, so werden Sie in stressreichen Situationen leichter auf diese Techniken zurückgreifen können. Sie werden dadurch gelassener und gelöster und nehmen die Situation weniger bedrohlich wahr.

3.2.3 Handlungsplan

In Kap. 2 haben Sie erfahren, dass die Wahrnehmung der Situation durch Gefühle beeinflusst wird und so auch das Handeln mitbestimmt. Anhand von Übungen wurde die Vielfalt von Gefühlen verdeutlicht sowie die Wahrnehmung der eigenen Gefühle geschärft. Zudem wurden die Auswirkungen der Entspannung auf Körpervorgänge, Gefühle, Gedanken sowie Verhalten aufgeführt. Hierzu haben Sie zwei Entspannungstechniken kennengelernt, die Sie relativ leicht und rasch anwenden können: Die Atementspannung und die Progressive Muskelentspannung. Beide Techniken können miteinander kombiniert werden, wobei die Atementspannung nach der progressiven Muskelentspannung folgen sollte. Zu diesen wie auch anderen Entspannungstechniken gibt es eine Vielfalt an CDs und DVDs, die das regelmäßige Üben erleichtern können. Zudem werden Kurse zu den verschiedenen Entspannungstechniken in unterschiedlichen Weiterbildungseinrichtungen oder Sportvereinen angeboten. Denken Sie daran, dass die gesetzlichen Krankenkassen Präventionskurse zur Entspannung laut der §§ 20 und 20a SGB V (vgl. Spitzenverband der gesetzlichen Krankenkassen 2014, *„Leitfaden Prävention")* finanziell bezuschussen. Hierzu wenden Sie sich bei Interesse am besten direkt an Ihre Krankenkasse. Darüber hinaus stellen alle großen gesetzlichen Krankenkassen Broschüren, Videos, CDs und Downloads zur Anleitung auf ihren Internet-Seiten kostenlos zur Verfügung (z. B. Techniker Krankenkasse). Auch auf YouTube sind zahlreiche Videos eingestellt, die Sie bei der Durchführung nutzen können.

Zur stärkeren Einübung haben wir für Sie wieder einen Handlungsplan erstellt, der Ihnen dabei helfen soll, dass Sie Ihr Vorhaben, sich in Zukunft mehr zu entspannen, konsequent in die Tat umsetzen.

Handlungsplan

Um mich körperlich besser zu entspannen, plane ich für die *nächste Woche* Folgendes:

> 1. Ich werde bewusst Auszeiten für die körperliche Entspannung nehmen!
>
> 2. Ich werde die Atem-Übung anwenden!
>   - ☐ mehrmals täglich
>   - ☐ einmal täglich
>   - ☐ alle zwei Tage
>
> 3. Ich werde die progressive Muskelentspannung anwenden!
>   - ☐ mehrmals täglich
>   - ☐ einmal täglich
>   - ☐ alle zwei Tage
>
> 4. In Situationen, in denen ich eine starke Anspannung verspüre und mich negative Gedanken belasten, werde ich es mir zur Gewohnheit machen, bewusst inne zu halten, einzuatmen und intensiv auszuatmen (dreimal hintereinander).

3.3 Stressbewältigung und -vermeidung im sozialen Umfeld

In den vorangegangenen Abschnitten haben wir die Stressbewältigung auf individueller Ebene bearbeitet. Nun soll diese Sichtweise um das soziale Umfeld, in dem man lebt, erweitert werden. Zu der Personengruppen des sozialen Umfelds zählen: Arbeitskollegium, Mitstudierende, Freunde, Lebenspartner, Kinder, Eltern usw. So ist jeder Mensch in ein Netzwerk von sozialen Beziehungen eingebunden, wobei die einzelnen Beziehungen sowohl gewollt als auch ungewollt zustande kommen. Die Tatsache, dass man in ein soziales Netzwerk eingebunden ist, heißt aber nicht, dass man bei eigenen Problemen grundsätzlich auf Hilfe hoffen kann. Denn nicht die Quantität von sozialen Beziehungen, sondern die Qualität ist von zentraler Bedeutung. Eine einzige aufrichtige Freundin ist bei der Bewältigung schwieriger Probleme hilfreicher als zehn oberflächliche Bekanntschaften.

Dabei können wir bei der Hilfe, die wir von unserem sozialen Umfeld erwarten oder erhalten, grundsätzlich zwischen *emotionaler, instrumenteller und informa-*

3.3 Stressbewältigung und -vermeidung im sozialen Umfeld

Tab. 3.3 Formen der sozialen Unterstützung

Unterstützungsform	Allgemeine Beispiel	Konkrete Beispiele im Fernstudium
Emotionale Unterstützung	Zuwendung, Trost, Wärme, Mitleid, Empathie, Akzeptanz, soziale Integration	Verständnis der Familie für feste Lernphasen, ermutigende Worte von Studienkollegen
Instrumentelle Unterstützung	Entlastende Tätigkeiten, konkrete Hilfe bei der Lebensbewältigung	Hilfe und rücksichtsvolle Aufgabenverteilung im Haushalt
Informationelle Unterstützung	Ratschläge, Aufzeigen von Alternativen, direkte Hilfestellungen	Korrekturlesen der Hausarbeit durch einen Studienkollegen

tioneller Unterstützung unterscheiden. Was unter den einzelnen Unterstützungsformen verstanden werden kann, sehen Sie in Tab. 3.3.

Alle diese Formen der **sozialen Unterstützung** können Stressbelastungen im Fernstudium stark vermindern und sich günstig auf Ihre Lernmotivation auswirken. Aber das soziale Umfeld führt nicht per se zu einer Reduktion von Stress. Es kann sogar ganz im Gegenteil auch zu Belastungen führen, nämlich dann, wenn man

1. sich mit anderen vergleicht und glaubt, dabei schlechter abzuschneiden,
2. soziale Unterstützung erfährt, diese aber unangemessen ist.

Auf das Thema *„unangemessene Unterstützung"* und die positiven Effekte, die soziale Unterstützung mit sich bringt, werden wir im Kap. 3.3.2 („*Stressvermeidung durch unangemessene Hilfe*") noch eingehen. Zuvor möchten wir durch eine Übung ergründen, wie Sie die soziale Unterstützung Ihres eigenen sozialen Umfeldes aktuell einschätzen.

Übung

1.) Wie oft benötigten Sie in den letzten Wochen informelle, emotionale oder instrumentelle Unterstützung bei Problemen von diesen Personen? Füllen Sie die Kästchen je nach Grad der benötigten Hilfe aus. Ein volles Kästchen bedeutet: Ich habe viel Hilfe benötigt. Ein leeres Kästchen heißt: Ich brauchte gar keine Hilfe. In den letzten Feldern können Sie Ihre persönlichen *„Hilfsquellen"* eintragen.

3 Wie können Sie Stress im Fernstudium bewältigen?

Benötigte Hilfe:								
Partner	Kinder	Eltern	Freundes-kreis	Kollegen	Studierende	Institutionen	Hochschule	Sonstiges

2.) Wie oft erhielten Sie in den letzten Wochen informelle, emotionale oder instrumentelle Unterstützung bei Problemen von diesen Personen? Füllen Sie die Kästchen je nach Grad der erhaltenen Hilfe aus. Ein volles Kästchen bedeutet: Ich habe viel Hilfe erhalten. Ein leeres Kästchen heißt: Ich erhielt gar keine Hilfe. In die letzten Felder können Sie Ihre persönlichen *„Hilfsquellen"* eintragen.

Erhaltene Hilfe:								
Partner	Kinder	Eltern	Freundes-kreis	Kollegen	Studierende	Institutionen	Hochschule	Sonstiges

3.) Wie zufrieden waren Sie mit dieser informellen, emotionalen oder instrumentellen Unterstützung bei Problemen von diesen Personen? Füllen Sie die Kästchen je nach Grad der Zufriedenheit aus. Ein volles Kästchen bedeutet: Ich war sehr zufrieden. Ein leeres Kästchen heißt: Ich war ganz und gar unzufrieden. In die letzten Felder können Sie Ihre persönlichen *„Hilfsquellen"* eintragen.

Zufriedenheit mit der Hilfe:								
Partner	Kinder	Eltern	Freundes-kreis	Kollegen	Studierende	Institutionen	Hochschule	Sonstiges

(vgl. Buchwald 2011)

Vergleichen Sie nun die ersten beiden Unterstützungsbalken. Wie viel Unterstützung haben Sie erwartet, wie viel haben Sie bekommen? Stimmen die Kästchen überein? Wie zufrieden sind Sie mit der Unterstützung? Woran kann es liegen, dass Sie bei der einen oder anderen Personengruppe unzufrieden waren?

Wie Stress in den dargestellten Bereichen und damit auch durch das soziale Umfeld entstehen kann und was Sie dagegen tun können, werden wir nun näher betrachten.

3.3.1 Stressvermeidung durch das soziale Umfeld

Stress durch das soziale Umfeld kann zur Belastung werden, wenn wir uns beispielsweise mit jemandem vergleichen und glauben, bei diesem Vergleich schlechter dazustehen. Wie wir bereits dargestellt haben, bestimmen eigene Erwartungen, Ziele, Wertmaßstäbe und Überzeugungen die subjektive Wichtigkeit eines Ereignisses. Einige Stressbelastungen entstehen durch zu hohe Erwartungen und Ansprüche an die eigene Person oder an den Ehepartner, Kollegen, etc. Der perfekt geführte Haushalt der Freundin sollte uns nicht zu einem Vergleich Anlass geben; ebenso wenig die guten Leistungen des Arbeitskollegen oder die ausgewogene Liebesbeziehung der Freunde. Wir müssen uns davon freimachen, diese scheinbaren Ideale erreichen zu wollen. Zum einen wissen wir gar nicht, wie es den anderen mit diesen *„Idealen"* ergeht, zum anderen hat jede Person, Partnerschaft und Berufskarriere ihre eigene Lebensbiografie, die nicht so leicht auf andere übertragbar ist. An dieser Stelle sei nochmals betont, dass es wichtig ist, den individuellen Maßstab für das eigene Handeln zu finden.

Beispiel

Claudia erfährt von ihrer Mitstudentin Kerstin, dass diese schon mit ihrer Bachelor-Thesis beginnt. Das sei zwar schon recht früh, aber sie wolle lieber rechtzeitig anfangen. Außerdem hat sie gerade ein interessantes Thema entdeckt, dass sie bearbeiten will. Claudia lässt sich von der Motivation von Kerstin anstecken und möchte nun ebenfalls mit ihrer Thesis beginnen, obwohl sie gar nicht weiß, welches Thema infrage kommt. Sie startet mit ihrer Literaturrecherche und glaubt, sie werde schon etwas finden, wenn sie erst mal begonnen hat. Alsbald verläuft ihre Recherche im Sande und sie bricht ihre Themensuche frustriert ab.

Was Claudia offensichtlich übersieht ist, dass dieses Vorhaben – im Vergleich zu ihrer fortgeschrittenen Kommilitonin – nicht ihrem persönlichen Stand im Fernstudium und ihrem eigenen Interesse entspricht, sich jetzt schon ihrer Thesis zu widmen. Anstatt sich an Kerstin zu orientieren, sollte Claudia ihre eigenen Bedürfnisse stärker berücksichtigen. Vielleicht möchte sie gerne Aufgaben erledigen, die ihrem Leistungsniveau entsprechen.

▶ **Merksatz** Da durch Vergleiche mit dem sozialen Umfeld Stressbelastungen entstehen können, sollten Sie Ihren eigenen Weg zu Ihren persönlichen Studienzielen gehen, ohne sich an anderen zu orientieren.

Wahrgenommene Unterstützung und Hilfe durch das soziale Umfeld kann mitunter unangemessen sein und Stress auslösen. Was als unangemessene Hilfe verstanden werden kann, erklären wir im folgenden Abschnitt.

3.3.2 Stressvermeidung durch unangemessene Hilfe

Das soziale Umfeld kann auf direktem Wege zu einer Belastung werden, wenn nämlich die gewährte Hilfe der benötigten nicht entspricht. Dies ist zum Beispiel dann der Fall, wenn man gar keine Hilfe möchte, sie aber dennoch erhält. Eltern, die *„gute Ratschläge"* erteilen, meinen es in der Regel nur gut, häufig sind ihre Ratschläge aber im wahrsten Sinne des Wortes *„Schläge"*, weil sie nicht auf denjenigen zugeschnitten sind, der das Problem hat, sondern allein aus der Elternperspektive hilfreich sind. Auf der anderen Seite kann eine dringend benötige Hilfe bei Nicht-Gewähren die Stressbelastung noch erhöhen.

Zu viel oder zu wenig erhaltene Hilfe kann somit zu Stress führen und mitunter sogar die Belastung verstärken. Es ist daher wichtig, dass benötigte und gewährte Hilfe zueinander passen. Da bei der sozialen Unterstützung beziehungsweise einer sozialen Interaktion mindestens zwei Personen beteiligt sind, hängt es von mindestens einer der beiden Personen ab, ob die benötigte und gewährte Hilfe zueinander passen. Um angemessene Hilfe zu erhalten und unangemessene Hilfe zu vermeiden, ist es notwendig, dass Sie Ihre Bedürfnisse möglichst konkret und klar kommunizieren, wie beispielsweise durch die folgenden Sätze:

- *„Ich werde erst einmal versuchen, das Problem alleine anzugehen, vielleicht kann mir dein Vorschlag dabei nützlich sein!"*
- *„Im Moment brauche ich keine Hilfe, ich komme aber gerne darauf zurück!"*
- *„Ich brauche bei diesem Problem dringend deine Hilfe, weil ich es alleine nicht bewältigen kann!"*
- *„Ich kann momentan keinen klaren Gedanken fassen, vielleicht kannst du mir ein paar wertvolle Tipps geben?"*

Dass soziale Unterstützung Ihnen – ohne Zweifel – nicht nur während Ihres Fernstudiums hilfreich sein kann und unter welchen Voraussetzungen diese zustande kommt, darauf kommen wir im folgenden Abschnitt zu sprechen.

3.3.3 Stressbewältigung durch soziale Unterstützung

Angemessene soziale Unterstützung Dritter ist bei Stressbelastungen eine wertvolle Ressource. Dabei wirkt soziale Unterstützung in zweifacher Hinsicht:

1. als emotionale Sicherheit, Halt und Geborgenheit, damit man im Notfall auf die Hilfe anderer zurückgreifen kann und
2. als tatsächliche Unterstützung, wenn man bereits ein Problem hat .

Im ersten Fall handelt es sich um eine Art der präventiven Hilfe durch das soziale Umfeld. Wenn Sie momentan im Fernstudium stark belastet sind, dann ist es hilfreich zu wissen, dass Sie in einem solchen Fall auf die Hilfe hoffen können. Der zweite Fall kommt zum Tragen, wenn ein Problem bereits eingetroffen ist. Sind Sie selbst mit Ihren Aufgaben im Fernstudium derzeit überfordert, da Sie erst kürzlich Ihr zweites Kind bekommen haben, ist es für Sie sehr hilfreich, wenn Ihr soziales Umfeld zum einen ein großes Verständnis für Ihr Weiterbildungsengagement aufbringt und Ihnen zum anderen Aufgaben im Alltag von den Großeltern, Nachbarn oder Freunden abgenommen werden.

Die Aktivierung sozialer Unterstützung setzt selbstverständlich voraus, dass ein soziales Umfeld vorhanden ist, auf das zurückgegriffen werden kann. Wie Sie Ihr soziales Umfeld stärker einbeziehen können, darauf werden wir im Kap. 4.6 *„Stressprävention durch die Inanspruchnahme von Unterstützungen"*) näher eingehen. Entscheidend ist die Qualität sozialer Beziehungen. Um diese zu erhalten oder herzustellen, müssen die Beziehungen auf Gegenseitigkeit basieren und mit gegenseitiger Dankbarkeit und mit liebevollen Gesten gepflegt werden. Dies ist eine wesentliche Voraussetzung dafür, dass Sie im Bedarfsfall tatsächlich Hilfe bekommen. Dabei muss die Unterstützung nicht zwangsläufig auf der gleichen Ebene stattfinden, sondern kann auf eine andere Art und Weise gewährt werden. Wenn eine Kommilitonin Ihnen mit Unterrichtsmaterialien aushilft, können Sie sich beispielsweise mit Theaterkarten oder einem offenen Ohr für ihre Probleme revanchieren.

Besteht zwischen dem Geben und Nehmen sozialer Unterstützung ein Ungleichgewicht, können folgende negative Reaktionen entstehen: 1.) Die Hilfe wird eingestellt, da sich der andere ausgenutzt fühlt, 2.) man hat selbst ein schlechtes

Gewissen, da man ständig nur nimmt und selbst nicht gibt. Um dies zu vermeiden, sollten folgende Punkte berücksichtigt werden:

- **Wer soziale Unterstützung erwartet, sollte bereit sein, diese selbst zu gewähren! Die Beziehung sollte demzufolge auf** Gegenseitigkeit **beruhen!**
- **Die soziale Beziehung sollte auf** Achtung und Respekt **aufbauen!**
- **Die Unterstützung sollte von beiden ehrlich gemeint sein.**
- **Die Unterstützung sollte die Partner** nicht abhängig **voneinander machen.**
- **Die Unterstützung sollte den** jeweiligen Bedürfnissen **entsprechen.**

Mit der folgenden Übung können Sie die Qualität Ihrer Unterstützungsquellen reflektieren, besser einschätzen und eventuell bei Bedarf auch korrigieren.

> **Übung**
>
> Notieren Sie die Namen von den Personen, auf deren Hilfe Sie gewöhnlich bei Problemen zurückgreifen. Füllen Sie die Figur dieser Person(en) je nach Grad der gegebenen Hilfe aus. Die *„Füllung"* der Figur soll dabei der gewährten Hilfe durch diese Person entsprechen. Daneben füllen Sie Ihre Figur aus, je nach Grad der gegebenen Hilfe, die Sie dieser Person zukommen lassen.

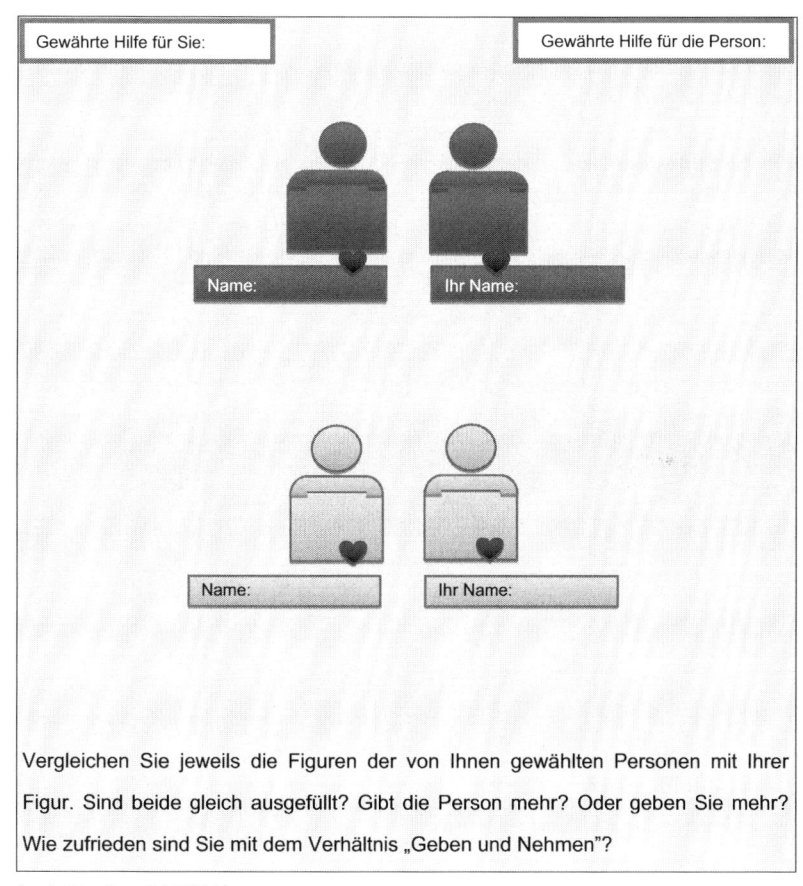

3.3 Stressbewältigung und -vermeidung im sozialen Umfeld

| Gewährte Hilfe für Sie: | Gewährte Hilfe für die Person: |

Name: | Ihr Name:

Name: | Ihr Name:

Vergleichen Sie jeweils die Figuren der von Ihnen gewählten Personen mit Ihrer Figur. Sind beide gleich ausgefüllt? Gibt die Person mehr? Oder geben Sie mehr? Wie zufrieden sind Sie mit dem Verhältnis „Geben und Nehmen"?

(vgl. Buchwald 2011)

3.3.4 Professionelle Hilfe bei schwerwiegenden Stressbelastungen

Kommilitonen, Eltern, Freunde oder der Ehepartner können in der Regel nur solche Ratschläge erteilen, die auf eigener Erfahrung beruhen. Diese Tipps müssen aber nicht notwendigerweise bei der Lösung Ihrer Probleme im Fernstudium oder bei der Arbeit hilfreich sein. Immer wiederkehrende und/oder starke psychische

Belastungen bedürfen professioneller Hilfe, insbesondere dann, wenn Ihre Gesundheit gefährdet ist (siehe Kap. 2.5, *„Wann ist Stress gesundheitsschädlich?"*).

Professionelle Hilfe in Anspruch zu nehmen, stellt für viele Menschen eine Hürde da. Zum einen, weil sie sich der Vielfalt und der Möglichkeiten dieser Hilfen nicht bewusst sind, zum anderen, weil sie glauben in ihrem Leben, bei ihrem Beruf, ihrem Privatleben oder im Fernstudium versagt zu haben. Mit dieser falschen Vorstellung kann man in einen Teufelskreis geraten: Der Druck wird größer, noch perfekter zu werden, und damit verstärken sich mitunter die Probleme.

Professionelle Hilfe annehmen heißt vielmehr Probleme aktiv mit Hilfe von Fachexperten anzugehen und die Chance zu nutzen, diese zu lösen. Der große Vorteil professioneller Berater ist, dass diese – im Vergleich zu Freunden, Angehörigen oder dem Partner – wertneutral sind und Ihnen eine andere Perspektive auf die Dinge ermöglichen. Sie unterliegen in der Regel zudem der Schweigepflicht (z. B. Ärzte).

Sollten Sie schwerwiegende oder langanhaltende Probleme bei extremen Stressbelastungen haben, bei denen Sie professionelle Hilfe benötigen, können Ihnen folgende Anlaufstellen weiterhelfen. Denn dieses Buch kann keine Therapie oder Beratung ersetzen.

- Ihr Hausarzt, Fachärzte oder Psychotherapeuten,
- spezielle Beratungsangeboten Ihrer Krankenkasse,
- Burn-out-Ambulanzen, Familienberatungsstellen etc.,
- spezielle Beratungsstellen (z. B. Erziehungsberatungsstellen).

Neben diesen Experten lassen sich im Telefonbuch unter dem Stichwort *„Beratung"* ortsnahe Beratungsstellen ausfindig machen! Achten Sie dabei darauf (z. B. durch einen Blick auf die jeweilige Homepage), dass die Ansprechpartner über ausreichende (psychologische) Kompetenzen und Erfahrungen im Umgang mit psychischen Problemen verfügen (z. B. eine staatlich anerkannte Ausbildung in Psychologischer Psychotherapie vorweisen können). Auch finden Sie im Internet Burn-out- oder Depressions-Tests, bitte achten Sie auch hier besonders darauf, wer diese Tests entwickelt hat (z. B. Universitäten). Dabei sollten Sie beachten, dass Online-Testergebnisse auf keinen Fall eine exakte Diagnose durch Fachpsychologen, Psychotherapeuten oder Fachärzte ersetzen, sondern lediglich der eigenen Sensibilisierung und Reflexion dienen.

3.3.5 Handlungsplan

In Kap. 3 wurde das soziale Umfeld mit Stressbelastung in Beziehung gesetzt. Sie wissen nun, dass soziale Unterstützung aus emotionaler, instrumenteller und informationeller Unterstützung besteht. Auch haben Sie erfahren, dass nicht jede Form der Unterstützung von sich aus zu einer Reduktion der Stressbelastung führt. Denn zu viel oder zu wenig gewährte Unterstützung kann die Belastung sogar noch verstärken. Sie haben erfahren, dass das soziale Umfeld zur Belastung werden kann, wenn man glaubt, im Vergleich zu anderen schlechter dazustehen. Aus dieser Erkenntnis ist Ihnen klar, dass sich Ihre Erwartungen an sich selbst an Ihren eigenen Möglichkeiten orientieren sollten. Die Chancen, die sich Ihnen durch soziale Unterstützung während des Fernstudiums durch qualitativ gute Beziehungen bieten, wurden dargestellt und Sie kennen nun die Voraussetzung hierzu. Auch kennen Sie jetzt die Grenzen der sozialen Unterstützung und die vielfältigen Möglichkeiten professioneller Hilfe.

Abschließend erfolgt auch in diesem Kapitel die Umsetzungshilfe in Form eines Handlungsplans.

Handlungsplan

Um angemessene Unterstützung zu erhalten und zu geben, plane ich für die *nächste Woche* Folgendes:

1. Ich werde vermehrt darauf achten, welche Personen mir bei Problemen angemessene Unterstützung geben!

2. Ich werde vermehrt darauf achten, welchen Personen ich bei Problemen angemessene Unterstützung geben kann!

3. Ich werde vermehrt darauf achten, wie ausgewogen das Verhältnis von „Geben und Nehmen" zwischen mir und anderen Personen ist.

   ☐ mehrmals täglich
   ☐ einmal täglich
   ☐ alle zwei Tage

(vgl. Buchwald 2011)

Wie können Sie Stress im Fernstudium vorbeugen und langfristig reduzieren? 4

Inhaltsverzeichnis

4.1	Stressprävention durch die „innere Einstellung"	77
	4.1.1 Positiver Nutzen von Misserfolgen und Rückschlägen	77
	4.1.2 Positiver Nutzen einer optimistischen und dankbaren Grundhaltung	83
	4.1.3 Relativierung und Umgang mit negativen Gedanken	85
	4.1.4 Sinnsuche und Sinnstiftung im Fernstudium	86
	4.1.5 Humor und sein Nutzen im Fernstudium	88
	4.1.6 Handlungsplan	89
4.2	Stressprävention durch verbesserte Kommunikation	90
4.3	Stressprävention durch optimiertes Zeitmanagement	97
	4.3.1 Entlarvung unnötiger Zeitfresser	98
	4.3.2 Wirkungsvolle Ziel- und Prioritätensetzung im Fernstudium	104
	4.3.3 Schaffung von Belohnungen und Ritualen im Fernstudium	106
	4.3.4 Handlungsplan	112
4.4	Stressprävention durch ausreichende Bewegung, gesunde Ernährung und erholsamen Schlaf	113
	4.4.1 Ausreichende Bewegung	114
	4.4.2 Gesunde Ernährung	118
	4.4.3 Erholsamer Schlaf	121
	4.4.4 Handlungsplan	125
4.5	Stressprävention durch Ablenkung und Erholung	126
4.6	Stressprävention durch die Inanspruchnahme von Unterstützungen	136
	4.6.1 Vielfache Möglichkeiten: Unterstützungsangebote im Fernstudium	137
	4.6.2 Gemeinsam statt einsam: Schriftliche Arbeiten im Fernstudium	140
	4.6.3 Falscher Stolz: Hilfe annehmen heißt Stärke zeigen	142
	4.6.4 Handlungsplan	143
4.7	Stressprävention durch effektives Selbstmanagement	144

© Springer Fachmedien Wiesbaden 2016
V. Scherenberg, P. Buchwald, *Stressmanagement im Fernstudium*,
DOI 10.1007/978-3-658-09607-6_4

> **In diesem Kapitel lernen Sie, …**
> - was Resilienz und damit innere Widerstandskraft ist,
> - welche Bedeutung die Art der Kommunikation auf Stress hat,
> - die Bedeutung von Ablenkung und Erholung,
> - den Einfluss von Bewegung, Schlaf und Ernährung auf Stress.
>
> **Zudem haben Sie die Gelegenheit …**
> - Ihre innere Einstellung zu hinterfragen und zu ändern,
> - Ihre Kommunikation „gewaltfrei" zu führen,
> - Ihre persönlichen Zeitfresser zu identifizieren,
> - zu lernen, wie Sie stärker auf eine ausreichende Bewegung, eine gute Schlafqualität und eine ausgewogene Ernährung achten,
> - Ihr soziales Umfeld einzubeziehen und
> - Ihr gesamtes Selbstmanagement zu optimieren.

Während es bei der Stressbewältigung im Kap. 3 (*„Wie können Sie Stress im Fernstudium bewältigen?"*) darum ging, bereits entstandenem Stress entgegenzuwirken, zielt die **Stressprävention** darauf ab, Stress *ganzheitlich* und *langfristig* vorzubeugen. Daher soll in diesem Kapitel der Schwerpunkt auf Stressprävention gelegt werden. Dabei geht es darum, *„in der Gegenwart etwas zu tun, um unangenehme oder ungewünschte Zustände in der Zukunft zu vermeiden"* (Leppin 2004). Stressprävention heißt also Stressquellen gezielt zu vermeiden und einzudämmen. Die Prävention von Stress setzt voraus, dass die Bereiche und Situationen, die zu Stress führen, bekannt sind.

In Kap. 2 konnten Sie mit Hilfe von Übungen z. B. Ihr persönliches „Stress-Manhattan" erstellen oder herausfinden, wie Ihre persönliche Ressourcenbilanz aussieht. Sie können nun einschätzen, wodurch Sie gestresst werden und konnten feststellen, wie Sie diesem Stress begegnen können. Dabei werden Sie auf den folgenden Seiten merken, dass wir dabei noch stärker und gezielt auf Ihre **ganzheitliche Gesundheit** achten möchten.

Wir richten unsere Aufmerksamkeit dabei natürlich – wie immer – vor allem auf stressreiche Situationen im Alltag von Fernstudierenden, die zugleich berufstätig sind.

Grundsätzlich kann Stress im Fernstudium insbesondere vermieden werden durch:

- realistische Erwartungen und Ansprüche (**innere Einstellung**),
- eine empathische zwischenmenschliche Dialogführung (**Kommunikation**),

- gute Organisation und klare Prioritätensetzung bei der Zeit- und Aufgabenplanung (**Zeitmanagement**),
- gesunde Lebensführung und die Schaffung eines gesundheitsförderlichen Ausgleichs unter der Berücksichtigung eigener Bedürfnisse (**ausreichende Bewegung, Ablenkung, Erholung, Schlaf und gute Ernährung**),
- Konzentration auf das Wesentliche und Unterstützung durch ein stabiles soziales Umfeld (**Entlastung und sozialer Rückhalt**) und
- gute Umsetzungsstrategien zur Verwirklichung gesetzter Ziele (**Selbstmanagement**).

All diese Bereiche tragen zur Prävention stressreicher Situationen im Rahmen Ihres Fernstudiums bei. Die genannten **persönlichen Schutzfaktoren** werden mobilisiert und Ihre persönliche **Resilienz** (sprich die Widerstandsfähigkeit gegenüber ungünstigen Lebensumständen) gesteigert. Wird von persönlichen Schutzfaktoren (vor Stress) gesprochen, so zählen zu diesen ein ausgeprägtes Selbstbewusstsein, ein positives Lebensgefühl, ausreichende Bewältigungsstrategien, körperliche Aktivitäten sowie positive soziale Beziehungen. Lesen Sie nun, was Sie in den einzelnen Bereichen tun können, um Stress vorzubeugen.

4.1 Stressprävention durch die „innere Einstellung"

Wie bereits im Kap. 3.1 (*„Stressbewältigung durch mentale Entspannungstechniken"*) beschrieben, ist die innere Einstellung mit dafür verantwortlich, ob Sie Stress eher als Herausforderung oder als Bedrohung einstufen. Aufgrund der Bedeutung der inneren Einstellung und Ihrer grundlegenden Gelassenheit, möchten wir an dieser Stelle vertiefend auf die innere Einstellung als Stressprotektor eingehen. Wesentliche Aspekte, die eine Bedeutung für die innere Haltung einnehmen, werden wir daher in den folgenden Punkten genauer ansprechen, damit Stress im Fernstudium erst gar nicht entsteht.

4.1.1 Positiver Nutzen von Misserfolgen und Rückschlägen

Keine Frage, nicht immer läuft alles so, wie man sich das im Leben und insbesondere während eines Fernstudiums vorgestellt hat. Von Zeit zu Zeit erleben wir Rückschläge. Aber während einige Menschen mit negativen Ereignissen ganz gelassen umgehen, sind andere Menschen am Boden zerstört und schier verzweifelt.

Warum ist das so? Betrachten wir einmal ein konkretes Beispiel aus dem Fernstudium:

> **Beispiel**
> Iris studiert seit zwei Jahren Gesundheitsökonomie, sie ist gelernte Krankenschwester und verfügt über mehr als zehn Jahre Berufserfahrung. Doch mittlerweile ist sie beruflich sehr unzufrieden und möchte dringend ihren Arbeitgeber wechseln. Sie hat alle Hoffnung in das Fernstudium als Einstellungsbeschleuniger gesetzt, aber nach 20 Bewerbungen und Absagen ist sie nun mehr als frustriert. Zudem läuft es gerade nicht gut im Fernstudium und sie hat die erste Prüfung nicht bestanden. Sie ist demotiviert, nicht mehr in der Lage, sich zu konzentrieren und zweifelt das ganze Studium an. Auch Christian hat die Prüfung nicht bestanden, er weiß nach dieser Erfahrung, was er hätte besser machen können. Im Gegensatz zu Iris motiviert ihn das nach dem Motto: *„Jetzt erst recht!"*. Er begreift seinen Fehler als Chance und nicht als Scheitern. Die nächste Prüfung meistert er ohne Schwierigkeiten.

Für Situationen, in denen Menschen an sich selbst und der Welt verzweifeln, gibt es viele Beispiele. Aber was ist in unserem Beispiel das Geheimnis von Christian? Er lässt sich trotz eines Rückschlags nicht aus der Bahn werfen, er ist resilient. Seine psychische Widerstandskraft liegt darin, dass er die Realität akzeptiert, aus der Situation lernt, aufsteht und einfach beharrlich weitermacht. **Resilienz** als **psychische Widerstandsfähigkeit** kann als die Fähigkeit bezeichnet werden, an widrigen Situationen nicht zu verzweifeln, sondern sie aktiv und erfolgreich zu bewältigen.

Die zentrale Frage, die sich jetzt stellt ist: Kann man Resilienz eigentlich erlernen? Oder muss man sich damit abfinden, an bestimmten Situationen zu verzweifeln? Die gute Nachricht ist: Ja, grundsätzlich kann jeder von uns lernen, mit bestimmten kritischen Ereignissen besser umzugehen und resilient zu sein. Allein die Akzeptanz einer als negativ wahrgenommenen Situation erleichtert es uns, bei unvorhergesehenen Ereignissen nicht in eine **Spirale negativer Gefühle** zu geraten. Wir finden stattdessen schneller wieder in unseren gewohnten Rhythmus zurück. Verharren wir aber mit unseren Gedanken in der Vergangenheit, werden wir bei zukünftigen Aufgaben regelrecht gelähmt und antriebslos.

▶ **Merksatz** Versuchen Sie, um mit kritischen Ereignissen besser umzugehen, die Situation mit all ihren Vor- und Nachteilen anzunehmen. So

4.1 Stressprävention durch die „innere Einstellung"

können Sie sich besser auf mögliche Lösungswege konzentrieren und verharren gedanklich nicht bei der stressauslösenden Situation.

In kritischen Situationen neigen manche Menschen leicht dazu, Selbstmitleid zu empfinden und sich Selbstvorwürfe zu machen. Wir sind oft der Ansicht, uns geschehe Unrecht, nach dem Motto: *„Warum passiert so etwas nur mir?"*, *„Ich habe immer so ein Pech!"*, *„Anderen ergeht es immer besser als mir!"*. Ein durchaus menschliches Verhalten, denn jeder von uns kennt Selbstzweifel und muss im Leben früher oder später Rückschläge hinnehmen – sei es im Privatleben, im Berufsalltag oder im Fernstudium.

Aber sind solche Aussagen wirklich wahr? Immer? Spätestens wenn wir nun vor die Aufgabe gestellt werden, konkrete Beispiele zu finden, werden wir schnell merken, dass wir bei Unzufriedenheit häufig dazu neigen, Sachverhalte zu verallgemeinern. Hinter solchen Verallgemeinerungen verbirgt sich oft eine indirekte Schuldzuweisung an die Umwelt. Dieser Schutzmechanismus ist ebenfalls menschlich, denn es ist immer leichter, die Schuld bei anderen zu suchen als bei sich selbst. Zumal der Blick auf andere dazu führt, dass wir von unseren eigenen Gefühlen abgelenkt und somit entlastet werden. Doch wenn wir die Verantwortung für unsere Gefühle auf andere abwälzen, werten wir uns damit selber ein Stück weit ab und machen uns zum Opfer unserer eigenen Situation (vgl. Geisler 2012). Dabei sollte uns bewusst werden, dass, wenn tatsächlich die anderen Schuld an unseren eigenen Gefühlen sind, wir solchen Situationen hilflos ausgeliefert und fremdgesteuert sind. Nehmen wir die Verantwortung an und akzeptieren die Situation, dann verlassen wir die Opferrolle. Voraussetzung hierfür ist, dass wir an unsere eigenen Widerstandkräfte glauben! Zudem können wir uns gewiss sein, dass jeder Mensch diese Gefühle des Selbstzweifels hegt und Rückschläge im Leben hinnehmen musste. Dies merken wir spätestens dann, wenn wir offen und ehrlich – beispielsweise mit Studienkollegen – darüber sprechen.

Beispiele für resiliente Menschen sind unzählige Sportler, die durch einen tragischen Unfall ein Handicap haben, aber trotzdem sportlich aktiv sind und zum Beispiel bei den Paralympics herausragende Leistungen vollbringen. Der Film *„Gold – Du kannst mehr als du denkst!"* zeigt dies mehr als eindrucksvoll. Diese Sportler sind Vorbilder in punkto Resilienz! Genauso, wie beispielsweise der französische Nobelpreisträger Albert Camus, der seine Erfolge trotz – oder gerade wegen – vieler biografischer Rückschläge mit den feinfühligen und zugleich Mut machenden Worten zusammenfasste: *„Mitten im tiefen Winter wurde mir endlich bewusst, dass ich einen unbesiegbaren Sommer in mir trug."* (Zander 2011).

Oft treiben uns gerade Rückschläge an und wirken als Motivator. Beim „Lernen am Modell" (oder auch Modell-Lernen oder Modelllernen) müssen die motivierenden Vorbilder nicht zwangsläufig berühmt sein, denn auch von besonderen Eigenschaften und Reaktionen Ihrer direkten Arbeits- und Studienkollegen, Lerngruppen oder Tutoren können Sie viel lernen und profitieren. Beobachten Sie Ihr Umfeld und achten Sie darauf, wie andere Menschen auf Rückschläge und Misserfolge reagieren. Dabei sollten Sie das Verhalten nicht blindlinks imitieren, sondern verstehen und herausfinden, inwiefern das erfolgreiche Verhalten für Sie eine Handlungsalternative darstellt. Sehen Sie hierzu Misserfolge und Rückschläge wie in einem Trainingslager als tägliche Herausforderungen, an denen Sie kontinuierlich wachsen.

▶ **Merksatz** Lassen Sie sich von positiven Vorbildern motivieren und inspirieren! Resiliente Menschen sehen Misserfolge und Rückschläge als Gelegenheit, etwas zu lernen und sich weiterzuentwickeln.

Um zu analysieren, wie Sie mit Rückschlägen und Misserfolgen umgehen, zu unterschiedlichen Zeitpunkten bewerten und mit Abstand relativieren, an dieser Stelle eine Übung.

Übung

Erinnern Sie sich an eine Situation in Ihrem Leben, in der Sie so richtig verzweifelt waren. Wie „schlimm" fanden Sie die Situation zum **Zeitpunkt des Geschehens**! Nutzen Sie dazu die folgende Skala (1 = nicht schlimm; 10 = extrem schlimm).

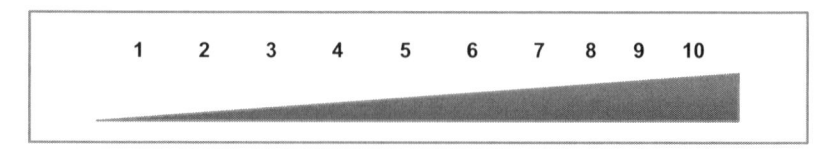

Zum Vergleich schreiben Sie nun auf, wie „schlimm" Sie die Situation mit einem gewissen zeitlichen Abstand aus **heutiger Sicht** beurteilen.

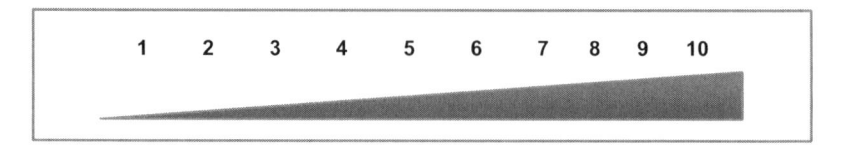

4.1 Stressprävention durch die „innere Einstellung"

Wenn Sie nun die ausgewählte Situation reflektieren, werden Sie wahrscheinlich merken, dass Sie sich in der akuten Situation die Konsequenzen negativer ausgemalt haben, als dies mit dem nötigen zeitlichen Abstand später tatsächlich der Fall war. Wir haben viele solcher Situationen, in den wir schier verzweifelt waren, die sich aber im Nachhinein vielleicht sogar als Glücksfall herausstellten. Nichtsdestotrotz kann es sein, dass Sie bei neuen Misserfolgen alte Krisen wieder durchleben, da Sie Misserfolge aus der Vergangenheit innerlich verankert haben und Ihr Selbstvertrauen dadurch in Mitleidenschaft gezogen wurde. Neben verbaler Relativierung können Sie Misserfolge mildern, indem Sie Ihren Blick gezielt auf **alternative Erfolgsfelder** und **vergangene Erfolgserfahrungen** richten. Dabei geht es darum, dass Sie die Angst vor Misserfolgen verlieren, Misserfolgserfahrungen gut verarbeiten und so Ihre Selbstwirksamkeit systematisch steigern.

▶ **Merksatz** Erinnern Sie sich bei Misserfolgen an Erfolgserfahrungen und sprechen Sie sich Mut zu – nach dem Motto: *„Das letzte Mal habe ich es geschafft, ich werde es auch diesmal schaffen!"*.

Umso stärker Sie Ihre Erfolgserlebnisse verinnerlicht haben, desto wahrscheinlicher ist es, dass Sie über eine hohe Selbstwirksamkeit verfügen und neue Rückschläge und Misserfolge besser bewältigen.

Damit Sie sich Ihrer eigenen Erfolgserfahrungen bewusst werden und auf diese bei Rückschlägen aktiv zugreifen können, folgt an dieser Stelle eine Übung.

Übung

Überlegen Sie sich in welcher Situation (mit „Happy End") Sie einmal große Angst vor einem Misserfolg oder Rückschlag hatten. Was hat dazu geführt, dass die Situation ein glückliches Ende nahm? Welchen Beitrag haben Sie dazu geleistet?

1.) In der folgenden Situation hatte ich Angst vor Misserfolg ...

2.) Die Situation ist wie folgt positiv ausgegangen ...

3.) Welchen positiven Beitrag habe ich persönlich dazu geleistet ...

Ein weiterer Grund in bestimmten Situationen zu verzweifeln ist, dass wir zu perfektionistisch sind. Das trifft gerade auf Menschen zu, die besonders motiviert sind. Aber keiner von uns ist „perfekt" und nichts läuft immer 100 %ig geradlinig. Wir werden auf das Thema „**Perfektionismus**" und der Neigung es allen recht machen zu wollen, noch genauer im Kap. 4.2 („*Stressprävention durch verbesserte Kommunikation*") eingehen.

▶ **Merksatz** Geben Sie Ihr Bestes, aber lassen Sie sich von Rückschlägen und eigenem Perfektionismus nicht beherrschen! Es sind unsere kleinen Makel, die uns so menschlich und liebenswürdig machen.

Beurteilungen und Bewertung sind in Form von Lernerfolgskontrollen Teil Ihres Fernstudiums. Ob Sie allerdings die Bewertungen Ihrer Prüfungsleistungen als Kritik, Rückschlag oder Misserfolg wahrnehmen oder als eine willkommene Chance, sich weiterzuentwickeln, liegt bei Ihnen. Nur Sie allein haben die Macht über Ihre gedankliche Bewertung der Dinge, die nur Sie persönlich vornehmen. Sehen Sie Kritik als Ansporn und Anregung und niemals als einen persönlichen Angriff auf Ihre Persönlichkeit. Bedenken Sie, dass die Hinweise Ihrer Tutoren, in erster Linie dazu da sind, zukünftige Fehler zu vermeiden und Ihre Ergebnisse zu verbessern. Denn das Wort „Tutor" kommt aus dem lateinischen und heißt so viel wie „*Beschützer*" (vgl. Bertelsmann Lexikon Institut 2006).

Natürlich hören wir gerne Lob und möchten Anerkennung erfahren, doch nur durch Kritik entwickeln wir uns weiter. Misserfolge bieten uns die Chance, das eigene Handeln sowie die persönlichen Stärken und Schwächen kritisch zu reflektieren. Oft verändern wir unser eigenes Verhalten nur dann, wenn wir einen persönlichen Leidensdruck verspüren. Werden Sie sich mit der folgenden Übung bewusst, über welche persönlichen Stärken und Schwächen Sie verfügen.

Beispiel

Helmut hat das Fernstudium fast vollendet, nun fehlt nur noch die Bachelor-Thesis. Er macht sich hochmotiviert an die Arbeit und erstellt ein in seinen Augen perfektes Exposé. Stolz schickt er es an Frau Prof. Dr. Müller und bekommt prompt eine Rückmeldung, mit einer Vielzahl an Anmerkungen. Er ist frustriert, demotiviert und gerät in Panik, da er Angst hat, seinen anvisierten Abschlusstermin nicht mehr halten zu können.

Was können wir an diesem Beispiel lernen? Anstatt nur auf die negative Kritik des Feedbacks zu schauen, sollte Helmut darauf schauen, welche Dinge er gut gemacht

4.1 Stressprävention durch die „innere Einstellung"

hat. Frau Prof. Dr. Müller hat auch positive Anmerkungen gemacht. Allerdings legen wir oft unseren Fokus stärker auf die negativen Kritikpunkte, diese wiegen immer schwerer als Lob und das auch dann noch, wenn die Anzahl lobender Äußerungen überwiegt.

Kritik auch positiv zu sehen und sich selbst nicht runterzuziehen, können wir lernen. Erhalten Sie demnächst ein Feedback, versuchen Sie nicht nur auf die negativen Kritikpunkte zu schauen. Machen Sie sich stattdessen klar, was Sie alles gut gemacht haben. Den Umgang mit Kritik, Bewertungen und Beurteilungen können Sie anhand einer Rückmeldung auf eine schriftliche Arbeit oder Prüfung in Ihrem Fernstudium üben.

> **Übung**
>
> Erinnern Sie sich an Ihre letzten bewerteten Prüfungsleistungen im Fernstudium. Was haben Sie bereits gut gemacht? Was können Sie verbessern?
>
> | Gut machen ich bereits ... |
> | --- |
> | |
>
> | Verbessern werde ich ... |
> | --- |
> | |

4.1.2 Positiver Nutzen einer optimistischen und dankbaren Grundhaltung

Welchen Einfluss positives Denken bei der Bewältigung von Stress spielt, haben wir im Kap. 3.1 (*„Stressbewältigung durch mentale Entspannungstechniken"*) bereits erfahren. In der Tat steckt unsere Welt dann voller ungeahnter Chancen, wenn wir in der Lage sind, vertrauensvoll und selbstbewusst in die Zukunft zu schauen. Dagegen sind es häufig nicht die äußeren Hindernisse, sondern vielmehr innere Barrieren oder fremde Glaubenssätze, die uns hindern unser eigenes Potenzial zu entfalten.

Optimismus und Dankbarkeit sind wichtige Voraussetzungen positiven Denkens. Optimistisch zu sein und eine **optimistische Lebenseinstellung** zu erwerben ist der **Kultivierung von Dankbarkeit** sehr ähnlich. Wer positiv denkt, erkennt die guten Dinge des Lebens. Menschen, die Dankbarkeit verinnerlicht haben, geht es ähnlich. Bereits der bekannte Psychologe Abraham Maslow sagte einmal: *„Das Leben könnte ungemein verbessert werden, wenn wir für das dankbar sind, was wir haben, so dass wir selbstverwirklichende Menschen sind."* (Maslow 1987 zit. n. Bannink 2012).

Wissenschaftliche Studien zeigen zudem, dass dankbare Menschen weniger materialistisch sind und mehr Erfüllung aus ihrem Leben ziehen als weniger dankbare Menschen (vgl. Lambert et al. 2009). Zudem wirkt tiefempfundene Dankbarkeit motivierend, da wir uns durch den Erhalt einer wie auch immer gearteten Zuwendung Dritter geliebt und respektiert fühlen (vgl. Bannink 2012).

Um herauszufinden, wie dankbar Sie sind beziehungsweise wofür Sie im Leben dankbar sind, an dieser Stelle eine kleine **Dankbarkeits-Übung**:

> **Übung**
> Fertigen Sie in den nächsten sieben Tagen täglich eine Liste mit mindestens 20 Dingen an, für die Sie dankbar sind! Die Bedingung ist, dass Sie auf Ihrer Liste niemals die gleichen Dinge aufschreiben!

Diese Übung erscheint auf dem ersten Blick sehr trivial. Vielleicht werden Sie mit dieser Übung im Laufe der Zeit aber schnell merken, dass Sie Dinge aufschreiben, die Sie eigentlich für selbstverständlich erachten und die für Sie mithilfe dieser Übung mitunter an Bedeutung gewinnen. Denn wird die Liste am ersten Tag wahrscheinlich noch von Themen wie Gesundheit, Freunde, Familie oder den Arbeitsplatz angeführt, wundern Sie sich nicht, dass nach sieben Tagen vormals bedeutungslose Dinge des täglichen Lebens wie eine angenehm warme Dusche, weiches Toilettenpapier oder ein frischer aromatischer Kaffee dort stehen. Auf diese Weise steigert diese Übung Ihre Wertschätzung gegenüber allen Dingen, die Sie bisher als selbstverständlich angesehen haben. Zugleich zeigt Ihnen die Übung, wie „reich" Sie eigentlich jetzt schon sind. Leider wird uns erst bewusst, wie „reich" wir sind, wenn wir auf diese Dinge verzichten müssen.

Wenn Sie sich den Geschenken Ihres Lebens mithilfe dieser Übung bewusster werden und aus tiefstem Herzen dankbar sind, wird sich nicht nur Ihr persönliches Weltbild, sondern auch Ihre Sicht auf stressige Situationen ändern. Ärgern und streiten wir uns im Alltag doch allzu oft über reine Banalitäten. Dabei lassen wir uns stark von unseren Gefühlen steuern und produzieren unnötigen Stress. Daher möchten wir Ihnen an dieser Stelle dabei helfen, Ihre „Gefühle" in den Griff zu bekommen und kein Sklave Ihrer Emotionen zu werden.

4.1.3 Relativierung und Umgang mit negativen Gedanken

Ohne Gefühle wäre unser Leben recht trostlos, auch wenn wir manchmal an unseren **negativen Gedanken** bei Trauer, Wut, Enttäuschung, Neid oder Eifersucht leiden. Selbst unsere positiven Gedanken bei Verliebtsein, Freude, Lust oder Neugier können uns dann beunruhigen, wenn wir von ihnen überwältigt und beherrscht werden (vgl. Bundschuh 2003). Gerade unter Stress neigen wir dazu, unsere Umgebung tendenziell eher negativ wahrzunehmen, was als **selektive Wahrnehmung** bezeichnet wird. Dabei könnten wir aufkommende negative Gedanken und damit Emotionen wie Angst, Zweifel oder Ärger durchaus zulassen, nur dürfen wir uns nicht von Ihnen bestimmen lassen. Das wäre eine Vorgehensweise, die uns nachhaltig vor Stress schützen würde. Dies verstehen wir dann leichter, wenn wir uns Folgendes klar machen: Gedanken sind Hinweise, die uns zeigen, wie wir etwas bewerten. Dabei bewerten wir jeweils die Bedeutung der Situation mit Blick auf unsere persönlichen Bewältigungsstrategien und unser Wohlbefinden und nehmen dann eine Neubewertung vor, je nachdem wie erfolgreich wir unsere Bewältigungsstrategie einschätzen (vgl. Lazarus 1995). Unsere Gedanken und daraus resultierenden Gefühle müssen aber nicht unser Verhalten diktieren, sondern geben uns wichtige Hinweise auf Handlungsmöglichkeiten. Empfinden wir Angst vor der nächsten Prüfung, dann kann dies ein Hinweis darauf sein, dass wir unsere Bewältigungsstrategie „lernen und vorbereitet sein" intensivieren müssen.

Um Sie dafür zu sensibilisieren, welchen Einfluss negative Gedanken mitunter unberechtigt auf Sie ausüben, möchten wir mit Ihnen an dieser Stelle eine kleine Übung machen. Byron Katie (vgl. Katie und Mitchell 2002) hat zur kritischen Selbstüberprüfung der eigenen Gedanken eine Methode mit vier zentralen Fragen entwickelt, die sich an dieser Stelle sehr gut für diese Übung eignen.

Übung

Wählen Sie einen typischen Gedanken aus, der Sie negativ beeinflusst und der Sie besonders bei stressreichen Situationen immer wieder belastet. Sei es *„Ich schaffe die Prüfung sowieso nicht!"*, *„Vera ist immer besser als ich!"*, *„Ich war noch nie ein guter Redner!"*, oder vielleicht *„Mein Partner nimmt keine Rücksicht auf meine Situation!"*.

Beantworten Sie für sich die folgenden vier Fragen!

Ihr Gedanke:
1.) Ist der Gedanke wirklich wahr?
2.) Können Sie absolut sicher sein, das der Gedanke wahr ist?
3.) Wie reagieren Sie auf diesen Gedanken?
4.) Was wäre Sie ohne diesen Gedanken?
Schauen Sie sich einmal Ihre Antworten an und reflektieren Sie, wie stark Sie sich selbst mit diesen Gedanken belasten. Versuchen Sie einmal Ihre Aussage positiv umzukehren (z.B. *„Ich schaffe die Prüfung, da ich schon ganz andere Dinge gemeistert habe!"*) und spüren Sie, wie Sie sich dabei fühlen.

(vgl. Katie und Mitchell 2002)

Negative Gedanken bewusster wahrzunehmen und zu kontrollieren erfordert viel Geduld und konsequentes Vorgehen. Vor allem dann, wenn unser Gehirn diese Denkweise über Jahre erlernt und verinnerlicht hat. Daher müssen wir diese Gewohnheit erst langsam durch positive Denkweisen ersetzen. Seien Sie daher geduldig mit sich selbst. Wir empfehlen Ihnen zur Selbstreflexion, der positiven Beeinflussung der eigenen Gedanken und eingefahrenen Denkweisen, eine Zeit lang ein **Sorgen-Tagebuch** zu führen (z. B. über vier Wochen). Ein solches Sorgen-Tagebuch stellt zugleich eine psychische Entlastung dar, denn allein der Schreibprozess kann heilsam sein, da Sie eine stärkere emotionale Distanz zu den belastenden Ereignissen aufbauen (vgl. Bensberg 2013).

4.1.4 Sinnsuche und Sinnstiftung im Fernstudium

Sich mit vollem Herzen für andere oder für eine Sache zu engagieren stiftet Sinn. Dinge zu tun, die „Spaß" machen und damit positive Emotionen erzeugen, weil sie uns begeistern, steigert in hohem Maße unsere Motivation. Wie wir im Kap. 4.3 (*„Stressprävention durch optimiertes Zeitmanagement"*) noch sehen werden, sind

4.1 Stressprävention durch die „innere Einstellung" 87

Menschen, die eigene Ziele verfolgen, nicht nur motivierter, sondern auch zufriedener, als diejenigen, die sich fremdsteuern lassen. Darüber hinaus ist aus der Hirnforschung hinreichend bekannt, dass wir besonders dann gut lernen und etwas gut behalten, wenn etwas für uns emotional bedeutsam ist und damit für uns persönlich Sinn macht.

Versuchen Sie daher, den Sinn des zu erlernenden Stoffes zu verstehen und einen persönlichen Bezug herzustellen. Wenn Sie neugierig auf ein Thema sind (z. B. einer Hausarbeit), eigene Erfahrungen (z. B. im Gesundheitswesen) gemacht haben oder selbst betroffen sind, verspüren Sie eine stärkere Begeisterung mitunter Missstände aufzudecken oder etwas positiv zu verändern und gehen daher motiviert an die Materie heran. Bei einer eigenen Betroffenheit sollten Sie allerdings dringend darauf achten, dass Sie dennoch einen emotionalen Abstand zum Thema wahren (Stichwort: Objektivität), da Sie sonst nicht wertneutral und damit „wissenschaftlich sauber" vorgehen. Der „Suche nach der Wahrheit", nach der die Wissenschaft strebt, können Sie sich selbst bei wissenschaftlichen Arbeiten nur nähern, wenn Sie objektiv und nachvollziehbar alle Perspektiven einbeziehen. Das macht Ihre Professionalität aus!

Beispiel

Peter muss im Rahmen seines Fernstudiums ein Gruppenprojekt durchführen. Hierzu benötigt er ein bis zwei Teamkollegen. Klaus hat versprochen, das Projekt gerne mit ihm gemeinsam durchzuführen. Klaus möchte ein Thema aus seinem eigenen Unternehmen bearbeiten, das Peter überhaupt nicht interessiert. Entsprechend widerwillig und unmotiviert quält sich Peter nun bei der Bearbeitung des Projektes und bereut, dass er nicht bei Birgit und Helmut in der Gruppe ist, die ein Thema bearbeiten, das ihm wesentlich näher ist. Aus diesem Grund bringt er sich nicht so stark in das Gruppenprojekt ein, wie er es sich gewünscht hätte.

Es kommt vor, dass wir nicht auf unsere innere Stimme hören und die eigenen Bedürfnisse unterdrücken, weil wir uns unter Druck gesetzt fühlen, es jemandem recht machen möchten, nach Sicherheit streben oder Angst haben, etwas zu verpassen. Dabei fördert es die Motivation, den Erfolg und beugt Stress vor, wenn wir einer Sache folgen, für die wir selbst „brennen". Daher sollten Sie immer prüfen, ob Ziele, die Sie anstreben, mit Ihren eigenen Bedürfnissen und Wünschen in Verbindung stehen. Wenn Sie Ihren eigenen Bedürfnissen folgen, sehen Sie einen tieferen Sinn in Ihrem Tun, sind stärker motiviert und erzielen demzufolge bessere Ergebnisse.

4.1.5 Humor und sein Nutzen im Fernstudium

Auch Humor kann als eine Form der inneren Einstellung und Haltung verstanden werden. Humor führt dazu, den mitunter absurden und komischen Seiten des Lebens mehr abzugewinnen (vgl. Robinson 2002). Da beim Lachen nachweislich nicht nur Stress abgebaut, sondern auch unser Immunsystem gestärkt wird. Humor hilft uns dabei, belastende Situationen zu entschärfen, da wir uns von der jeweiligen Situation distanzieren und diese aus einer anderen Perspektive betrachten. Wir nehmen mit Humor die Situation nicht nur leichter, sondern auch gelassener hin. Bereits aufgestauter Stress kann durch **herzhaftes Lachen** wiederum minimiert werden, denn beim Lachen wird im Gehirn die Produktion von Stresshormonen wie Adrenalin und Kortisol gebremst. Dies führt dazu, dass Anspannung und Stress wie durch ein Sicherheitsventil abgelassen werden. Zudem wird beim Lachen verstärkt Serotonin ausgeschüttet, das plakativ auch als Glückshormon bezeichnet wird.

Dabei kann Humor nicht nur unsere eigene Stimmung heben, sondern auch als Bindeglied zwischen Menschen fungieren, die zwischenmenschliche Kommunikation erleichtern und sogar **Konfliktsituationen entschärfen**. Einerseits wird unser Sinn für Humor durch unsere Lebenserfahrung geprägt, andererseits ist er durchaus auch in hohem Alter noch erlernbar (vgl. Robinson 2002; Fry 2000). Humor ist sehr individuell und situationsbezogen, denn was der eine zum „Schreien komisch" finden, empfindet der andere nur als albern. Allerdings verflüchtigen sich positive Emotionen immer schneller als negative Gefühle.

Übung

Wie oft haben Sie **heute** gelacht und worüber? Wie viele Personen haben Sie heute schon zum Lachen gebracht und damit glücklich gemacht?

1.) Ihre eigene Lach-Bilanz:
Wie oft haben Sie heute herzhaft gelacht?
Worüber konnten Sie lachen?
2.) Ihre „externe" Lach-Bilanz:
Wie oft haben Sie heute Menschen zum Lachen gebracht?
Worüber konnten die anderen lachen?

4.1 Stressprävention durch die „innere Einstellung"

Wie fällt Ihre persönliche Bilanz aus? Kinder lachen im Übrigen rund vierhundertmal täglich, während Erwachsene lediglich fünfzehnmal täglich lachen (vgl. Titze und Eschenschröder 2007). Das heißt, je älter wir werden, desto mehr verlernen wir das Lachen. Eine eher ernüchternde Bilanz, wenn man bedenkt, welche positiven Wirkungen das Lachen hat. Dass wir jenseits von unserem stressigen Berufsalltag und Leistungsdruck ein starkes Grundbedürfnis haben zu lachen, zeigt der derzeitige Zulauf zum sogenannten Lach-Yoga.

4.1.6 Handlungsplan

In diesem Abschnitt haben Sie sich intensiv mit dem Thema „Innere Einstellung" auseinandergesetzt. Sie wissen nun, wie wichtig Misserfolge und Rückschläge für Ihre eigene Entwicklung sein können, wie Sie besser mit diesen umgehen können und welche innere Kraft von einer dankbaren und optimistischen Grundhaltung ausgehen kann. Darüber hinaus sind Sie jetzt in der Lage, aufkommende negative Gedanken zu relativieren und wissen, wie Sie Inspiration durch die Sinnsuche und Sinnstiftung Ihres Fernstudiums gewinnen können. Zudem haben Sie Erkenntnis darüber gewonnen, welche Bedeutung Humor auf persönliches Wohlbefinden und bei der Verarbeitung negativer Ereignisse hat. Im folgenden Abschnitt werden Sie aufbauend und anwendungsbezogen lernen, wie Sie durch Kommunikation mit Ihrem sozialen Umfeld Stress vorbeugen können.

Damit Sie den größten Nutzen aus dem Ratgeber ziehen, haben wir für Sie auch an dieser Stelle eine Umsetzungshilfe für die nächsten Wochen erarbeitet.

Handlungsplan
Um an meiner inneren Einstellung zu arbeiten, plane ich für die *nächste Woche* Folgendes:

> 1. Ich werde bei Misserfolgen und Rückschlägen vermehrt darauf achten, die positive Seite zu sehen!
>
> 2. Ich werde vermehrt darauf achten, dankbar zu sein, wenn mich andere Personen unterstützen und dies auch zeigen!
>
> 3. Ich werde hinderliche negative Gedanken bewusster wahrnehmen und sie in positive Gedanken umwandeln.
>   ☐ mehrmals täglich
>   ☐ einmal täglich
>   ☐ alle zwei Tage
>
> 4. Ich werde versuchen Konflikte mit Humor zu entschärfen!

4.2 Stressprävention durch verbesserte Kommunikation

Wie wir mit unserer Umwelt kommunizieren und welche Signale wir aussenden, hat einen wesentlichen Einfluss darauf, ob es überhaupt zu stressreichen Situationen und Konflikten mit unserem sozialen Umfeld kommt. Daher ist die Art und Weise, wie wir mit anderen kommunizieren, ein wichtiger Stressprotektor.

Bevor wir im Folgenden auf die konkreten Hintergründe und Tipps eingehen werden, schauen Sie sich die Liste mit Stressfaktoren in Abb. 4.1 an. Wie wir sehen, stellt das Studium und der Beruf Stressfaktor Nr. 1 dar, allerdings direkt gefolgt von zu hohen Ansprüchen an sich selbst und privaten Konflikten.

Auffällig ist, dass gerade Frauen sehr hohe Ansprüche an sich selbst haben. Frauen neigen – noch stärker als Männer – zum Perfektionismus und dazu, es immer allen recht machen zu wollen. Perfektionismus, sprich der Drang nach Perfektion, kann aber auch zu einer psychischen Belastung werden. Perfektionistische Menschen wenden viel Zeit dafür auf, an „unnötigen" Details zu feilen und es fällt es ihnen schwer Nein zu sagen. Es immer „allen" recht und „alles" perfekt machen zu wollen – um so Kritik zu vermeiden – kann zu einer permanenten Überforderung durch überhöhte Ziele führen. Sich kaum abzugrenzen, nicht Nein sa-

4.2 Stressprävention durch verbesserte Kommunikation

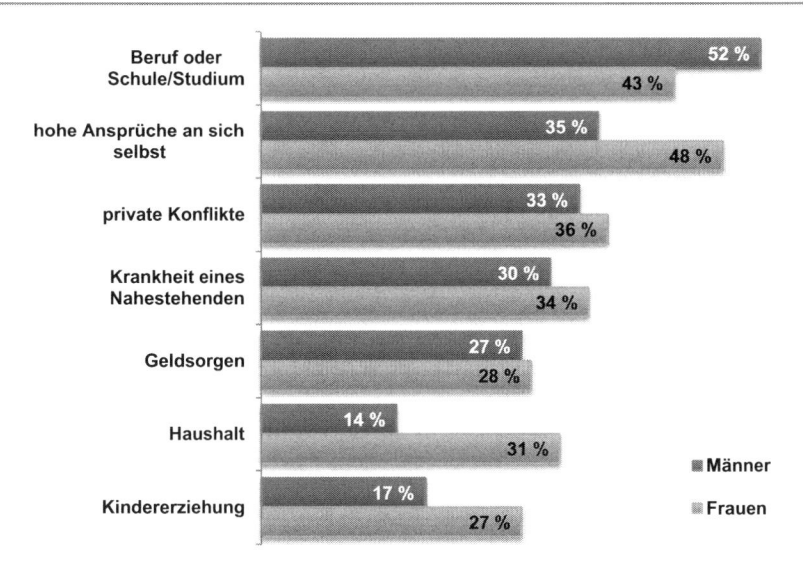

Stressfaktor	Männer	Frauen
Beruf oder Schule/Studium	52 %	43 %
hohe Ansprüche an sich selbst	35 %	48 %
private Konflikte	33 %	36 %
Krankheit eines Nahestehenden	30 %	34 %
Geldsorgen	27 %	28 %
Haushalt	14 %	31 %
Kindererziehung	17 %	27 %

Abb. 4.1 Stressfaktoren nach Geschlecht (Mehrfachantwort möglich). (Techniker Krankenkassen 2013)

gen zu können, alles hinunterzuschlucken und unterdrückte eigene Bedürfnisse nicht offen auszusprechen, kann zusätzlich zu aufgestauten Konflikten führen. Die eigenen Grenzen zu kennen und zu akzeptieren und diese vor allem dem sozialen Umfeld zu kommunizieren, stellt eine wichtige Entlastung dar. Nicht ohne Grund bezeichnet der Management-Trainer Reinhardt Sprenger Stress wie folgt: *„Stress gibt es nur, wenn Sie ‚Ja' sagen und ‚Nein' meinen."* (Sprenger 2000). Anhand des folgenden Beispiels sollen die Folgen daher näher verdeutlicht werden.

Beispiel

Jonas ist gerade dabei seine erste wissenschaftliche Hausarbeit zu schreiben, die all seine Energie in Anspruch nimmt. Seine Freundin und Studienkollegin Michaela ist bereits fertig mit der Hausarbeit und versucht Jonas zu überreden, mit ihr gemeinsam ein Gruppenprojekt zu starten. Jonas ist hin- und hergerissen, da er Michaela sehr mag und den Anschluss zu ihr und ihrem Studienfortschritt nicht verlieren möchte. Er fühlt sich von Michaela unter Druck gesetzt, da Michaela sofort starten möchte. Nach langem Quengeln knickt er ein und meldet sich zusammen mit Michaela zum Gruppenprojekt an. Nun zeigt sich aber, dass er sich zwischen all seinen Aufgaben und seinen eigenen Bedürfnissen beinahe zerreißen muss.

Nein zu sagen, fällt vielen Menschen schwer. Schließlich ist es meist leichter Ja zu sagen. Zudem möchten wir unser soziales Umfeld nicht vor den Kopf stoßen oder gar verletzen. Auch befürchten wir mitunter negative Konsequenzen oder erhoffen uns durch unsere positive Bereitschaft Anerkennung und Wertschätzung zu erhalten. Dies kann sich aber als Fehler erweisen, wie wir an dem vorangestellten Beispiel gesehen haben. Die eigenen Prioritäten (z. B. Familie, eigene Gesundheit) sollten eine wichtige Rolle spielen. Das heißt aber nicht, dass Sie nun zum Egoisten werden sollen. Es geht lediglich darum, die Wahrnehmung zu schärfen und Ihre Bedürfnisse besser zu kommunizieren. Hierzu an dieser Stelle eine kleine Übung.

> **Übung**
> Machen Sie sich einmal Gedanken darüber, wann Sie in den letzten zwei Wochen Ja gesagt haben, obwohl sie eigentlich lieber Nein gesagt hätten. Warum haben Sie dies getan? Haben Sie mit Ihrer Zustimmung Ihre eigenen Prioritäten verfolgt oder eher die der anderen?
>
> | 1.) Wann und wo haben Sie <u>ungewollt</u> Ja gesagt? (Situation) |
> |---|
> | |
>
> | 2.) Warum haben Sie Ihre eigenen Bedürfnisse überhört und nicht klar Nein gesagt? (Motiv) |
> |---|
> | |
>
> | 3.) Kam es durch Ihr Ja zu einer Verschiebung oder Vernachlässigung Ihrer eigenen Bedürfnisse oder Prioritäten? (Ambivalenz der eigenen Bedürfnisse und Prioritäten) |
> |---|
> | |

Wir haben gesehen, dass es gut ist, sich hin und wieder abzugrenzen und auf die eigenen Bedürfnisse zu hören. Der erste Schritt hierzu ist die Erkenntnis darüber, dass es uns schwer fällt Nein zu sagen.

4.2 Stressprävention durch verbesserte Kommunikation

▶ **Merksatz** Denken Sie daran, Nein zu sagen, heißt immer auch Ja zu etwas anderem zu sagen. Die Prioritäten darüber, was Ihnen persönlich wichtig ist, setzen Sie!

Wir zeigen Ihnen nun, wie es Ihnen gelingen kann, die eigenen Bedürfnisse einfühlsam zu kommunizieren, ohne Gefahr zu laufen, einen Konflikt zu provozieren. Dazu macht es Sinn, sich mit den Methoden der „Gewaltfreien Kommunikation" von Marshall Rosenberg auseinanderzusetzen (vgl. Rosenberg 2012). Kern der gewaltfreien Kommunikation sind sogenannte „Ich-Botschaften". Bei der gewaltfreien Kommunikation handelt es sich um eine künstlich entwickelte Kommunikationstechnik, die bisher in unserer Alltagssprache nicht verankert ist. Von daher ist es unerlässlich, diese zu üben und zu praktizieren, bis Sie mit ihrem Gebrauch vertraut sind. Ich-Botschaften funktionieren nur dann, wenn Sie sie nach dem folgenden Schema formulieren (Beobachtung – Gefühl – Bedürfnis – Bitte) und dabei keines der Elemente überspringen oder austauschen.

1. Beobachtungen: Als Erstes wird die Situation beobachtet. Besonders wichtig bei diesem Schritt ist, dass noch keinerlei Bewertung oder Beurteilung vorgenommen wird! Unabhängig davon, ob wir die Situationen gutheißen oder nicht, beschreiben wir sie völlig wertfrei. Nicole könnte beispielsweise folgendes sagen: *„Du möchtest das Gruppenprojekt mit mir gemeinsam durchführen und zum nächstmöglichen Zeitpunkt damit beginnen."*
2. Gefühle: Im zweiten Schritt teilen wir unserem Gegenüber mit, was wir fühlen, ob wir uns freuen, irritiert sind oder gar verletzt. Nicole könnte an dieser Stelle wertschätzend sagen: *„Ich freue mich sehr, dass du gerne mit mir das Gruppenprojekt machen möchtest."*
3. Bedürfnisse: Beim dritten Schritt sprechen wir aus, welche Bedürfnisse hinter unseren Gefühlen stehen. Nicoles weitere Ausführung könnte lauten: *„Ich mag dich sehr und möchte dich als Lernpartnerin nicht verlieren, aber ich habe derzeit sehr viele private Verpflichtungen, da mein Sohn eingeschult wird und ich mit meiner wissenschaftlichen Hausarbeit noch nicht fertig bin. Ich fühle mich von dir im Moment etwas unter Druck gesetzt."* Nicole hat ihr wahres Gefühl erkannt und einen Hinweis darauf gegeben, woher dieses Gefühl kommt.
4. Bitte: Im letzten Schritt wird eine spezifische Bitte ausgesprochen. Nicole könnte Michaela bitten: *„Könntest du bitte das Projekt um zwei Wochen verschieben, dann wäre es für mich möglich mitzumachen, ansonsten schaffe ich das leider nicht."*

Wichtig ist, dass Sie konsequent lernen, die vier Bestandteile der gewaltfreien Kommunikation beziehungsweise der Ich-Botschaften in die Praxis umzusetzen. Dabei helfen Ihnen Ich-Botschaften nicht nur, sich abzugrenzen und „gewaltfrei" zu kommunizieren, sondern sie bergen auch ein geringeres Konfliktpotenzial als Du-Botschaften. Du-Botschaften können nämlich als versteckte Vorwürfe und persönliche Bedrohungen wahrgenommen werden.

Übung

Versuchen Sie einmal das Gelernte direkt umzusetzen und die vorliegenden Du-Botschaften durch Ich-Botschaften zu entschärfen.

DU-Botschaft	ICH-Botschaft
1. Du kümmerst dich nicht um die Kinder!	
2. Du hilfst mir selten beim Abwasch!	
3. Du drückst dich, wo du kannst!	
4. Du weißt immer alles besser!	
5. Du hast immer das letzte Wort!	
6. Du spielst dich immer in den Vordergrund!	

Nachdem Sie die Du-Botschaften in Ich-Botschaften umformuliert haben, können Sie Ihre Lösungen mit unseren Lösungsvorschlägen für die Botschaften 1 bis 3 vergleichen, um zu reflektieren, ob Sie die Methode richtig angewendet haben.

Zu 1: Du kümmerst dich nicht um die Kinder!

- Beobachtung: Ich war in der letzten Woche sehr intensiv mit den Kindern beschäftigt. Ich habe ihnen jeden Tag bei den Hausaufgaben geholfen.
- Gefühl: Ich war dabei an einigen Tagen etwas enttäuscht von dir und fühlte mich alleingelassen.

4.2 Stressprävention durch verbesserte Kommunikation

- Bedürfnisse: Ich wünsche mir, dass auch du etwas mehr Zeit mit den Kindern verbringst, damit ich mehr Zeit für mich selbst und für mein Fernstudium habe.
- Bitte: Könntest du bitte in der nächsten Woche, am besten Dienstag und Donnerstag, die Kinderbetreuung von 15.00 Uhr bis 18.00 Uhr übernehmen?

Zu 2: Du hilfst mir selten beim Abwasch!

- Beobachtung: Ich habe letzte Woche jeden Tag alleine abgewaschen.
- Gefühl: Ich bin sehr traurig darüber und mir fehlt die Zeit für die Klausurvorbereitung.
- Bedürfnis: Ich wünsche mir, dass du dabei hilfst und ich mich auf die anstehende Klausur in Soziologie am Samstag vorbereiten kann.
- Bitte: Ich bitte dich, den Abwasch am Dienstag, Donnerstag und Freitag zu übernehmen!

Zu 3: Du drückst dich wo du kannst!

- Beobachtung: Ich habe in den letzten zwei Wochen immer alleine eingekauft, gekocht und die Wäsche gemacht.
- Gefühl: Ich fühle mich überfordert und bin etwas enttäuscht, dass du mich nicht mehr im Haushalt unterstützt. Ich komme so gar nicht mehr dazu, etwas für das Fernstudium zu tun.
- Bedürfnis: Ich wünsche mir, dass du mir mehr hilfst und ich mehr Zeit für das Fernstudium und mit dir gemeinsam verbringen kann.
- Bitte: Bitte übernimmst du ab jetzt die Wäsche und den Einkauf, während ich mich um die Küche kümmere?

Üben Sie, die vier Schritte der gewaltfreien Kommunikation beziehungsweise die Ich-Botschaften in die Praxis umzusetzen. So lernen Sie empathisch und wertneutral zuzuhören und sich dabei ehrlich auszudrücken.

> **Übung**
>
> Versuchen Sie, in der nächsten Woche die vorgestellten vier Grundschritte der gewaltfreien Kommunikation in verschiedenen Situationen im Berufsleben, im privaten Bereich sowie im Fernstudium ganz bewusst umzusetzen und Grenzen zu setzen, wenn es nötig ist.
>
> Schreiben Sie einmal auf, in welchen Situationen es Ihnen gelungen ist, die vier Schritte der gewaltfreien Kommunikation konsequent einzusetzen. Re-

flektieren Sie dabei auch, ob es Ihnen dabei schwerer fällt die Methode in bestimmten Bereichen, bei bestimmten Menschen oder in bestimmten Situationen anzuwenden und warum!

Berufsleben:
1.)
2.)
3.)
Privatleben:
1.)
2.)
3.)
Studium:
1.)
2.)
3.)

Natürlich wird Ihnen diese Übung beim ersten Mal etwas schwer fallen, vielleicht werden Sie „einen Kloß im Hals" verspüren. Auch hier gilt: Übung macht den Meister. Wenden Sie die Methode regelmäßig an, werden Sie merken, wie schnell Sie die Methode verinnerlichen. Für Ihre Umwelt wird die Umstellung Ihrer Kommunikationsgewohnheiten mitunter ungewohnt sein, wenn Sie bisher immer Ja gesagt haben. Geben Sie Ihrer Umwelt etwas Zeit, sich an Ihr verändertes Kommunikationsverhalten zu gewöhnen. Denken Sie daran, wenn Sie glücklich sind, dann spiegelt sich das auch in der Stimmung Ihrer Umwelt wider. Ihre Freunde haben nichts von einem Freund, der sich für sie zerreißt, aber selbst unglücklich ist und sich daher mehr und mehr zurückzieht, da er selbst merkt, dass er es nicht immer allen recht machen kann.

Beobachten Sie aufmerksam, wie viel Konflikte und Stress Sie mit der Anwendung der gewaltfreien Kommunikation vermeiden und wie auf Ihre Bitte reagiert wird. Denken Sie dabei daran, dass Sie Ihrem sozialen Umfeld immer ein stückweit entgegenkommen, in dem Sie auch ausdrücken, welchen Teil Sie zu einer guten Beziehung leisten.

Manchmal drücken Sie Ihre Bedürfnisse sicherlich auch mal mit Nachdruck aus. Diese Methode ist als „Giraffenschrei" bekannt, bei der eigene unerfüllte Bedürfnisse stärker ausgedrückt werden. Das heißt nicht, dass Sie schreien sollten. Vielmehr ist ein „Giraffenschrei" ein unmissverständliches Angst- und Notsignal der gewaltfreien Kommunikation zum Selbstschutz (vgl. Weckert 2012). Da Sie mit dem Giraffenschrei Ihrer Umwelt ein klares „Achtung" kommunizieren, sollten Sie dies nur dann machen, wenn es nötig ist. Auch hierbei ist die Form der Kommunikation wichtig und Sie sollten auch hierbei nur Ich-Botschaften aussenden.

Handlungsplan

Um meine Kommunikation zu verbessern und meine Bedürfnisse deutlicher zum Ausdruck zu bringen, plane ich für die *nächste Woche* Folgendes:

1. Ich werde vermehrt Ich- anstatt Du-Botschaften verwenden!

2. Ich werde in Situationen, in denen ich merke, dass ich wieder dazu neige Ja statt Nein zu sagen, bewusst auf meine eigenen Bedürfnisse und Motive achten und auch mal Nein sagen!

3. In Situationen, in denen ich eine Bitte anderer ablehne oder selbst um etwas bitte, werde ich die vier Schritte der gewaltfreien Kommunikation anwenden.
   - ☐ mehrmals täglich
   - ☐ einmal täglich
   - ☐ alle zwei Tage

4. Zu diesen Situationen werde ich mir empathische und wertschätzende Botschaften formulieren!

4.3 Stressprävention durch optimiertes Zeitmanagement

Ein gutes Zeitmanagement und damit der achtsame Umgang mit unserer Zeit für die Familie, den Beruf, das Fernstudium und nicht zuletzt für sich selbst, stellt eine wichtige Voraussetzung für eine gelungene Stressprävention dar. Dabei sollten Sie erst einmal herausfinden, wo und in welchen Bereichen Ihres Lebens sich Ihre größten persönlichen Zeitfresser befinden. Wie wichtig der bewusste Umgang mit Zeit ist, zeigt ein Zitat aus dem bekannten Buch „Momo: oder Die seltsame Geschichte von den Zeit-Dieben und von dem Kind, das den Menschen die gestohlene Zeit zurückbrachte":

> „Es gibt ein großes und doch ganz alltägliches Geheimnis. Alle Menschen haben daran teil, jeder kennt es, aber die wenigsten denken je darüber nach. Die meisten Leute nehmen es einfach so hin und wundern sich kein bisschen darüber. Dieses Geheimnis ist die Zeit. Es gibt Kalender und Uhren, um sie zu messen, aber das will wenig besagen, denn jeder weiß, dass einem eine einzige Stunde wie eine Ewigkeit vorkommen kann, mitunter kann sie aber auch wie ein Augenblick vergehen – je nachdem, was man in dieser Stunde erlebt. Denn Zeit ist Leben. Und das Leben wohnt im Herzen." (Ende 2005)

Dieses Zitat zeigt zum einen, wie wichtig der bewusste Umgang mit Zeit ist, und zum anderen, wie schnell die Zeit vergehen kann, wenn wir Freude an etwas haben. Gehen wir nicht sinnvoll und achtsam mit unserer Zeit um, geraten wir unter Zeitdruck. Dabei ist nicht die zur Verfügung stehende Zeit, sondern Ihre persönliche Einstellung und Ihr Verhalten innerhalb der zur Verfügung stehenden Zeit, von Bedeutung. Wir wollen im Folgenden daher auf drei zentrale Tipps eingehen:

1. Entlarven und eliminieren Sie **Zeitfresser**!
2. Setzen Sie **Ziele und Prioritäten** und erledigen Sie immer das Wichtigste zuerst!
3. Organisieren Sie Ihre Zeit und schaffen Sie **Rituale**!

Auf die genannten Punkte werden wir daher in den folgenden Abschnitten näher eingehen, damit Sie Ihr persönliches Zeitmanagement kritisch hinterfragen und optimieren können.

4.3.1 Entlarvung unnötiger Zeitfresser

Der römische Philosoph Luicus Annaeus Seneca sagte einmal: *„Es ist nicht zu wenig Zeit, die wir haben, sondern es ist zu viel Zeit, die wir nicht nutzen."* In der Tat verschwenden wir sehr viel unserer wertvollen Lebenszeit damit, Dinge zu tun, die beispielsweise nur der Ablenkungen dienen oder die uns von unseren eigentlichen Zielen (z. B. einer gezielten Erholung) abhalten. Es sind dabei nicht nur langwierige Besprechungen, Sitzungen und Versammlungen, die uns unsere Zeit stehlen. Vielmehr ist es bei Studierenden gemäß einer Studie der Hochschule für Wirtschaft Zürich der Mehraufwand im Job (Platz 1), gefolgt von selbstgewählten Ablenkungen in Online-Communities (z. B. Facebook) (Platz 2). Auch das Telefonieren und

4.3 Stressprävention durch optimiertes Zeitmanagement

die Versendung sowie das Lesen von SMS nehmen eine relativ hohe Platzierung auf der Hitliste der Zeitfresser und Zeitdiebe ein (Platz 3). Es folgen: Freunde treffen (Platz 4), Computerspiele (Platz 5) und Computerprobleme (Platz 6) (vgl. Voss 2014). Da es sich bei dieser internen Erhebung nicht um Fernstudierende handelte, waren nicht zu unterschätzende Zeitinvestitionen, wie beispielsweise der Beruf und die Erziehung von Kindern, nicht enthalten. Allerdings verdeutlicht die Studie, dass uns gerade neue Medien stark von unseren eigentlichen Zielen abhalten.

Um Ihre persönlichen Zeitdiebe erfolgreich zu „bekämpfen", müssen Sie erst einmal identifizieren, wo sich Ihre persönlichen Zeitdiebe verbergen. Eine Methode dazu ist die Erstellung eines persönlichen Zeitprotokolls. Darin wird über mehrere Tage beispielsweise in Form einer Tabelle die verbrauchte Zeit den entsprechenden Aktivitäten gegenübergestellt und reflektiert. Mithilfe des Zeitprotokolls kann anschließend überprüft werden, ob die Aktivitäten mit den zuvor festgesetzten Prioritäten (wie beispielsweise Familie, Freunde, Erholung, Beruf, Fernstudium etc.) übereinstimmen. So wird deutlich, wohin wertvolle Zeit entschwindet und wo verschwenderisch mit persönlicher Zeit umgegangen wird.

Haben Sie mithilfe eines solchen persönlichen Zeitprotokolls festgestellt, wo Ihre täglichen Zeitfresser Ihre Zeit verschlucken, sollten Sie Ihr besonderes Augenmerk darauf legen, was Sie im Einzelnen von den tatsächlich wichtigen Dingen in Ihrem Leben, beispielsweise Zeit für sich und die Familie, aber auch vom konzentrierten Lernen abhält. Können Sie ungestört zu Hause studieren oder werden Sie häufig unterbrochen? Werden Sie beim Lernen häufig gestört, setzt der sogenannte „Sägeblatteffekt" ein und Sie müssen sich nach jeder einzelnen Unterbrechung wieder neu eindenken und einarbeiten (vgl. Riedenauer und Tschirf 2012). Aus diesem Grund sollten Sie Ihre Störungen identifizieren, um nicht aufgrund von Ablenkungen und falsch gesetzter Prioritäten in Zeitnot zu geraten, die dann bei Ihnen Stress verursacht.

Dabei möchten wir Sie dazu ermutigen, einmal zu analysieren, welche typischen Störungen und Unterbrechungen Sie während Ihres Fernstudiums und während Ihrer Lernphasen ausgesetzt sind, um diese systematisch zu beseitigen und Stress zu vermeiden.

Übung

Machen Sie sich (über mehrere Tage) einmal Gedanken darüber, welchen Störungen und Unterbrechungen Sie während Ihrer Lernphasen ausgesetzt sind.

Wer oder was unterbricht mich? (Art der Störung)
1.)
2.)
3.)
Wie habe ich auf die Störung reagiert? Habe ich meine Lerntätigkeit abgebrochen und wieder aufgenommen? (Art der Reaktion)
1.)
2.)
3.)
Wie viel Zeit habe ich durch die Unterbrechung verloren? (Zeitverlust)
1.)
2.)
3.)
Wie könnte ich die verlorene Zeit sinnvoll investieren, um mir persönlich etwas Gutes zu tun? (Gesundheitsförderliche Zeitinvestition)
1.)
2.)
3.)

Können Sie anhand Ihrer persönlichen Störanalyse ableiten, durch welche Faktoren Sie immer wieder ausgebremst werden? Fällt es Ihnen dabei schwer, wieder den roten Faden bei der Aufnahme Ihrer Lerntätigkeiten zu finden? Welche dieser Störungen werden durch Ihr eigenes Verhalten ausgelöst oder gefördert? Welche dieser Störungen und Ablenkungen können Sie abstellen? Wie gedenken Sie zukünftig konsequent diesen Zeitfressern den Garaus ausmachen?

Bei der kritischen Beobachtung Ihrer Unterbrechungen werden Sie vielleicht gemerkt haben, dass Sie nicht nur von äußeren Einflüssen gestört werden. Denn mitunter sorgen wir durch unser Verhalten selbst für die Unterbrechung und Ablenkung, indem wir beispielsweise direkt nachschauen, wenn eine SMS, WhatsApp oder neue E-Mail eingetroffen ist.

▶ **Merksatz** Lernen Sie bewusst (ohne Ablenkung – Telefon, Handy, Internet, soziale Medien etc.), aber entspannen Sie auch bewusst (z. B. Sauna, Sport) ohne schlechtes Gewissen!

Ablenkungen und Störungen stellen besonders bei ungeliebten Aufgaben (oder Fächern im Fernstudium) eine willkommene Unterbrechung dar. Denn bei solchen Aufgaben neigen wir leicht dazu, Abwehr- und Ablenkungsmechanismen aufzubauen, um der echten oder eingebildeten „Gefahr" aus dem Weg zu gehen und diese damit systematisch abzuwehren. Dies ist ein menschliches Vermeidungsverhalten, denn je stärker die Gefahr (beziehungsweise der Druck) wahrgenommen wird, umso mehr wächst gleichermaßen auch das Abwehrverhalten.

Beispiel

Sonja muss sich nun in ihrem Fernstudium mit Mathematik auseinandersetzen. Sie hatte schon immer eine Abneigung gegenüber Mathematik. Anstatt sich an die Studienhefte zu setzen, beschließt sie erst einmal, eine alte Freundin anzurufen. Immer wieder verschiebt sie die Beschäftigung mit dem ungeliebten Fach. Allerdings verstreicht die Zeit und der Druck wird eher größer als kleiner. Ihrer Kommilitonin Gabi geht es ebenso, allerdings nimmt sie sich der Herausforderung an, ist jeden Tag ein stückweit stolzer darüber, dass sie deutliche Lernfortschritte macht und entwickelt sogar langsam eine Begeisterung für Mathematik.

Das Beispiel zeigt, dass wir ungeliebte Arbeiten zwar oft verschieben, aber meist nicht eliminieren können. Dieses habituelle Verhalten, Aufgaben aufzuschieben, wird in der Wissenschaft als „**Prokrastination**" (vgl. Höcker et al. 2013) und in der Alltagssprache als „**Aufschieberitis**" beziehungsweise „**Kampf mit dem inneren Schweinehund**" bezeichnet. Dieses Verhalten – das jeder von uns sicherlich kennt – zeigt sich darin, dass gerade unangenehme und schwierige Aufgaben auf später verschoben werden. Dies führt dazu, dass vormals priorisierte Aufgabenlisten ständig umorganisiert werden, mit der Folge, dass wenig oder im schlimmsten Fall sogar überhaupt nichts mehr erledigt wird (vgl. Hoover 2005). Viele Menschen entdecken in solchen Situation eine plötzlich ungeahnte Leidenschaft für Aufgaben, die ihnen vorher mitunter zuwider waren, aber ein direktes, sichtbares Erfolgserlebnis bieten (z. B. bügeln, Fenster putzen, Rasen mähen, Keller aufräumen) und damit auch ein Gefühl der Zufriedenheit vermitteln.

Die wichtige und Mut machende Erkenntnis ist, dass die Aufschieberitis nicht durch die Aufgabe selbst, sondern vor allem durch unsere subjektive Bewertung der Aufgabe, zustande kommt. Dabei fördern Perfektionismus und die Angst vor Versagen unser Verhalten, vermeintlich unangenehme Dinge aufzuschieben. Hier zeigt sich die tiefe Wahrheit des Zitates des bekannten antiken Philosophen Epiktet: *„Nicht die Dinge an sich beunruhigen den Menschen, sondern seine Sicht der Dinge!"* (Barrabass 2013). Positiver drückt es der Schriftsteller Hermann Hesse mit den folgenden Worten aus: *„Was nicht in uns ist, regt uns auch nicht auf!"* (Hesse 2012) Und hier liegt zugleich die Chance: Wir haben es in der Hand und können lernen, unsere schädlichen Gedankenmuster zu stoppen und in Stresssituationen den Blick 1.) auf unsere positiven Erfolgserlebnisse, 2.) auf unsere Ziele und 3.) insbesondere auf das **„Hier und Jetzt"** zu lenken. Denn das gedankliche Verweilen in der Vergangenheit oder Zukunft ist nicht unbedingt förderlich für das Fortkommen in der Gegenwart.

*„***Eat the frog***"* ist ein amerikanisches Sprichwort, zugleich ein Buchtitel und eine Methode, wonach man mit den schlimmsten und wichtigsten Aufgaben (bzw. „Fröschen") zuerst anfängt, um sich anschließend wieder auf die angenehmen Dinge des Studiums und Lebens freuen zu können (vgl. Tracy 2002). Dies ist aber kein Patentrezept, denn je nach Motivationssituation kann es ebenfalls hilfreich sein, wenn wir uns erst einmal den angenehmen Aufgaben widmen, um nach einem Erfolgserlebnis wieder genügend Antriebskraft für unangenehmere Aufgaben zu haben. Andererseits schwebt die ungeliebte Aufgabe wie ein Damoklesschwert immer noch über uns und verursacht ein emotionales Unbehagen. Hier heißt es dann, loszulassen und sich nicht von negativen und blockierenden Angst- und Zukunftsszenarien blockieren zu lassen und vom Hier und Jetzt abgelenkt zu werden. Ein wirksames Hilfsmittel hierfür stellt das Setzen von Zielen und Prioritäten dar, auf das wir im nächsten Kapitel näher eingehen werden. Gehen wir ungeliebte Aufgaben schließlich an, merken wir zugleich, dass oft die nähere Beschäftigung, steigende Vertrautheit und Fortschritte (mit dem Thema) dazu führen, dass wir Freude entwickeln.

Mit der nächsten Übung können Sie ergründen, ob und warum Sie Aufgaben aufschieben.

Übung

Was schieben Sie aktuell im Fernstudium auf? Welche Gründe gibt es dafür?

Ich verschiebe aktuell folgende ungeliebte Tätigkeit auf ...

Gründe dafür sind:

4.3 Stressprävention durch optimiertes Zeitmanagement

Um sich besser auf das Wesentliche zu konzentrieren, können Sie unnötigen Stress vermeiden, indem Sie Tätigkeiten zusammenfassen, delegieren oder sogar „einkaufen". Fragen Sie sich, ob Sie Aufgaben wie Rechnungen zahlen, Einkäufe oder Anrufe tätigen etc. zusammenfassen können? Überlegen Sie zudem, ob Sie solche Aufgaben delegieren (z. B. Tiere versorgen, Geschenke besorgen, Wäsche waschen, Babysitting) könnten? Überlegen Sie auch, welche Tätigkeiten (z. B. Blusen bügeln, Treppe putzen) Sie sogar regelmäßig oder bei Bedarf an einen externen Dienstleister vergeben können?

Übung

Stellen Sie einen entlastenden Aktionsplan im Rahmen Ihres Zeitmanagements auf! In welchen Bereichen könnten Sie sich Entlastung schaffen? Wie kommt diese Entlastung zustande? Und wer kann Ihnen dabei helfen?

Mein Aktionsplan zur Entlastung	
Tätigkeit / Aufgabe:	Entlastung durch:

Haben Sie Ihre Familie, Freunde und Arbeitskollegen bei dieser Aufstellung einbezogen? Wenn Sie Ihr soziales Umfeld stärker einbeziehen und um Unterstützung und Verständnis während des Fernstudiums bitten, dann denken Sie immer daran, was wir im Kap. 3.3.3 („*Stressbewältigung durch soziale Unterstützung*") zum Thema „Geben und Nehmen" besprochen haben. Machen Sie deutlich, welchen persönlichen Nutzen Ihre Familie, Ihre Freunde und Arbeitskollegen haben, während sie Sie während Ihres Fernstudiums (z. B. verbringen von gemeinsamer Zeit) unterstützen.

▶ **Merksatz** Lern-, Arbeits- und Pausenzeiten beziehungsweise -zeitfenster sollten Sie bewusst festsetzen und einen persönlichen Zeitplan (mit Pufferzeiten) erstellen (ggf. zusammen mit Ihrer Familie, um den nötigen Rückhalt von den Liebsten zu erhalten)!

Da Sie im Alltag immer mit außerplanmäßigen Situationen rechnen müssen, die Zeit in Anspruch nehmen, sollten Sie Ihren Zielen treu bleiben und diese nicht permanent umwerfen, wenn neue externe Einflüssen auf Sie einströmen. Wie Ihnen dies gelingt, darauf werden wir im nächsten Kapitel näher eingehen.

Zeitmanagement-Tools sind oft Zeitfresser
Abschließend möchten wir Ihnen noch Tipps in Bezug auf den Umgang mit Hilfsmitteln rund um das Thema Zeitmanagement geben. Wenn es darum geht, Ihre Zeit mit – teils neuartigen digitalen – Hilfsmitteln zu „optimieren", sollten Sie immer bedenken, dass die **Zeitersparnis** nicht von der **Zeitinvestition** verschluckt wird. Achten Sie darauf, dass letztlich Ihre persönliche Lebenszeit und Lebensqualität erhöht wird und technische Hilfemittel, wie beispielsweise spezielle Softwareprogramme oder Zeitmanagement-Apps zur „Optimierung" nicht noch mehr wertvolle Zeit durch die permanente Eingabe, Pflege und Kontrolle der Daten verschwendet und damit indirekt wieder unnötigen zeitlichen Stress verursacht. Diese Zeit, die Sie für das sogenannte „Selftracking" (zu deutsch: Selbstvermessung) Ihrer persönlichen Zeit verwenden, könnten Sie sinnstiftender mit der Erreichung Ihrer Ziele oder mit Erholung verbringen.

4.3.2 Wirkungsvolle Ziel- und Prioritätensetzung im Fernstudium

Erfolgreiche Menschen zeichnen sich dadurch aus, dass sie immer ein Ziel vor Augen habe, das sie täglich motiviert. Ihr persönliches Ziel ist der erfolgreiche Abschluss Ihres Fernstudiums. Dieses Ziel stellt das sogenannte **Fernziel** dar. Auf dem Weg dorthin unterteilt sich Ihre *studentische Reise* in unterschiedliche Etappenziele, nämlich in Ihre mittelfristigen **Teilziele** und in konkrete kurzfristige **Nahziele**. Diese Unterteilung ist hilfreich, da aus der Verhaltenspsychologie bekannt ist, dass wir ein großes Ziel (Ihren Studienabschluss) am besten erreichen können, wenn wir dieses Ziel auf möglichst kleine Etappenziele herunterbrechen. Wenn Sie immer wieder kleine Erfolgserlebnisse haben, aktivieren Sie automatisch Ihr körpereigenes Belohnungszentrum im Gehirn und steigern damit Ihre **Selbstmotivation**. Betrachten Sie daher niemals den ganzen Berg, der vor Ihnen liegt (Studium, Thesis etc.), sondern schauen Sie immer nur auf das nächste Etappenziel (Einzelprüfung, einzelne Kapitel der Thesis), das Sie jeweils so gut wie möglich bewältigen möchten. Konzentrieren Sie sich immer nur auf eine Sache beziehungsweise ein konkretes Nahziel (Einsendeaufgabe eines Studienheftes etc.), das Sie erreichen möchten! Alle weiteren Arbeiten (andere Studienhefte des Moduls etc.), die in Zukunft vor Ihnen liegen, sollten Sie aus dem „JETZT" und damit aus Ihrem

4.3 Stressprävention durch optimiertes Zeitmanagement

direkten Arbeitsblickfeld (Schreibtisch etc.) zunächst verbannen und erst wieder herausholen, wenn Sie Ihr persönliches Teilziel erreicht haben. Ihre Teilziele sollten immer realistisch, erreichbar und überprüfbar sein. Auf die genauere Definition von Zielen werden wir auch noch im Kap. 4.7 („*Stressprävention durch effektives Selbstmanagement*") zu sprechen kommen.

Annährungsziele erzeugen positive Gedanken und Gefühle
Bevor Sie gleich in einer Übung die Gelegenheit haben, Ihre persönlichen Fern- und Nahziele zu definieren, möchten wir kurz noch auf eine andere wichtige Differenzierungsform von Zielen eingehen, die einen entscheidenden Einfluss auf Ihre Motivation hat. Denn Ziele können in **Annäherungsziele** (die mit positiven Emotionen einhergehen) und Vermeidungsziele (die mit negativen Emotionen verbunden sind) unterteilt werden (vgl. Grosse-Holtforth und Grawe 2000). Formulieren wir **Vermeidungsziele** (*„Ich werde keine Fehler mehr bei der Zitation machen!"*), kann dies Angst auslösen (vgl. Gollwitzer und Moskowitz 1996) und bei Nichterreichung dauerhaft ein schlechtes Gewissen auslösen. Der Grund, warum Vermeidungsziele oft ihre Wirkung verfehlen liegt darin, dass unser Gehirn mit inneren Vorstellungsbildern arbeitet (vgl. Elliot und Sheldon 1997). Vermeidungsziele erzeugen negative Vorstellungsbilder des Nicht-Gewollten (*„keine Fehler machen"*), da das Gehirn Verneinungen (*„nicht"*, *„kein"*, *„nie"*) visuell nicht umsetzen kann. Annäherungsziele (*„Ich werde diese Prüfung schaffen"*) verfolgen hingegen – durch positiv erzeugte Vorstellungsbilder und Emotionen – den direkten Weg des gewollten Zustandes. Formulieren Sie daher unbedingt Annährungsziele und keine Vermeidungsziele. Dabei können Annäherungsziele sich sowohl auf das Fernstudium selbst beziehen (*„Ich will den Abschluss"*) als auch ein Ziel betreffen, das hinter diesem Ziel steht (*„Ich will mich selbständig machen"*, *„Ich will mehr Geld verdienen"*, *„Ich will eine Leitungsfunktion einnehmen"*).

Übung

Machen Sie sich an dieser Stelle noch einmal klar, was Sie wirklich während Ihres Fernstudiums und mit Ihrem Fernstudium erreichen wollen! Welche nächsten Schritte planen Sie, um dieses Ziel zu erreichen? Und wann hoffen Sie ca. diese Ziele erreicht zu haben?

Denken Sie daran, dass Sie sich hierdurch natürlich nicht unter Druck setzen, sondern lediglich **Ihren persönlichen Traum** zum Ausdruck bringen. Formulieren Sie dabei Ihre Ziele als Annährungsziele und geben Sie jeweils an, wann Sie Ihr Ziel erreicht haben wollen.

Mein langfristiges Fernziel ist …
Dieses Ziel möchte ich erreichen bis:
Mein erstes kurzfristiges Nahziel ist …
Dieses Ziel möchte ich erreichen bis:
Mein zweites kurzfristiges Nahziel ist …
Dieses Ziel möchte ich erreichen bis:

Wir haben hier bewusst nur zwei Nahziele dargestellt, da wir im Leben oft daran scheitern, dass wir uns zu viel auf einmal vornehmen. Wir kennen dieses Verhalten nur allzu gut, wenn wir an unsere guten Vorsätze zu Neujahr denken. Konzentrieren Sie sich daher nur stufenweise auf jeweils EIN Ziel.

4.3.3 Schaffung von Belohnungen und Ritualen im Fernstudium

Denken Sie daran, dass Sie sich nach Erreichen des definierten Ziels belohnen. Denn Sie werden keine ausreichende intrinsische Motivation aufbringen, wenn Sie beispielsweise Ihre privaten Leidenschaften – aus denen Sie die wesentliche Kraft für Ihr Fernstudium schöpfen – aufgeben. Achten Sie dabei darauf, dass Ihre **Belohnung** nicht alltäglich ist, für Sie wirklich einen Motivationsanreiz darstellt und

4.3 Stressprävention durch optimiertes Zeitmanagement

möglichst unmittelbar nach Ihrer Zielerreichung erfolgt. Feiern Sie Ihre Teilerfolge, denn durch die (gefeierten) Teilerfolge wachsen nicht nur Ihr Selbstbewusstsein und Ihre Selbstwirksamkeit, sondern gleichzeitig wird auch Ihre Motivation gesteigert.

Bereits bei der Erwartung auf eine Belohnung wird in unserem Gehirn der Botenstoff Dopamin ausgestoßen. Die Ausschüttung von Dopamin sorgt für positive Gefühle („**Vorfreude**") und wird von Aktivierungsprozessen begleitet. Die Glücksgefühle, die sich daraufhin einstellen, wirken wie eine Art Belohnung. Wird die Handlung tatsächlich durchgeführt, werden Endorphine ausgeschüttet, die ebenfalls für ein Glücksgefühl sorgen (vgl. Prinz und Pawelzik 2008). Unser Gehirn merkt sich diese guten Gefühle und wir sind motiviert, weitere Herausforderungen anzunehmen. Der Erfolg steigert so den Ansporn für weitere Aktivitäten, um wieder erfolgreich zu sein. Auf diese Art können Sie Ihr körpereigenes Belohnungssystem trainieren!

Wie bereits beschrieben, können gute Gefühle durch Vorfreude erzeugt werden. Ihre definierten Ziele und ausstehenden Belohnungen können Sie dabei gerne verbildlichen. Dies kann ein Motto („*Ich will den Abschluss*"), ein Bild, ein Foto (z. B. mit einer Thesis-Urkunde) oder ein Film (z. B. einer Absolventenfeier vorangegangener Jahrgänge) sein. Um sich dauerhaft zu inspirieren und sich mit dem Fernziel maximal zu identifizieren, können derartige Anreize hilfreich sein, um einen erneuten Motivationsschub bei „Motivationslöchern" zu erhalten und schneller Ihr Studienziel zu erreichen. Positionieren Sie daher sichtbar – in welcher Form auch immer – Ihr Fernziel (z. B. am Schreibtisch oder Computermonitor), um sich täglich daran zu erinnern, was der Lohn Ihrer Mühe sein wird. Neben Ihrem Fernziel positionieren Sie ebenfalls sichtbar Ihre Erfolgserlebnisse mit Ihren persönlichen Fortschritten, welche Sie immer daran erinnern, was Sie in der Vergangenheit geschafft haben!

> **Übung**
>
> An dieser Stelle sollten Sie Ihrem Traum noch einmal mithilfe von selbstgesetzten Belohnungen einen gewissen Auftrieb verleihen. Wie können Sie sich etwas Gutes tun? Was wollten Sie immer schon Besonderes machen und haben es sich bisher nicht gegönnt?

Für die Erreichung meiner Teilziele möchte ich mich wie folgt belohnen …

Für die Erreichung meines Fernziels möchte ich mich wie folgt belohnen …

Neben der Würdigung der eigenen Leistung und Belohnungen mit Dingen, die Ihnen persönlich gut tun, stellen **regelmäßige Rituale** ein wirksames Mittel dar, Ihr Studienziel zu erreichen. Hierzu zählen ebenfalls wohltuende Rituale und damit bewusste Auszeiten nach Lernphasen (z. B. Tee-Ritual, Wellness-/Badewannen-Ritual, Hörbuch-Ritual, eine Laufeinheit oder Freunde treffen). Rituale machen nicht nur dann Sinn, wenn Sie **neue Gewohnheiten** in den Alltag integrieren möchten, sondern auch, wenn Sie alte Gewohnheiten durch neue Gewohnheiten ersetzen möchten. Denn die Regelmäßigkeit, die Rituale mit sich bringen, führt dazu, dass Tätigkeiten wie beispielsweise das morgendliche Zähneputzen – zur Selbstverständlichkeit werden. Rituale können sich themenbezogen auf Ihr Privatleben (z. B. regelmäßige Familienrituale), Ihr Fernstudium (z. B. regelmäßige Lernrituale) oder auf bestimmte Zeitpunkte (z. B. Morgenritual, monatliches Ritual) beziehen.

Übung

Machen Sie sich Gedanken, welche persönlichen Rituale Sie im Rahmen Ihres Fernstudiums schaffen möchten. Legen Sie zur konkreten Umsetzung direkt fixe Zeitpunkte fest.

4.3 Stressprävention durch optimiertes Zeitmanagement

Tägliches Ritual:	Zeitfenster:
Wöchentliches Ritual:	Wochentag:
Monatliches Ritual:	Monatszeitpunkt:
Jährliches Ritual:	Monat:

Sie werden merken, dass es, wenn Sie einmal Rituale in den Alltag etabliert haben, wesentlich leichter fällt, bestimmte Verhaltensweisen konsequent beizubehalten, da diese unbewusst ausgeführt werden und für unser Gehirn eine Art **kognitive Entlastung** darstellen. Rund 70 bis 80 % (vgl. Häusel 2007) unserer Entscheidungen werden unbewusst getroffen, das heißt, dass wir nur maximal 20 bis 30 % aller Entscheidungen bewusst treffen. Dies trifft besonders unter Zeitdruck, bei Informationsüberlastung, geringem Interesse oder Entscheidungsunsicherheit zu (vgl. Scheier 2008), da das Gehirn zwar nur 2 % unserer Körpermasse ausmacht, aber bei Hochlast rund 20 % unserer gesamten Körperenergie verbraucht (vgl. Aiello und Wheeler 1982). Dieser hohe Verbrauch bezieht sich auf bewusste Vorgänge, die im größten Gehirnteil, dem Neokortex, verarbeitet werden. Bei unbewussten Vorgängen, wie beispielsweise etablierten Ritualen, verbrauchen wir nur ca. 5 % Energie (vgl. Pellerin und Magistretti 1999). Da ein geringer Energieverbrauch überlebenswichtig ist, versucht das Gehirn entsprechend bewusste Aktivitäten maximal durch Routinen zu entlasten. Da Zeitmanagement immer auch Energiemanagement ist, stellen eingeübte Rituale als Selbstläufer ein wirksames Mittel dar, damit Sie Ihr Studienziel durch die Schaffung einer Kontinuität gut erreichen.

Wie immer ist natürlich jeder Anfang schwer, daher beginnen Sie mit kleinen Schritten. Wenn Sie beispielsweise jeden Tage Studienhefte lesen möchten, dann steigern sich und beginnen mit einer Stunde. Achten Sie dabei natürlich auf Ihren **persönlichen Biorhythmus**. Können Sie beispielsweise besser abends oder morgens lernen? Machen Sie lieber morgens oder abends Sport etc.? Wann sind Sie entsprechend lieber körperlich oder geistig aktiv?

▶ **Merksatz** Rituale können dazu beitragen, bewusst zu arbeiten und bewusst zu entspannen. Schaffen Sie feste Rituale für diese Zwecke, um Ihren inneren Schweinehund zu überwinden und Ihre persönlichen Ziele zu erreichen!

Auch situative Rituale können für Sie in der Studiensituation eine gute Hilfe sein. Wenn Sie beispielsweise merken, dass Sie in bestimmten Situationen hektisch werden oder merken, wie Sie „an die Decke" gehen, können Sie sich zum Ritual machen (bevor Sie antworten) dreimal tief durchzuatmen. Das schafft Ihnen Zeit, erst einmal wieder einen klaren Kopf zu bekommen. Durch diese Reaktion verschaffen Sie sich Zeit, um mit Bedacht zu reagieren, auf Ihre eigene Stimme und Ihre eigenen Bedürfnisse stärker zu hören. Während Ihrer Lernphasen können Sie sich auf Ihre Aufgabe durch eine bewusste Pause innerlich einstimmen, indem Sie sich beispielsweise Kaffee oder Tee kochen. Was Sie dabei machen, ist nicht von Bedeutung, nur dass Sie das Ritual bewusst immer wieder anwenden, ist entscheidend.

Übung

In welchen Situationen möchten Sie in Zukunft anders reagieren, um Stress zu vermeiden? Welches „innerliche" und „äußerliche" Ritual wollen Sie in solchen Situationen anwenden, um Zeit zu gewinnen und besonnener zu reagieren?

Situationen:

Ritual:
Inneres Ritual (z.B. Gedanken):
Äußeres Ritual (z.B. Handlung/Reaktion):

In gewisser Weise kann auch „entrümpeln" und „ordnen" eine Art Ritual darstellen, indem Sie Struktur schaffen und sich so auf das Wesentliche besser konzentrieren können. Denn Rituale beziehen sich auf Inhalte, wie beispielsweise Kommunikations-Rituale (mit dem Partner), Bewegungs-Ritualen (durch den wöchentlichen Lauftreff mit der Freundin), Lern-Rituale und Motivations-Rituale (durch wöchentliche Telefonate oder Lerntreffs mit Kommilitonen), Entspannungs-Rituale

4.3 Stressprävention durch optimiertes Zeitmanagement

oder Entrümpelungs-Rituale. Ihrer Kreativität sind bei Bedarf keine Grenzen gesetzt, je nachdem, wo Sie Ihre persönlichen Ziele setzen. Ordnung zu schaffen, trägt zur Entlastung bei. Sehen Sie dazu das nächste Beispiel.

Beispiel

Silvia studiert seit sechs Monaten Präventions- und Gesundheitsmanagement. Mittlerweile stapeln sich auf Ihrem Schreibtisch unzählige Studienhefte, Fachbücher- und Fachartikel. Sie mag sich schon gar nicht mehr an den Schreibtisch setzen, die Berge an wissenschaftlicher Literatur lösen in ihr nicht nur ein Unbehagen, sondern ein permanente schlechtes Gewissen aus. Allein der Anblick der anstehenden Studienhefte demotiviert Sie und blockiert sie beim Lernen. Den Überblick hat sie schon längst verloren und weiß nicht mehr, wo sie anfangen soll. Dies führt dazu, dass sie sich mal mit Kommunikation beschäftigt, dann mit Projektmanagement und dann wieder mit Soziologie. Sie ist hin- und hergerissen und zu allem Übel steht auch schon der Briefträger vor der Tür und bringt das nächste Studienpaket.

Was kann Silvia aus dieser Situation helfen? Sie sollte es sich zur Gewohnheit machen, Ihren Schreibtisch regelmäßig zu „entrümpeln". Die Lösung heißt: *„Simplify Your Life"* (oder *„Vereinfache Dein Leben"*). *„Simplify Your Life"* kann als eine große Bewegung bezeichnet werden, deren Kernbotschaft ist, durch den Blick auf das Wesentliche eine höhere Lebensqualität zu erzielen. Der Wunsch nach Vereinfachung und Entlastung ist insbesondere in einer immer komplexeren Welt zu einem Grundbedürfnis geworden. In der Tat kann das Entrümpeln und Ausmisten dazu beitragen, dass eine Entlastung entsteht und wir das Gefühl der Kontrolle haben. Der Bestsellerautor Küstenmacher traf mit seinem Buch *„Simplify Your Life"* den Nerv der Zeit (vgl. Küstenmacher und Seiwert 2013).

Silvia kann hiervon enorm profitieren. Zwar sollte sie nicht die Studienhefte „entrümpeln", aber wenn sie jeweils nur die Studienhefte auf den Schreibtisch platzieren würde, deren Modul (z. B. Kommunikation) sie gerade bearbeiten will, dann würde es ihr schon wesentlich besser gehen. Wäre ihr Schreibtisch leer, würde sie ihre Gedanken wieder ordnen und sich besser konzentrieren können. Störende Gegenstände, wie das Handy etc. sollten grundsätzlich verbannt werden, denn ständige Unterbrechungen führen dazu, dass man immer wieder neu starten muss, um den letzten Gedankengang und den roten Faden wieder zu finden.

Wussten Sie zudem, dass Sie täglich mehr als 3000 Werbebotschaften von rund 50.000 Marken hierzulande ausgesetzt sind (vgl. Scheier und Held 2006)? Entrümpeln heißen auch sich von störenden E-Mail-Newslettern zu befreien. Aufräumen und Entrümpeln gilt auch für Ihr E-Mail-Postfach. Mit der **„Inbox-Zero-Methode"** von David Allen (vgl. Allen 2011) schaffen Sie Ordnung. Alle E-Mails die Sie erhalten, bearbeiten Sie sofort, indem Sie E-Mails, die keine Aktivität von Ihnen erfordern direkt in einen Themenordner verschieben. E-Mails, bei denen Sie noch auf eine Antwort warten, schieben Sie in einen Ordner „Warten auf". Größere Aktionen, die Sie noch bearbeiten müssen und die einen längeren Zeitaufwand erfordern, könnten Sie in einen Ordner „Aktion" sortieren und später bearbeiten. Damit sollten sich im **Eingangsordner keine E-Mails** mehr befinden. Diese Technik entlastet ungemein (vgl. Allen 2011).

4.3.4 Handlungsplan

In diesem Kapitel haben Sie erfahren, wie Sie durch ein gutes Zeitmanagement Stress vorbeugen können. Sie wissen nun, was Ihre persönlichen Zeitfresser sind und wie Sie diese eliminieren können. Auch sind Sie nun dafür sensibilisiert und qualifiziert, durch die konsequente Setzung von Zielen und Prioritäten und eine gute Organisation stringent Ihr Fernstudienziel erreichen zu können. Sie sind sich der Bedeutung von festgefahrenen Verhaltensweisen bewusst und kennen die vielfältigen Möglichkeiten, mithilfe von Ritualen Ihre Gewohnheiten und selbstgesetzten Belohnungen so zu verändern, dass Sie Ihre persönlichen Ziele erreichen und sich gleichzeitig Freiräume zur Erhaltung, Pflege und Sicherstellung Ihrer Gesundheit und Lebensqualität schaffen. Da Ihre Gesundheit Ihr wichtigstes Gut ist, lernen Sie im folgenden Kapitel vertiefend, wie Sie Ihr Bewegungs- und Ernährungsverhalten und Ihre Schlafqualität wirkungsvoll verbessern können.

Für die Umsetzung Ihres persönlichen Zeitmanagements und die Etablierung von Ritualen steht Ihnen der folgende Handlungsplan zur Verfügung.

Handlungsplan

Um mein Zeitmanagement zu verbessern und meine Bedürfnisse deutlicher zum Ausdruck zu bringen, plane ich für die *nächste Woche* Folgendes:

1. Ich werde vermehrt darauf achten, welche unnötigen Zeitfresser mir kostbare Zeit stehlen!

2. In Situationen, in denen ich merke, dass ich Zeit verschwende, werde ich mir meiner Prioritäten bewusst.

3. In Situationen, in denen ich geplante Vorhaben mit unwichtigen Dingen aufschiebe, werde ich eine To-do-Liste mit meinen priorisierten Nahzielen (inkl. Belohnungen) anlegen und konsequent verfolgen.

    ☐ mehrmals täglich

    ☐ einmal täglich

    ☐ alle zwei Tage

4. Ich werde Rituale schaffen, die mich bei der Erreichung meiner Studienziele unterstützen.

4.4 Stressprävention durch ausreichende Bewegung, gesunde Ernährung und erholsamen Schlaf

Sprechen wir im klassischen Sinne über Prävention, existieren vier Handlungsfelder der Prävention „*Stress*", „*Sucht*", „*Bewegung*" und „*Ernährung*" (vgl. Spitzenverband der gesetzlichen Krankenkassen 2014). Da Stress der Hauptbestandteil des vorliegenden Praxisratgebers ist, möchten wir uns an dieser Stelle bewusst auf die Themen Bewegung, Ernährung und Schlaf konzentrieren. Auf das Thema Sucht werden wir nur kurz im Kap. 4.5 (*„Stressprävention durch Ablenkung und Erholung"*) eingehen. Zu einer gesunden Lebensweise gehören ausreichend Bewegung, ausgewogene Ernährung und ein erholsamer Schlaf. Während eines Fernstudiums laufen diese Bereiche jedoch Gefahr, als Zeitfresser empfunden und vernachlässigt zu werden. Zudem beeinflusst wahrgenommener Stress, wie wir uns ernähren, bewegen oder wie gut wir schlafen. Dies übt wiederum einen Einfluss darauf aus, wie anfällig wir für bestimmte Erkrankungen sind, angefangen von einer gewöhnlichen Erkältung, die uns aufgrund eines geschwächten Immunsystems ereilt, bis hin zu chronischen Erkrankungen (siehe Kap. 2.5, *„Wann ist Stress gesundheitsschädlich?"*). Hierzu direkt ein kleines Beispiel.

> **Beispiel**
>
> Michael studiert seit zwei Jahren Betriebswirtschaft, er ist sehr perfektionistisch. Um Zeit zu sparen, ist er aus dem Fitnessstudio ausgetreten. Früher hat er es geliebt, mit Freunden zu kochen. Heute hat eine Mahlzeit nur noch die Funktion der Nahrungsaufnahme. Mit Genuss hat dies schon lange nichts mehr zu tun, da er sich aus Zeitgründen zunehmend von Fast Food ernährt. Die Unausgeglichenheit, die er jetzt spürt, führt dazu, dass er nicht mehr gut schlafen kann. Je näher Prüfungstermine rücken, umso mehr vernachlässigt er seinen Körper. Marcel, sein Studienkollege geht es hinsichtlich der Zeitressourcen ähnlich, aber wenn er Stress verspürt, geht er einfach 20 min auf sein Rudergerät und powert sich aus. Danach macht er sich schnell seinen Lieblingssalat und fühlt sich wieder fit. Schlafstörung hat er nicht.

Was lernen wir aus den unterschiedlichen gesundheitlichen Verhaltensweisen von Michael und Marcel? Natürlich neigen wir in stressreichen Zeiten oft dazu, unsere Bedürfnisse und die Signale unseres Körpers zu überhören. Leider rächt sich dieses Verhalten früher oder später. Zudem können wir ohne ausreichende Kraft keine Höchstleistung von uns und unserem Körper erwarten. Dies ist nur möglich, wenn wir mit unserem Körper auch entsprechend achtsam umgehen. Wollen wir uns gesundheitsbewusster verhalten, denken wir oft, dass wir dies nur mit **Genussverzicht, Mühsal oder Anstrengung** erreichen können. Das ist allerdings in den meisten Fällen ein weitverbreiteter Trugschluss, wie wir an dem vorangegangenen Beispiel sehen konnten.

4.4.1 Ausreichende Bewegung

Körperliche Aktivität als Ausgleich kann nachweislich Stress verringern, da die Zusatzenergie, die der Körper produziert, abgebaut wird. Denn bei negativem Stress sind alle Körpersysteme auf Alarmbereitschaft gesetzt und auf Aktion ausgerichtet, da der Körper sich auf Flucht oder Kampf einstellt. Diese **Flucht-oder-Kampf-Reaktion** (beziehungsweise Bereitstellreaktion) des Körpers hat sich im Laufe der Evolution entwickelt, da bei Gefahr ausschließlich der körperliche Einsatz das Überleben sicherte (vgl. Marx 2006). Wird die bereitgestellte Energie über einen längeren Zeitraum angestaut, kommt es zu einem erhöhten Cortisol-Spiegel (vgl. Marx 2006). Sowohl die Energie als auch der erhöhte Stressspiegel sollten abgebaut werden! Gerade für Fernstudierende, die häufig viel sitzen, ist Bewegung wichtig.

4.4 Stressprävention durch ausreichende Bewegung ...

Ausdauersportarten (Laufen, Radfahren, Schwimmen etc.) eigenen sich besonders, um Stress abzubauen und die Sauerstoffaufnahme und -verarbeitung zu verbessern. Sportler müssen dreimal weniger atmen als Nichtsportler, um durch die Atmung die gleiche Sauerstoffmenge aufzunehmen und damit Energie zu erhalten. Der Grund hierfür ist, dass die Sauerstoffaufnahme von unserem Herzminutenvolumen (Schlagfrequenz mal Schlagvolumen pro Minute) abhängt. Während ein Sportler mit der Luft 20% Sauerstoff ein und 12% Sauerstoff ausatmet, atmet ein Nichtsportler 20% Sauerstoff ein und 17% Sauerstoff aus (vgl. Morschitzky 2009). Eine Sauerstoffunterversorgung kann langfristig zu Verspannungen, Kopfschmerzen, Kreislaufproblemen, Konzentrationsstörungen und zu einer schnelleren Ermüdung führen. Eine gute Sauerstoffversorgung hingegen spendet dem Körper Energie durch Glykolyse (Zuckerspaltung), denn bei jeder intensiven Arbeit schaltet der Körper von der Oxidation (Energiegewinnung unter Sauerstoff) auf Glykolyse um (vgl. Morschitzky 2009).

Sie müssen natürlich jetzt nicht gleich zum Hochleistungssportler mutieren. Schon **moderate Bewegungsaktivitäten** können dazu führen, dass wir uns wesentlich ausgeglichener fühlen. Für den Erhalt der Gesundheit reichen nach Empfehlungen von Experten schon moderate körperliche Aktivität von 30 min an fünf Tagen pro Woche beziehungsweise eine intensive Aktivität von 20 min an drei Tagen pro Woche sowie acht bis zehn Krafttrainingsübungen mit je acht bis zwölf Wiederholungen zweimal pro Woche (vgl. Garber et al. 2011). Auch müssen diese Übungen nicht unbedingt kontinuierlich erfolgen, vielmehr reichen nach neueren Erkenntnissen schon zehnminütige Perioden aus, um die Gesamtaktivität von 30 min im Laufe des Tages „ansammeln" zu können. Dabei gilt: *„Some is good, more is better!"* (Garber et al. 2011)

Um gute **Bewegungsvorsätze** zu fassen, sollte man zuvor kritisch reflektieren, wie das aktuelle Bewegungsverhalten aussieht. Um dies herauszufinden und sich zu motivieren, können Sie unter anderem einen sogenannten Pedometer (Schrittzähler oder eine kostenlose App als Schrittzähler) verwenden. Zur Orientierung: Ein Büroangestellter kommt durchschnittlich auf circa 5000 Schritte am Tag. Ein Erwachsener sollte allerdings 10.000 Schritte pro Tag gehen (vgl. Tudor-Locke und Bassett 2004), um sich gesundheitsbewusst zu verhalten. Auf wie viele Schritte kommen Sie aktuell? Schaffen Sie mehr? Oder weniger? Können Sie sich motivieren, vielleicht in Zukunft eher die Treppe statt den Fahrstuhl zu nehmen? Dies sind kleine Anfänge, die große Wirkung auf Ihre Gesundheit nehmen können.

> **Übung**
>
> Erstellen Sie Ihre persönliche Bewegungs-Bilanz! Wollen Sie Ihre körperliche Aktivität steigern? Was kann Ihr Vorhaben unterstützen?
>
> | Meine Bewegungs-Bilanz sieht derzeit wie folgt aus … |
> |---|
> | |
>
> | Ich nehme mir vor, mich mehr zu bewegen durch … |
> |---|
> | |
>
> | Um mich zu motivieren, verwende ich folgende Motivatoren (App, Schrittzähler, Tagebuch, Stichliste, Jogging-Partnerschaft etc.) … |
> |---|
> | |

Wer sich höhere Ziele setzen möchte, für den macht Ausdauersport durchaus Sinn, denn Ausdauersport ist besonders gut für unser Herz-Kreislauf-System. Entscheiden Sie sich dabei für Aktivitäten, die Ihnen ohnehin schon Freude bereiten beziehungsweise in der Vergangenheit bereitet haben, wird es Ihnen deutlich leichter fallen. Die Lieblingssportarten in der deutschen Bevölkerung sind Radfahren, Fußball, Laufen und Schwimmen (Tab. 4.1). Dabei unterscheiden sich die Präferenzen der Bundesbürger je nach Geschlecht und Alter. Können Sie sich in dieser Tabelle wiederfinden? Könnten Sie sich vorstellen, eine der Sportarten in Zukunft selbst regelmäßig zu praktizieren, um Ihren Stress abzubauen und gesundheitsbewusster zu leben?

Wie bei allen Dingen im Leben (inklusive dem Lernen), werden wir merken, dass, wenn wir einmal den „Stein ins Rollen" gebracht haben, die Freude an der jeweiligen Tätigkeit durch Erfolgserlebnisse steigt (siehe auch Kap. 4.3.2, „*Wirkungsvolle Ziel- und Prioritätensetzung im Fernstudium*"). Wichtig ist dabei vor allem, dass wir uns nicht überfordern und klein anfangen. Um es mit anderen Worten ausdrücken:

> „Sanfte Körpererfahrung, Laufen ohne zu schnaufen, kurze Lernwege und schnelle Erfolge sind Merkmale einer Tendenz zum Spaßhaben im Sport, bei der Anstrengung keinen Platz findet." (Größing 1997)

4.4 Stressprävention durch ausreichende Bewegung ...

Tab. 4.1 Am häufigsten ausgeübte Sportarten nach Geschlecht und Alter. (Haut und Emrich 2011)

	Gesamt	Frauen	Männer	≤ 35 Jahre	36-55 Jahre	≥ 56 Jahre
Radfahren	15,7 %	11,7 %	19,1 %	9,9 %	21,5 %	18,4 %
Fußball	14,8 %	2,5 %	25,1 %	24,3 %	7,7 %	3,9 %
Laufen	11,5 %	12,1 %	11,0 %	11,9 %	12,3 %	6,6 %
Schwimmen	10,2 %	13,8 %	7,1 %	8,2 %	10,3 %	15,8 %
NordicWalking	4,8 %	8,4 %	1,8 %	0,8 %	9,7 %	5,3 %
Fitness	4,4 %	6,3 %	2,8 %	4,9 %	5,6 %	0,0 %
Wandern	4,0 %	4,6 %	3,5 %	0,0 %	5,1 %	14,5 %
Gymnastik	3,6 %	6,7 %	1,1 %	0,4 %	2,6 %	15,8 %
Tennis	3,1 %	2,5 %	3,5 %	2,9 %	2,6 %	5,3 %
Aerobic	2,3 %	5,0 %	0,0 %	2,1 %	3,1 %	1,3 %

Fangen wir beim Sport an zu schnaufen, ist dies ein körperliches Signal dafür, dass wir uns zu viel zugemutet haben. Gerade zu Beginn sportlicher Aktivitäten können Sie beispielsweise eine Pulsuhr verwenden, um anhand Ihrer Herzfrequenz in Schlägen pro Minute Ihre Belastungsintensität zu kontrollieren. Zwar sollte sich der Herzfrequenzbereich am individuellen Maximalpuls orientieren, allerdings wird ein Pulsbereich der sich zwischen 130 und 140 bewegt für das Ausdauertraining empfohlen (vgl. Stoll und Ziemainz 2012). Auch beim Laufen sollte man sich immer noch mit anderen unterhalten können.

Körperliche Aktivitäten zu zweit oder in Gruppen (z. B. mit einer Studienkollegin, im Verein oder in einer Laufgruppe), können durchaus sehr motivierend sein, denn so fühlen wir uns stärker verpflichtet und haben Hemmungen abzusagen. Treiben wir dagegen Sport allein, fällt es uns deutlich schwerer, dem inneren Schweinehund mit all seinen Ausreden (z. B. schlechtem Wetter) Paroli zu bieten. Körperliche Aktivitäten beziehungsweise Sport sollten dabei nicht in Freizeitstress ausarten, sondern immer als erholsam, angenehm und entspannend erlebt werden. Um keinen unnötigen Druck und damit zusätzlichen Stress zu erzeugen, sollten Leistungs- oder Wettbewerbsgesichtspunkte nicht bei der Herangehensweise im Vordergrund stehen.

▶ **Merksatz** Durch körperliche Bewegung, wie beispielsweise Ausdauersport, können wir sowohl Anspannungen abbauen als auch soziale Kontakte pflegen!

Auch für den Bereich Bewegung können gesetzte Ziele die Motivation steigern. Beispielsweise, indem man einmal jährlich das Deutsche Sportabzeichen (siehe auch www.deutsches-sportabzeichen.de; https://sportabzeichen.splink.de) ablegt. Dabei ist anzumerken, dass es in vielen sportlichen Disziplinen Spezialabzeichen unterschiedlicher Verbände (z. B. Deutsches Reitabzeichen, Deutsches Tanz-Abzeichen, Bundeskegelsportabzeichen, Deutsches Aerobic-Abzeichen, Lauf-, Marathon- oder Walking-Abzeichen) gibt, die gemeinsam mit der Familie, mit Freunden oder Bekannten abgelegt werden können (vgl. Deutscher Olympischer SportBund 2014).

4.4.2 Gesunde Ernährung

Widmen wir uns nun der gesunden Ernährung, die mindestens genauso wichtig für unsere Gesundheit ist, wie körperlichen Aktivitäten. Gesunde Ernährung verschafft Ihnen die notwendige Energie, um mit dem täglichen Stress besser umzugehen. Aus wahrgenommener Zeitnot regelmäßig zu fettreicher und schwerer Fast-Food-Kost aus der Tiefkühltruhe zu greifen, kann kontraproduktiv sein. Zwar scheint diese Ernährungsform auf den ersten Blick Zeit einzusparen, raubt uns indes mitunter wichtige Energie und damit Zeit, um konzentriert arbeiten zu können. Auch von Genuss kann hier nicht wirklich gesprochen werden. Ausreichend Zeit in eine gesunde Ernährung zu investieren, ist daher nicht nur für unseren Energiespiegel, sondern auch für unsere Gesundheit unabdingbar.

Stress kann auch dazu beitragen, dass unser Ernährungsverhalten negativ beeinflusst wird. Menschen, die in stressreichen Situationen aus Frust oder Stress essen, werden unter Experten *„Emotional Eaters"* genannt (vgl. Macht und Simsons 2011). Dabei wirken die *„Heißhungerattacken"* und damit Zufuhr von oft hochkalorienreichen und süßen Speisen als kleine Seelentröster, was dazu führt, dass wir den sogenannten *„Kummerspeck"* ansetzen. In diesem Fall stellt Nahrungsaufnahme eine Art der Ersatzbefriedigung oder Belohnung dar. Das Gegenteil kann aufgrund von psychischen Belastungen der Fall sein, wenn wir nicht mehr essen, weil wir kein Hungergefühl haben und einem normativen Schönheitsideal nachjagen. Beides ist für unser gesundheitliches Wohlergehen nicht zuträglich, da Ernährung eine wichtige Energiequelle für unseren Körper darstellt. Mikro-Nährstoffe, wie beispielsweise Vitamine, Mineralstoffe und Spurenelemente liefern dabei keine Energie, sind aber für unseren Körper wichtig, da sie für unterschiedliche Funktionsabläufe unseres Organismus verantwortlich sind (vgl. Pudel 2010).

4.4 Stressprävention durch gesunde Ernährung

Unseren Energiebedarf decken wir mit Makro-Nährstoffen, wie Eiweiß, Fett und Kohlenhydrate (vgl. Pudel 2010). Entsprechend sollte sich nach Empfehlungen der Deutschen Gesellschaft für Ernährung unsere Ernährung zu 30 % aus Fett, zu 55 bis 60 % aus Kohlenhydraten und zu 10 bis 15 % aus Protein zusammensetzen (vgl. Deutsche Gesellschaft für Ernährung 1991). Die ernüchternde Bilanz in Industrienationen ist, dass wir rund 40 % Fett zu uns nehmen und gerade einmal auf 40 % Kohlehydrate kommen (vgl. Ellrott et al. 1995). Diese kohlenhydratarme und fettreiche Fehlernährung ist für viele chronische Erkrankungen verantwortlich. Klassische Fettfallen sind beispielsweise Bratwurst, Leberwurst, Teewurst, Schweinemett, Chips, Pommes frites oder Erdnussflips. Frisches Obst hingegen liefert wichtige Nährstoffe und ist zudem gesund. Wie ernähren Sie sich im Studium oder bei erhöhtem Druck? Hierzu möchten wir eine Übung machen, damit Sie die Gelegenheit haben, Ihre eigenen Essgewohnheiten zu reflektieren.

Übung

Welcher Ernährungstyp sind Sie? Essen Sie bei Stress, Frust, Sorgen oder Langeweile mehr? Zu welchen Lebensmitteln greifen Sie dann? Oder haben Sie dann gar keinen Appetit mehr? Essen Sie schnell und hastig? Wie sieht es mit der Qualität Ihrer Nahrungsmittel aus gesundheitlicher Sicht aus? Hat Obst und Gemüse bei Ihnen eine Chance? Oder greifen Sie auch hin und wieder gerne zur Tiefkühl-Pizza? Und welchen Einfluss nimmt Ihr soziales Umfeld und Ihre Fernstudium auf Ihr Essverhalten? Bitte reflektieren Sie einmal kritisch Ihr Essverhalten!

Ich esse mehr/weniger, wenn ich ....
Ich esse mehr, wenn ich ...
Ich esse weniger, wenn ich ...

Ich werde dabei (positiv und negativ) beeinflusst von ...

Ich esse und genieße am liebsten in folgenden Situationen ...

Es ist schon paradox: Einerseits gab es für uns noch nie so viele Möglichkeiten, uns ausgewogen und gesund zu ernähren. Andererseits mussten wir auch noch nie so vielen süßen „Verlockungen" widerstehen, die hierzulande viele Menschen übergewichtig und krank machen. Dabei stehen uns im Vergleich zu anderen Ländern reichhaltige Angebote an gesunden Lebensmitteln zur Verfügung, die wir dankbar und wertschätzend annehmen sollten. Die Fünf-am-Tag-Regel bietet eine gute Orientierung, nach der wir mindestens fünf Portionen Gemüse, Obst oder Nüsse pro Tag essen sollten, um uns gesund zu ernähren. Pragmatische Tipps zur Umsetzung der Fünf-am-Tag-Regel gibt es auf der Internet-Seite www.5amTag.de. Wer Geld sparen möchte, kann sich sogar auf der Internet-Seite www.mundraub.de darüber erkundigen, wo es Obst und Gemüse kostenlos in seiner Nähe gibt.

Auch die folgenden Empfehlungen können Ihnen dabei helfen, auf die notwendige Menge an Obst und Gemüse zu kommen (Meier-Baumgartner et al. 2006):

- „Trinken Sie regelmäßig ein Glas Frucht- oder Gemüsesaft!
- Essen Sie tagsüber z. B. ein Stück Obst.
- Essen Sie nachmittags anstelle von Pralinen ein kleines Stück Obstkuchen.
- Belegen Sie ein Brot mit Gemüsescheiben.
- Verzehren Sie einen Becher Naturjoghurt mit frischem Obst.
- Gönnen Sie sich doch mal einen Becher Kräuterquark mit Gemüse."

Wenn Sie mehr wasserhaltiges Obst oder Gemüse essen würden, könnten Sie darüber hinaus Ihre Flüssigkeitszufuhr erhöhen und dazu beitragen, Ihren Blutdruck zu stabilisieren.

Zu einer gesunden Ernährungsweise gehört auch, dass Sie ausreichend trinken. Empfohlen werden rund 2,0 bis 2,5 L am Tag, denn allein über Nierenausscheidung verlieren wir täglich rund 1,5 L Flüssigkeit, darüber hinaus können wir mehrere Liter beim Schwitzen über die Haut verlieren (vgl. Persson 2011). Dabei sollten wir – als Erwachsene – ca. 1,44 L Flüssigkeit beim Trinken und 0,875 L beim Essen aufnehmen (vgl. Deutsche Gesellschaft für Ernährung 2013). Zudem sollten wir uns durch unseren Stress nicht davon abhalten lassen, schon zu trinken, bevor unser Körper uns das Warnsignal „trinken" durch ein starkes Durstgefühl aussendet. Dabei sollten wir natürlich auf die Qualität der Flüssigkeitsaufnahme (z. B. Wasser, Säfte, Kräutertee) achten. Zu viel Konsum von koffeinhaltigen Getränken (wie Kaffee, Schwarztee, Coca Cola oder Energy-Drinks) sollten gerade in den Abendstunden vermieden werden, da die aufputschende Wirkung die Schlafqualität beeinträchtigen kann.

Möchten Sie Ihre Trink- oder/und Essgewohnheiten (z. B. mehr Fischverzehr) umstellen, so verknüpfen Sie Ihre persönliche Ernährungsumstellung am besten mit festen Ritualen (z. B. ein Müsli am Morgen mit einer Banane und dem geliebten Kaffee), damit sie zu einem festen Bestandteil und damit zu einer täglichen Gewohnheit wird. Einige Tipps zur Umstellung von Gewohnheiten haben wir Ihnen bereits im Kap. 4.3.3, „*Schaffung von Belohnungen und Ritualen im Fernstudium*" dargelegt. Sie könnten zudem zukünftig zu Vollkornbrötchen statt normalen Brötchen greifen. Dabei sollten Sie sich immer ausreichend Zeit für die Ernährung, ggf. in geselliger Runde mit Ihrem Partner oder Ihren Kindern, nehmen.

Denken Sie daran, dass Sie bei Ihrer Ernährungsumstellung nicht per se auf Genuss verzichten müssen und hin und wieder zu Ihrer Lieblingsschokolade greifen können – aber immer in Maßen. Denn zwingen Sie sich ganz und gar, nur noch „gesunde" Nahrungsmittel zulasten liebgewohnter Speisen aufnehmen, dann kann dies kontraproduktiv sein, da Sie mitunter eher dazu neigen – aus Frust – Ihre alten Verhaltensgewohnheiten wieder anzunehmen. Stellen Sie Ihre Ernährung stufenweise um und gönnen Sie es sich zwischendurch auch mal zu sündigen. Sie werden merken, dass Sie immer selbstverständlicher zu gesunden Nahrungsmitteln greifen, da Sie lernen, den Genuss und die Vorzüge gesunder Speisen stärker wertzuschätzen. Vergessen Sie nicht, dass sich eine gute Energiebilanz daran misst, wie die Differenz zwischen Nahrungsaufnahme und Energieverbrauch aussieht. Eine ausgewogene Energiebilanz ist damit nur durch eine ausgewogene und gesunde Ernährung und regelmäßige körperliche Aktivitäten gegeben. Beides sollte nicht isoliert voneinander angegangen werden, damit Sie sich fit fürs Fernstudium fühlen.

4.4.3 Erholsamer Schlaf

Kommen wir nun auf einen weiteren wichtigen Aspekt Ihrer Gesundheit zu sprechen, den Schlaf! Ein gesunder Schlaf übernimmt eine wichtige Reparatur- und Erholungsfunktion. Im Durchschnitt benötigen wir sieben bis acht Stunden Schlaf, dabei unterscheidet sich der unterschiedliche Schlafbedarf von Mensch zu Mensch (vgl. Staedt und Riemann 2006). Sogenannte Kurzschläfer fühlen sich schon nach vier bis fünf Stunden Schlaf wieder fit, während Langschläfer sich erst nach neun bis zehn Stunden wohl fühlen (vgl. Müller und Paterok 2010). Schlafen wir zu wenig, so kann dies zu Müdigkeit, körperlicher Erschöpfung, Niedergeschlagenheit und einer verminderten Leistungs- und Konzentrationsfähigkeit führen. Dabei können Schlafstörungen zum einen von „*schlafhindernden Symptomen und Gedanken*" und zum anderen durch „*ungünstige Schlafgewohnheiten*" zustande kommen (vgl. Priebe et al. 2013). Das folgende Beispiel soll verdeutlichen, wie wir im Rahmen eines Fernstudiums uns selbst und unseren Schlaf negativ belasten können. Gerade Grübeln oder belastende Erinnerungen können uns daran hindern, dass wir gut ein- und durchschlafen können.

> **Beispiel**
> Vera wohnt in einer Zweizimmerwohnung und hat Ihren Schreibtisch im Schlafzimmer. Seit ein paar Wochen kann sie nicht mehr schlafen, sie versucht zwar früh ins Bett zu gehen, aber wacht mehrfach nachts auf, denkt unweigerlich an die unerledigten Dinge auf ihrem Schreibtisch und ärgert sich, dass sie nicht wieder einschlafen kann. In Folge ihrer Schlafstörungen ist sie tagsüber oft müde, kann sich abends nicht mehr auf das Lernen konzentrieren und ihr schlechtes Gewissen nimmt immer mehr zu. Sie setzt sich mehr und mehr unter Druck und schaut nachts ständig auf den Wecker. Ein Teufelskreis, der an ihren Nerven zerrt. Auch der Versuch, sich durch Fernsehen abzulenken oder früher ins Bett zu gehen, scheitert kläglich.

Wie wir an Veras Beispiel gesehen haben, tragen viele Faktoren dazu bei, dass sie nicht mehr richtig gut schlafen kann. Bei Vera ist es ihre Schlafumgebung, die negative Gedanken fördert und sie daran hindert, richtig ein- und durchzuschlafen. Menschen, die ihre Schlafumgebung mit positiven Gedanken an Schlaf assoziieren, wie beispielsweise Erholung, Ruhe oder eventuell sexuelle Aktivitäten, schlafen deutlich besser (vgl. Kluge; Kundermann 2012). Wie wir in Abb. 4.2 sehen, ist entscheidend, welche Erfahrungen wir mit dem Stimulus „Bett" verknüpfen, um gut oder weniger gut schlafen zu können.

Auch können belastende Tagesereignisse und -befindlichkeiten, das nächtliche Verhalten bei Wachheit, Tagesschlaf oder die Einnahme bestimmter Substanzen (wie beispielsweise Medikamente, Alkohol, Koffein, Nikotin) eine Schlafstörung aufrechterhalten (vgl. Kluge und Kundermann 2012). Schlafen wir aufgrund von Übermüdung tagsüber, gehen zu unterschiedlichen Zeiten ins Bett und entwickeln

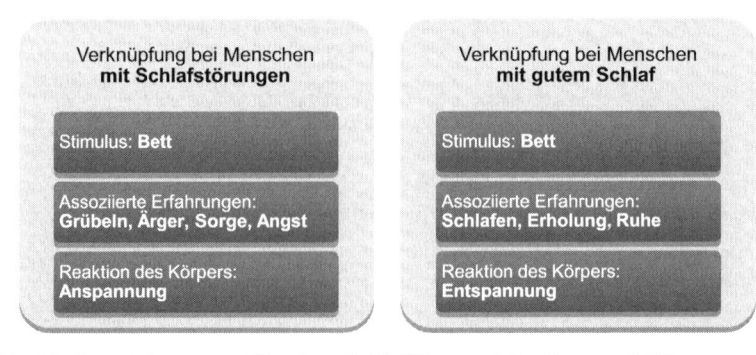

Verknüpfung bei Menschen mit Schlafstörungen	Verknüpfung bei Menschen mit gutem Schlaf
Stimulus: **Bett**	Stimulus: **Bett**
Assoziierte Erfahrungen: **Grübeln, Ärger, Sorge, Angst**	Assoziierte Erfahrungen: **Schlafen, Erholung, Ruhe**
Reaktion des Körpers: **Anspannung**	Reaktion des Körpers: **Entspannung**

Abb. 4.2 Assoziationen zum Stimulus „Bett". (Kluge und Kundermann 2012)

4.4 Stressprävention durch erholsamen Schlaf

so einen sehr unregelmäßigen Schlaf-Wach-Rhythmus, dann entwickeln wir ungünstige Schlafgewohnheiten, die dazu führen können, dass unsere Schlafstörungen aufrechterhalten werden. Ein laufender Fernseher, Musik, Licht, schlechte Luft und zu hohe Temperaturen tragen ebenfalls dazu bei, dass wir nicht zur Ruhe kommen und entspannt einschlafen können. Reflektieren Sie einmal, wie es um Ihre Schlafqualität bestellt ist.

> **Übung**
> Wie ist Ihr Schlafverhalten? Was beschäftigt Sie, wenn Sie nicht ein- oder durchschlafen können? Kreisen Ihre Gedanken bei Schlafstörungen immer wieder um dieselben Dinge? Was belastet Sie dabei am meisten? Steigern Sie sich in solchen Momenten in Ihre Schlaflosigkeit hinein?

Wenn ich schlafen will, dann gehe ich zu folgenden Tageszeiten ins Bett ...

Typische Gedanken, die meinen Schlaf stören, sind ...

Wenn negative Gedanken meinen Schlaf stören, dann reagieren ich so:

▶ **Merksatz** Die persönliche Einstellung ist immens wichtig für eine gute Schlafqualität. Ärgern Sie sich nicht darüber, dass Sie nicht schlafen können oder zwingen Sie sich nicht zum Schlaf, damit verstärken Sie eher noch Ihre Schlafstörung.

Tipps für einen gesunden Schlaf
Sie haben einen wesentlichen Einfluss auf Ihre persönliche Schlafqualität, denn Sie tragen dazu bei, Ihren Körper darauf zu programmieren, wann es sich um Schlaf- und um Wachperioden handelt. Sollten Sie an Einschlaf- und Durchschlafproblemen leiden, dann können Ihnen die folgenden Praxistipps dabei helfen, Ihren persönlichen Schlaf-Wach-Rhythmus wiederzufinden (vgl. auch Müller und Paterok 2010; Saletu 2013):

- Gehen Sie jeden Tag (auch am Wochenende!) zur gleichen Zeit ins Bett und stehen Sie zur gleichen Zeit auf (Abweichung max. 30 min)!
- Verzichten Sie tagsüber möglichst darauf, zu schlafen (Ausnahme max. 20 bis 30 min vor 15.00 Uhr)!
- Vermeiden Sie mindestens zwei Stunden vor dem Zubettgehen alkoholische Getränke!
- Verzichten Sie zudem mindestens vier bis acht Stunden vor dem Zubettgehen auf koffeinhaltige und stimulierende Getränke (wie Kaffee, Cola, schwarzen Tee oder „Energizer")!
- Essen oder trinken Sie vor dem direkten Zubettgehen keine großen Mengen mehr. Kleinere Snacks beziehungsweise die sogenannten „Betthupferl" (gerade Milch und Milchprodukte mit Honig, eine Banane oder Schokolade) können hingegen hilfreich sein. Das dort enthaltende L-Tryptophan spielt für das Gehirn eine Rolle bei der Schlafregulation; wozu der Wirkstoff ein Zuckermolekül als „Taxi" benötigt – daher beispielsweise auch der Honig in der Milch.
- Gehen Sie körperlichen Aktivitäten nach, aber prüfen Sie bitte, ob diese für Sie nach 20.00 Uhr schlaffördernd sind, denn zu starke körperliche Anstrengungen können für das sogenannte sympathische Nervensystem anregend sein.
- Sorgen Sie für eine förderliche Schlafumgebung (z. B. eher kühle Temperatur, dunkle Beleuchtungsverhältnisse, kein Lärm, kein Handy). Dabei sollte das Schlafzimmer arbeits- und lernfreie Zone sein.
- Verschaffen Sie sich einen zeitlichen Puffer vor dem Zubettgehen, damit Sie abschalten können, Ihr Körper und Geist zur Ruhe kommt und Sie bewusst loslassen können (ggf. durch das Schreiben eines Tagebuchs).
- Schaffen Sie ein regelmäßiges Zubett-Geh-Ritual mit einer immer wiederkehrenden gleichen Abfolgen von Handlungen (wie beispielsweise beruhigende Musik, ein entspannendes Hörbuch; max. 30 min), um Ihren Körper auf „Schlaf" zu programmieren.
- Nutzen Sie Ihr Bett nur zum Schlafen! Lernen oder sehen Sie im Bett kein Fernsehen. So programmieren Sie Ihren Körper darauf, dass Ihr Bett lediglich zum Schlafen da ist.
- Verwenden Sie kein zu helles Licht, wenn Sie nachts einmal aufstehen müssen (z. B. Toilette) und essen Sie zudem nachts nichts mehr. Ansonsten könnte Ihr Körper mitunter denken, es gibt Frühstück.
- Gewöhnen Sie sich an, nachts nicht auf die Uhr zu schauen, um sich dadurch nicht unnötig unter Druck zu setzen.
- Wenn Sie nachts wach werden, versuchen Sie sich zu entspannen und ärgern Sie sich nicht darüber, dass Sie wach geworden sind. Wenn Sie aufstehen, dann

4.4 Stressprävention durch erholsamen Schlaf

machen Sie nur Dinge, die eine beruhigende Wirkung auf Sie haben und Ihren Geist nicht wieder anregen.
- Wenn Sie aufstehen, setzen Sie sich dem Tageslicht aus. Helles Licht trägt nicht nur dazu bei, dass Ihr Schlaf-Wach-Rhythmus stabilisiert wird, Tageslicht hat zudem auch eine stimmungserhellende Wirkung.

Sollten Ihnen die Tipps bei Ihren Einschlaf- und Durchschlafproblemen nicht helfen und sollten Sie über einen längeren Zeitraum nicht gut schlafen, empfehlen wir Ihnen, Ihren Hausarzt aufzusuchen und mögliche medizinische Ursachen abzuklären.

4.4.4 Handlungsplan

In diesem Kapitel haben Sie sich intensiv mit den Themen Bewegung, Ernährung und Schlaf auseinandergesetzt. Sie wissen nun, welchen Einfluss Bewegung bei der Verarbeitung von Stress hat, wie Ihre persönliche Bewegungsbilanz aussieht und welche Möglichkeiten Sie haben, Ihr Bewegungsverhalten positiv zu beeinflussen. Auch haben Sie Ihr Ernährungsverhalten reflektiert und wissen, wie Sie durch ausgewogene Ernährung und die ausreichende Zufuhr von Flüssigkeiten Ihre Energie steigern können. Sollte es schlecht um Ihre Schlafqualität bestellt sein, so kennen Sie nun die Ursachen und wissen, wie Sie in Zukunft für ausreichenden Schlaf sorgen können, um Ihr Energielevel zu erhöhen und Stress vorzubeugen. Im folgenden Abschnitt erfahren Sie aufbauend, welche Bedeutung Auszeiten und Erholungsphasen für Sie bei Ihrem Fernstudium einnehmen.

Bei Ihrem Vorhaben, sich in Zukunft gesundheitsbewusster zu verhalten, hilft Ihnen der folgende Handlungsplan.

Handlungsplan
Um gesund zu leben, plane ich für die *nächste Woche* Folgendes:

> 1. Ich werde vermehrt auf meine Gesundheit und darauf achten, mir und meinem Körper etwas Gutes zu tun, da ich mir bewusst bin, wie stark ich mein Wohlbefinden dadurch beeinflussen kann.
> 2. Ich werde auf gesunde Ernährung achten: Ich reduziere ungesunde Kost und setze die Fünf-am-Tag-Regel an!
> 3. Durch ausreichende Bewegung werde ich meine angestaute Energie abbauen und für körperlichen Ausgleich sorgen.
>   - ☐ mehrmals täglich
>   - ☐ einmal täglich
>   - ☐ alle zwei Tage
> 4. In Situationen, in denen ich nicht schlafen kann, werde ich nicht anfangen zu grübeln und mich nicht darüber ärgern, dass ich nicht schlafen kann!

4.5 Stressprävention durch Ablenkung und Erholung

Gezielte Ablenkungen und Erholungsphasen können dazu führen, dass wahrgenommene negative psychische Belastungen vorübergehend vergessen werden (vgl. Wagner-Link 2009). Spaziergänge, ein Treffen mit Freunden oder der Familie tragen dazu bei, dass wir unseren Fokus wieder auf etwas Positives richten. Solche angenehmen **Ablenkungen** von Stresssituationen bieten sich besonders bei negativen Erregungsspitzen an. Allerdings ist zu beachten, dass die kleinen Ablenkungen und positiven Beruhiger nicht gesundheitsschädlich sind. So wirkt eine „Entspannungszigarette" nur aufgrund des vorangegangenen kurzfristigen Nikotinentzugs beruhigend. Damit setzen sich Raucher unbewusst einem dauerhaften Stress aus, die nächste Zigarette rauchen zu müssen. Raucher müssen sich zudem darüber im Klaren sein, dass sie nicht nur ihre Freiheit, sondern durchschnittlich rund 90 min ihrer täglichen Zeit durch das Rauchen verlieren. Damit stellt Rauchen, neben der gesundheitlichen Belastung einen enormen Zeitfresser (siehe Kap. 4.3.1, *„Entlarvung unnötiger Zeitfresser"*) und eine eher kontraproduktive Ablenkung dar.

4.5 Stressprävention durch Ablenkung und Erholung

Um sich nachhaltig erholen zu können, müssen wir die Begriff Ablenkung, Entspannung oder Erholung näher betrachten. Ablenkung darf nicht mit **Entspannung** oder gar mit Erholung verwechselt werden, da bei der Ablenkung nur der Fokus bewusst verschoben wird. Eine **Entspannung** von einer **An- und Verspannung** müssen Sie bewusst vornehmen. Die **Erholung** geht noch einen Schritt weiter, es müssen drei Phasen durchlaufen werden, damit ein Erholungseffekt erzielt werden kann (vgl. Allmer 1996; Rudow 2011):

1. **Distanzierung(sphase)**: In dieser Phase schalten Sie bewusst beispielsweise von Ihrer Arbeit oder Ihrem Fernstudium ab. Erst nach der Distanzierung von der Stresssituation ist eine Erholung im Sinne des Wiederauftankens von Energie und der Wiederherstellung von Kreativität möglich. Eine Distanzierung können Sie auf unterschiedliche Weise erreichen, beispielsweise körperlich, indem Sie joggen, kognitiv indem Sie Musik hören oder emotional, indem Sie Ihren Ärger rausschreien oder wegsingen.
2. **Regeneration(sphase)**: In dieser Phase laden Sie Ihre persönlichen Akkus auf, indem Sie Ihre Muskeln entspannen oder Ihre Gedanken neu ordnen, um Ihre emotionale Ausgeglichenheit wiederherzustellen. Wie wir am besten entspannen, ist von Mensch zu Mensch unterschiedlich.
3. **Orientierung(sphase)**: Diese Phase ist dazu da, dass erneute Beanspruchungen von Ihnen vorbereitet werden, denn die Regenerationsphase sollte nicht abrupt beendet werden. Ihren Organismus nach der Regeneration direkt wieder von null auf hundert umzzuschalten, ist nicht gesund. Daher sollten Sie sich auf die erneute Beanspruchung vorbereiten und einstellen können.

Alle drei Erholungsphasen gehören zu einer wirksamen Erholung. Schließlich sollten Sie beim Sport Ihrem Körper zuliebe auch keinen Laufsprint machen, ohne Ihre Muskeln vorher aufzuwärmen und im Anschluss Ihre Muskeln zu dehnen.

▶ **Merksatz** Zu einer wirksamen Erholung gehört Distanzierung, Regeneration und Orientierung. Sie erzielen die besten Effekte, wenn Sie alle drei Phasen einhalten und bewusst von „Belastung auf Erholung" und von „Erholung auf Belastung" umschalten.

Wie wir bereits im Kap. 2 (*„Was heißt Stress im Fernstudium?"*) gesehen haben, kann sich innere Anspannung, Angst und damit die wahrgenommene Belastung sowohl auf körperlicher und emotionaler als auch auf kognitiver Ebene auswirken. Alle drei Anspannungsbereiche beeinflussen sich wechselseitig. Im Kap. 3 (*„Wie können Sie Stress im Fernstudium bewältigen?"*) haben wir gelernt, wie man akute Anspannung beispielsweise mit Atemübungen und Progressiver Muskelentspannung lösen kann. Dies sind aber nur einige **Entspannungstechniken**, um wieder einen klaren Kopf zu bekommen und damit **kreative Denk- und Lernprozesse** zu ermöglichen. Denken wir daran, wie oft wir an etwas arbeiten und so angespannt (kognitiv, emotional und zwangsläufig auch körperlich) sind, dass wir keine Lösungswege finden und das Gefühl haben, uns in einer Sackgasse zu befinden.

Sie stehen beispielsweise am Geldautomat und Ihnen fällt plötzlich Ihre PIN-Nummer nicht mehr ein. Je angestrengter Sie nachdenken und sich über Ihre Vergesslichkeit ärgern, desto geringer wird die Wahrscheinlichkeit, dass Sie einen erhellenden Geistesblitz erhalten. Sobald wir uns aber entspannen und etwas anderes machen, um einen Zustand der mentalen Entspannung zu erreichen, kommen die „Aha-Erlebnisse" und Lösungen oft von ganz allein. Das heißt für Ihr Fernstudium, dass Sie beispielsweise während einer Klausur nicht bei einer Fragestellung verharren und sich unter Druck setzen sollten, sondern einfach erst einmal die problemreiche Fragestellung zurückstellen und die nächste Frage beantworten sollten, bis Sie sich wieder beruhigt haben. Nicht ohne Grund haben wir unter der Dusche, im Ruhezustand im Bett oder gar beim Joggen plötzlich die besten kreativen Einfälle.

Machen wir es besser als erwartet, so wird der opiumähnliche Botenstoffe (sogenannte Neurotransmitter) Dopamin direkt in unser Frontalhirn ausgeschüttet und sorgt dafür, dass wir uns besser konzentrieren, besser denken, Informationen besser verarbeiten und dabei gleichzeitig Freude empfinden (vgl. Spitzer 2007). Sind wir entspannt und angstfrei, werden unsere Gedanken freier, offener und weiter – die beste Voraussetzung dafür, kreative Lösungen zu finden (vgl. Spitzer 2007). Werden das Wissen und die Erfahrungen zu einem späteren Zeitpunkt wieder abgerufen, so werden diese Gedanken ebenfalls mit dem dazugehörigen Gefühl wieder abgerufen.

Machen Sie hierzu eine Übung, denn egal ob Sie eine Hausarbeit oder eine Prüfung schreiben, Ihre kreativen Einfälle sind im Fernstudium immer wieder gefragt.

Übung

Wann kommen Sie auf die besten Einfälle? Reflektieren Sie einmal, an welchen Orten und bei welchen Tätigkeiten Sie am besten bewusst abschalten können und bereit sind für kreative Eingebungen.

4.5 Stressprävention durch Ablenkung und Erholung

Ich entspanne mich am besten bei ...	(Wobei?)
•	
•	
•	

Ich entspanne mich am besten an den folgenden Orten ...	(Wo?)
•	
•	
•	

Ich entspanne mich am besten...	(Wann?)
•	
•	
•	

Nun wissen Sie, wobei und wo Sie sich am besten entspannen können. Die gute Nachricht dabei ist, dass Sie auch dann Entspannungseffekte erzielen können, wenn Sie nicht an Ihren bevorzugten Entspannungsorten sein können. Allein mit Ihrer **Vorstellungskraft** an schöne Orte und positive Erinnerungen (z. B. erholsame Ferien) können Sie Ihr Gehirn überlisten. Denn in unserem Gehirn finden bei sogenannten Imaginationen (also durch Ihre reine Vorstellungskraft) ähnliche neuronale Aktivitäten statt, wie es bei der Wahrnehmung der Wirklichkeit der Fall ist. Ihre Phantasie stellt damit eine Repräsentationsform des Gehirns dar, die Sie für Ihre individuellen Zwecke bei Bedarf nutzen können. Dies kennen wir vielleicht von *„Phantasiereisen"*. Die inneren Bilder, die wir dabei erzeugen können, werden mit positiven Emotionen verknüpft, die wir in der Vergangenheit gemacht haben und die wir aus unseren eigenen Erfahrungen ziehen. Diese Vorstellungskraft kann sowohl positiv als auch negativ genutzt werden, denn das Gehirn kann unterschiedliche Emotionen hervorbringen, die unsere Motivationen stark beeinflussen (vgl. Panksepp 1998).

Emotionale Botschaften, die auf uns treffen, durchlaufen im limbischen System (unserem Emotionszentrum im Gehirn) drei unterschiedliche Filterinstanzen: Auf Basis des „Züricher Modells der sozialen Motivation" von Bischof (2001; siehe Scheffer und Heckhausen 2006) und parallel von dem Hirnforscher Panksepp konnten drei große Emotions- und Motivfelder des limbischen Systems identifiziert entdeckt werden (vgl. Panksepp 1998): **Balance, Stimulanz** und **Dominanz**. Aus diesen von Häusel als „Big 3" titulierten Motivfeldern (vgl. Häusel 2005, 2007) lassen sich für Sie innere Vorstellungsbilder ableiten (vgl. Scherenberg 2011), die aufgrund innerer Vorstellungsbilder ein positive Wirkung haben können:

1. **Balance-Motiv**: Bedürfnis nach Sicherheit
   Beispiele: Streben nach Geborgenheit, (Job-)Sicherheit, Gesundheit, Stabilität, Zufriedenheit, Bequemlichkeit, Fürsorge, Harmonie, Solidarität, Tradition durch Qualitäts- und Garantiezusagen
   Zentrale Frage zur Selbstreflexion: *Unterstützen Ihre inneren Vorstellungsbilder und Gedanken Sie dabei, sich sicher und geborgen zu fühlen? Oder führen diese dazu, dass Sie eher Angst und Unsicherheit auslösen?*
2. **Stimulanz-Motiv**: Bedürfnis nach Erregung
   Beispiele: Streben nach Abwechslung, Vergnügen, Genuss, Spieltrieb, Lustempfindung durch Erlebnisse, Aufregung, Unterhaltung
   Zentrale Frage zur Selbstreflexion: *Unterstützen Ihre inneren Vorstellungsbilder und Gedanken Sie dabei, etwas Neues auszuprobieren und Abwechslung zu erfahren? Oder führen diese dazu, dass Sie demotiviert werden?*
3. **Dominanz-Motiv**: Bedürfnis nach Autonomie
   Beispiele: Streben nach Abgrenzung, Macht, Kontrolle, territorialer Anspruch, Leistung, Erfolg, Anerkennung, Status, Prestige, Luxus
   Zentrale Frage zur Selbstreflexion: *Unterstützen Ihre inneren Vorstellungsbilder und Gedanken Sie dabei, dass Sie ein stärkeres Kontroll- und Machtempfinden erleben? Oder führen diese dazu, dass Sie sich hilflos der Situation ausgeliefert fühlen?*

Reflektieren Sie, wie und mit welchen emotionalen Motiven Sie sich anhand innerer Vorstellungsbilder und Gedanken motivieren können. Nutzen Sie hierzu vorzugsweise positive Erfolgs- und Entspannungserfahrungen aus der Vergangenheit (beispielsweise einen gelungenen Vortrag mit anschließendem Applaus oder eine entspannende Massage aus einem Wellness-Urlaub). Das heißt, dass Sie Erfolgserlebnisse immer richtig genießen, feiern und bewusst abspeichern sollten, um diese zur Erzeugung positiver Gefühle bei Bedarf abzurufen zu können. Denn das Gehirn speichert nicht nur die Erfahrungen, sondern die dazugehörigen positiven Emotionen, die Sie dabei erlebt haben.

Dabei stellt der Wunsch nach Absicherung das evolutionär älteste und machtvollste Motiv („Balance") dar. Eigene Ziele verfolgen und Karriere machen zu wollen, kann hingegen dem Dominanz-System zugeordnet werden (vgl. Scherenberg und Glaeske 2010). Nach welchen Motiven wir streben, ist von Mensch zu Mensch unterschiedlich. Neben gemachten Erfahrungen spielt das Geschlecht und das Alter einer Rolle: Während bei Frauen das Bedürfnis nach Sicherheit tendenziell ausgeprägter ist, streben Männer stärker nach Macht und Autonomie. Beiden Geschlechtern ist gleich, dass mit zunehmendem Alter das Bedürfnis nach Sicherheit („Balance") steigt und der Reiz des Neuen („Stimulanz") sinkt (vgl. Häusel

4.5 Stressprävention durch Ablenkung und Erholung

2010). Der Grund hierfür sind neurochemische Vorgänge (sogenannte Neuromodulatoren: Hormone, Neuropeptide, Neurotransmitter usw.) in unserem Gehirn. Denn mit zunehmendem Alter sinkt der Testosteronspiegel (bzw. das Dominanz-Hormon, vor allem bei Männern) und der Dopamin-Spiegel (bzw. das Stimulanz-Neurotransmitter), damit nimmt die Neugier und Risikobereitschaft ab. Gleichzeitig steigen mit zunehmendem Alter die Konzentration des Stresshormons Cortisol und das Bedürfnis nach Sicherheit an (vgl. Häusel 2010).

Was wir daraus lernen können ist, dass **innere Vorstellungsbilder** sich an unserem individuellen Bedürfnisstreben orientieren sollten. Dies gilt sowohl für entspannende Phantasiereisen als auch für Dinge, die Sie während Ihres Fernstudium beschäftigen: Stehen Sie beispielsweise vor einer Präsentation, können Sie sich „ausmalen", wie geborgen Sie sich in der Nähe Ihres Studienkollegiums aufgehoben fühlen („*Balance*"), mit welchen kreativen und inhaltlichen Komponenten Sie Ihr Publikum begeistern („*Stimulanz*") oder wie stolz Sie sind, wenn Sie einen guten Vortrag gehalten und eine tolle Note bekommen haben („*Dominanz*"). Oder können Sie besonders gut abschalten, wenn Sie gedanklich mit Ihrer Familie am Strand liegen und das Meeresrauschen genießen („*Balance*"), Sie mit Ihrer Freundin eine inspirierende Reise nach Mexiko unternehmen („*Stimulanz*") oder beim Tischtennis Ihren Gegner besiegen („*Dominanz*")? Angemerkt sei, dass wir immer Mischtypen sind, sprich, dass wir stets mehr oder weniger nach Bedürfnissen aus allen Motivbereichen streben, wobei bestimmte Bereiche dominieren. Abbildung 4.3 soll verdeutlichen, wie stark uns unterschiedliche **Ich-Motive** positiv wie negativ anhand innerer Vorstellungsbilder und Gedanken beeinflussen und motivieren können. Unsere Imaginationen und Gedanken beeinflussen unsere

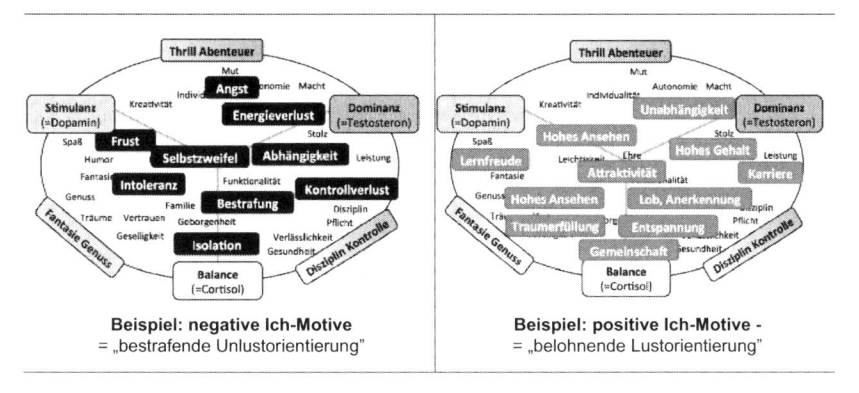

Abb. 4.3 Gegenüberstellung bestrafender und belohnender Motive der Limbic®Map. (vgl. Häusel 2007; Scherenberg 2012)

Emotionen und wiederum unsere Lebensqualität, unser Wohlbefinden und je nachdem wann sie uns überkommen damit auch unseren Erholungsgrad.

> **Übung**
> Sie führen eine kleine Phantasiereise zur Entspannung durch. Bei welchen inneren Vorstellungsbildern und Gedanken empfinden Sie besonders viele gute Gefühle? Wonach streben Sie persönlich? Ist es eher Anerkennung, Karriere, Erfolg, Geborgenheit, Sicherheit, einen gesellschaftlichen Beitrag zu leisten oder eher der Reiz nach Abwechslung?
> Schließen Sie dabei Ihre Augen, schalten Sie dabei Ihr Kopf-Kino an, um zu erfahren, wo Sie Ihre individuelle Wohlfühlreise hinführt.

Balance:

Stimulanz:

Dominanz:

Kommen wir nun auf die körperlichen Signale zu sprechen: Wenn Sie angespannt sind, wo fühlen Sie diese Anspannung? Im Rücken, da Sie „zu viel Last tragen" und sich nach Entlastung und Freiheit sehnen? Oder beißen Sie nachts Ihre Zähnen zusammen und verspüren die verspannte Kinnmuskulatur am nächsten Morgen, da Sie sich zu stark unter Druck setzen und eine stärkere Kontrolle über Ihr Leben haben möchten?

Einige Entspannungsmöglichkeiten haben wir bereits im Kap. 3.1 (*„Stressbewältigung durch mentale Entspannungstechniken"*) kennengelernt. Dazu gehören unter anderem Yoga, Meditation und körperliche Fitness. Wichtig ist bei allen Arten der Erholung, dass Sie für eine gewisse Regelmäßigkeit sorgen, sei es durch tägliche Atemübungen, Qi-Gong oder Sport, jeden Monat einen Wellness-Tag in der Sauna oder einen jährlichen Urlaub an einem bestimmten Ort. Rund 40 % aller Studierenden nehmen zwar Stress und konkrete Begleiterscheinungen (wie Verspannungen oder Rückenbeschwerden) wahr, allerdings nutzen nur die wenigsten

4.5 Stressprävention durch Ablenkung und Erholung

Studierenden täglich oder wöchentlich Entspannungstechniken, um diesen Zustand gezielt und nachhaltig zu beheben (vgl. Thees et al. 2011).

Beispiel

Jennifer nutzt jeder freie Minute, um sich ihrem Fernstudium zu widmen. Auf Ihre geliebten wöchentlichen Saunabesuche verzichtet sie bereits, um in Ihrem persönlichen Plan zu bleiben. Auch der diesjährige Jahresurlaub geht ganz für wissenschaftliche Hausarbeiten drauf. Leider merkt sie, dass ihre Energie langsam nachlässt. Sie nimmt sich eine Auszeit und macht ein Wellness-Wochenende mit ihrer besten Freundin trotz ihres schlechten Gewissens. Als sie wiederkommt, fühlt sie sich wie neugeboren und nimmt motiviert die Arbeit an ihrer Hausarbeit wieder auf.

So wie Jennifer geht es Ihnen sicherlich auch. Allerdings sind Sie schlauer und haben nun das notwendige Bewusstsein dafür, wie wichtig ausreichende und regelmäßige Erholung für Sie ist. Und damit sind Sie vielen Menschen bereits einen entscheidenden Schritt voraus. Planen Sie daher mit der folgenden Übung einmal, wie Sie kontinuierlich wieder Auftanken wollen, bevor Ihre Kraftreserven verbraucht sind und Ihr Körper oder Ihr soziales Umfeld Ihnen eindeutige Signale aussendet, dass Sie auch Zeit für sich selbst brauchen.

Übung

Wie sorgen Sie bei sich für ausreichende Erholung? Listen Sie auf, wie Sie in Zukunft regelmäßig dafür sorgen möchten, dass Sie sich bewusst erholen! Denken Sie daran, dass Ihr persönliches Erholungsprojekt Ihnen viel Freude bereitet.

Tägliche Erholung (Tagesplan):
Wöchentliche Erholung (Wochenplan):
Monatliche Erholung (Monatsplan):
Jährliche Erholung (Jahresplan):

Damit Sie Ihre Pläne in die Tat umsetzen, möchten wir noch einmal plakativ anhand der Abb. 4.4 verdeutlichen, wie wichtig die täglichen Erholungszeiten und insbesondere längere Erholungsphasen (z. B. das Wochenende) sind. Denn eine ansteigende Gesamtmüdigkeit im Laufe einer Arbeitswoche, kann mitunter nicht ganz durch die zur Verfügung stehende Erholungszeit am Feierabend kompensiert werden. Dies trifft besonders für Fernstudierende zu, die nicht nur doppelt belastet, sondern durch familiäre Verpflichtungen mehrfachen Belastungen ausgesetzt sind. Erst durch längere Erholungsphasen (beispielsweise am Wochenende oder im Urlaub) kann die „aufgeschaukelte" Ermüdung komplett kompensiert werden. Sie sollten sich daher immer ausreichend Zeit für längere Erholungsphasen gönnen, um Ihre aufgeschaukelte Ermüdung kompensieren zu können.

Erholungsphasen stellen eine Art Belohnung dar. Planen Sie am besten nach einem Urlaub, egal ob ein kurzer Wochenendurlaub oder eine längere Auszeit – gleich den nächsten Urlaub und buchen Sie am besten sofort. Diese Vorgehensweise führt dazu, dass Sie den Urlaub nicht ständig verschieben und sich auf die nächste Erholungsphase freuen können. Das steigert Ihre Vorfreude und Ihre Motivation! Gleiches gilt auch für Auszeiten und Pausen, die Sie zwischen Ihren Lernphasen einbauen sollten.

Gönnen wir uns keine ausreichende Erholung, kann sich das Erholungsdefizit auf unsere Gesundheit und Leistungsfähigkeit durch eine verminderte Konzentra-

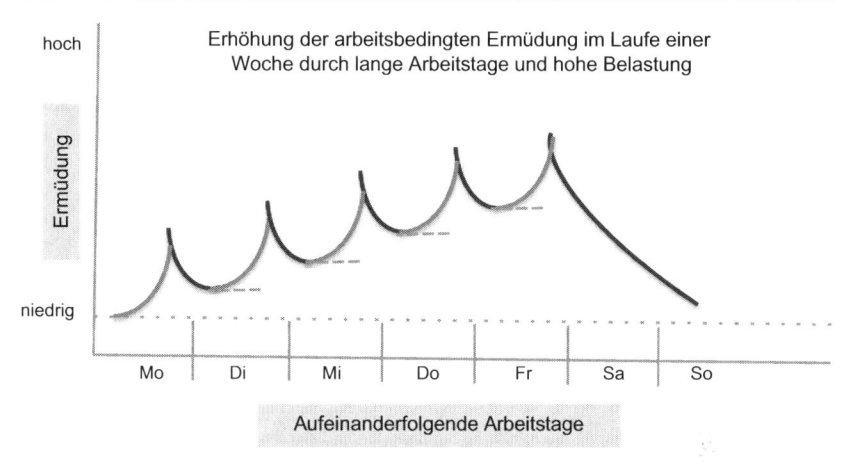

4.5 Stressprävention durch Ablenkung und Erholung

Abb. 4.4 Pauseneffekte am Beispiel eines Wochenzyklus. (Nachreiner et al. 2005)

tionsfähigkeit, erhöhte Vergesslichkeit und ein Gefühl der Müdigkeit, Mattigkeit und allgemeinen Schwäche niederschlagen. Werden wir regelmäßig am Wochenende oder im Urlaub krank, so kann dies ein Anzeichen für ein Erholungsdefizit sein. Lernen Sie dabei, dass Nichtstun (ohne schlechtes Gewissen) eine bedeutende Quelle der Regeneration für Sie ist.

Dabei ist anzumerken, dass Erholung durch Ablenkung, Bestätigung und Energetisierung zu erzielen ist und nicht per se mit reiner Passivität gleichgesetzt werden darf. Auch musizieren, Gartenarbeit oder gemeinsame Aktivitäten mit Freunden, der Familie oder dem Partner können erholungsfördernde Wirkungen mit sich bringen. Entscheidend ist, dass Sie Abstand zur Stresssituation gewinnen und sich bewusst Zeit nehmen, denn ist die Balance von An- und Entspannung einmal aus dem Gleichgewicht geraten, wird sehr schnell ein Teufelskreis in Gang gesetzt, der nicht nur an den Kräften zehrt und negative Gedanken erzeugt, sondern sich auch ungünstig auf Ihre Lebensqualität auswirkt.

In diesem Kapitel haben die Unterschiede zwischen Ablenkung, Entspannung und Erholung kennengelernt. Sie wissen nun, wie wichtig für Sie Erholungsphasen und wie schädlich Erholungsdefizite sind, wo und wie Sie sich gut entspannen und erholen können und kennen unterschiedliche Möglichkeiten, neue Kraft zu schöpfen. Darüber hinaus werden Sie im nächsten Kapitel erfahren, wie Sie durch die soziale Unterstützung zusätzlich Energie- und Zeitressourcen gewinnen können und somit Stress vorbeugen.

Zuvor bieten wir Ihnen wieder einen Handlungsplan zur aktiven Umsetzung der gelernten Inhalte an.

> **Handlungsplan**
>
> Um mich besser von den Belastungen meines Arbeits- und Studienalltags zu erholen, plane ich für die *nächste Woche* Folgendes:

---

1. Ich werde vermehrt darauf achten, dass ich mich bewusst erhole, um ausreichend Kraft zu tanken!

2. In Situationen, in denen ich merke, dass sich meine Gedanken im Kreis drehen, werde ich mich mit angenehmen Dingen ablenken, um kreative Denk- und Lernprozesse wieder zu ermöglichen!

3. In Situationen, in denen ich die Ermüdungssignale meines Körpers bisher ignoriert habe, werde ich Erholungsphasen einplanen und neue Energie auftanken!

   ☐ mehrmals täglich
   ☐ einmal täglich
   ☐ alle zwei Tage ....!

4. Zu diesen Situationen werde ich mir einen langfristigen Erholungsplan aufstellen, um einen bewussten Ausgleich zu schaffen.

4.6 Stressprävention durch die Inanspruchnahme von Unterstützungen

Bereits im Kap. 3.3.3 hatten wir über das *Thema „Stressbewältigung durch soziale Unterstützung"* gesprochen. Nun soll es in diesem Kapitel darum gehen, wie sozialer Rückhalt unsere Stressresistenz langfristig steigern kann und auf welche unterschiedlichen Beziehungen und Bindung wir hierzu bauen können. Dabei ist es wichtig, uns vor Augen zu halten, dass das, was wir im Leben an Fähigkeiten erworben haben, uns letztlich von anderen Menschen geschenkt wurde. Als sozial geprägte Wesen ist die gegenseitige Unterstützung, Ermutigung und Inspiration für uns wesentlich!

Gerade beim Fernstudium lernen Sie oft allein und haben das Gefühl, ganz auf sich gestellt zu sein. Allein das Wissen darum, dass man bei Lern- oder Motivationsblockaden mit seinen Gefühlen nicht allein ist, reduziert Stress. Zudem wird Stress nicht nur gut bewältigt, wenn Sie in Ihre eigenen Möglichkeiten und Fähigkeiten zur Bewältigung von Problemen vertrauen, sondern auch, wenn Sie auf die Lösbarkeit schwieriger Situationen gemeinsam mit anderen Menschen und auf die Sinnhaftigkeit der Welt und Ihr Geborgensein in der Welt (Gemeinschaft) vertrauen können.

Die Quellen des sozialen Rückhaltes im Fernstudium können die Familie, Freunde, Gemeinschaften (z. B. Vereine), Studierende sowie Lehrende sein. Positive gesundheitliche Effekte ergeben sich dabei aus der körperlichen und sozialen Nähe, bei der das Bindungshormon Oxytocin freigesetzt wird. Soziale Isolation und fehlende Ermutigungen hingegen stellen nicht nur gesundheitliche Risikofaktoren dar, sondern wirken sich auch auf die Motivation negativ aus (vgl. Reime 2000).

4.6.1 Vielfache Möglichkeiten: Unterstützungsangebote im Fernstudium

Unterstützung im Kontext eines Fernstudiums erhalten Sie in vielfacher Hinsicht: in Form von Interaktionen, durch die Vermittlung von Kognitionen (also bestimmter Denk- und Verarbeitungsprozesse) und von positiven Emotionen. Die Tab. 4.2 verdeutlicht, worin die Unterstützung jeweils bestehen kann.

Wie Sie sehen, sind Hilfestellungen und Unterstützungsleistungen sehr vielschichtig. Natürlich können Sie auf diese Bereiche oft dann besonders bauen, wenn Sie Ihrerseits auch etwas „geben". Niemand könnte Sie besser verstehen als Ihre Studienkollegen sowie Ihre Tutoren, daher vernetzen Sie sich mit Ihren Kollegen (**Interaktion**) und tauschen Sie sich gegenseitig aus. Suchen Sie sich ggf. ein bis zwei feste Studienpartner, mit denen Sie eine Lernpartnerschaft schließen! Dabei kann es hilfreich sein, dass Sie ihr gegenseitiges Bündnis verschriftlichen und Ihre Ziele und gemeinsame Wünsche niederlegen. Niemand kann besser fühlen wie es Ihnen geht (**Emotionen**) als diejenigen, die in der gleichen Situation stecken. Schauen Sie dabei motiviert auf die Zukunft und darauf, dass Sie sich gegenseitig ermutigen und inspirieren! Werden Sie sich dabei im Klaren darüber, welche unterschiedlichen Informations- und Serviceangebote seitens Ihrer Fernhochschule angeboten werden (**Kognition**). Angebote, die Ihnen dabei helfen können einen Rückhalt zu verspüren, mit Ihren Studienkollegen und Tutoren in Kontakt zu kommen und sich gegenseitig zu ermutigen, können beispielsweise sein:

Tab. 4.2 Inhaltliche Typologie sozialer Unterstützung (vgl. Diewald 1991)

Konkrete Interaktionen	Vermittlung von Kognitionen	Vermittlung von Emotionen

1. Arbeitshilfen im Fernstudium
   1.1 personenbezogen
   1.2 fachbezogen
2. Pflege von Beziehungen innerhalb und außerhalb des Fernstudiums
3. Materielle Unterstützung
   3.1 Sachleistungen
   3.2 Geldleistungen
4. Interventionen mit anderen Studierenden
5. Beratung
   5.1 personenbezogen
   5.2 persönliche Dinge
6. Geselligkeit mit Studierenden, Freunden und der Familie
7. Alltagsinterventionen
	8. Vermittlung von Anerkennung innerhalb und außerhalb des Fernstudiums
	   8.1 persönliche Wertschätzung
	   8.2 Status-Vermittlung
	9. Orientierung innerhalb des Fernstudiums
	10. Vermittlung von Zugehörigkeitsgefühl
	   10.1 Beteiligung
	   10.2 Gebraucht werden
	11. Erwartbarkeit von Hilfe
	12. Ort für den Erwerb sozialer Kompetenzen
		13. Vermittlung von Geborgenheit und Zuneigung
		14. Motivationale Unterstützung

- Studienberatung und -service,
- Hochschulsport oder andere Angebote der Hochschule (beispielsweise gesundheitsfördernde Angebote, wie www.apollon-aktiv.de),
- Arbeitsmaterialien (Checklisten, Muster-Exposés, Muster-Klausuren, Literaturempfehlungen etc.),
- Online-Vorträge, Gastvorträge und Kongresse,
- Online-Campus mit Diskussionsmöglichkeit in fachspezifischen Foren,
- (Online-)Sprechstunden von Tutoren,
- Auslandsbezogene Seminare (z. B. Summer Schools),
- Mentoren-Programm der Hochschule,
- Alumni-Programm der Hochschule,
- Online- und Offline-Stammtische von Studierenden,
- Zusammenkünfte in sozialen Netzwerken (z. B. Facebook-Channel der Hochschule).

Um eine stärkere Orientierung im Fernstudium zu erhalten, konkrete Entlastung zu erfahren und Sie bei Ihrem Karrierewunsch zu unterstützen, werden in der Regel vielfältige Angebote und Materialien seitens der Hochschulen gemacht, die Sie unterstützen können. Einige dieser Angebote sind:

4.6 Stressprävention durch die Inanspruchnahme von Unterstützungen

- Umfangreiche Download-Arbeitsmaterialien (Checklisten, Muster-Exposés, Muster-Klausuren, Literaturempfehlungen etc.),
- Zugriff auf eine Online-Bibliothek (Fachbücher und Fachzeitschriften),
- Aufgezeichnete Online-Vorlesungen zu fachspezifischen Themen,
- Datenbank über bereits geschriebene Thesenthemen (Thesis-Datenbank),
- Hochschuleigenes Stellenportal,
- Materialen über Finanzierungswege und Fördermöglichkeiten,
- Karriereberatung und -unterstützung,
- Informationen über interne und externe wissenschaftliche Wettbewerbe,
- Sonstige Motivationsmaterialien (Videos mit Motivationstipps, Erfolgstipps, Absolventengalerie etc.).

Nutzen Sie solche Angebote bereits? Wissen Sie, welche unterschiedlichen Angebote seitens Ihrer Hochschule für Sie initiiert worden sind? Die Angebote sollten Sie an dieser Stelle reflektieren, um sich in Zukunft stärker entlasten zu können. Dabei möchten wir uns an dieser Stelle bewusst auf die Angebote Ihrer eigenen Hochschule konzentrieren.

Übung

Welche Unterstützungsformen stehen Ihnen in Ihrem Fernstudium zur Verfügung? Recherchieren Sie einmal, welche Unterstützungsangebote vorhanden sind, die Sie derzeit noch nicht nutzen und daher zukünftig verstärkt nutzen möchten!

Unterstützungsformen	Beispiele	Konkrete Bereiche
Informationsunterstützung	Muster-Klausuren, Checkliste zu wissenschaftlichem Arbeiten, Hinweise zur Zitation, Literaturempfehlungen etc.	
Instrumentelle Unterstützung	Literaturverwaltungsprogramme, Online-Bibliothek, Software/Links zur Textanalyse (z.B. Füllwörter) etc.	
Emotionale Unterstützung	Gegenseitige Ermutigung bei studentischen Stammtischen, Sprechstunden und Gespräche mit Tutoren oder dem Studienservice etc.	
Einschätzungsunterstützung	Gegenseitige Unterstützung seitens Ihrer Studienkollegen, Lerntreffs, Lerngemeinschaften, Mentoren-Programm etc.	
Körperliche Nähe	Offline-Stammtische von Studierenden, Alumni-Veranstaltungen, öffentliche Veranstaltungen Ihrer Hochschule (z.B. Kongresse), gemeinsame Abendessen nach Seminaren etc.	

Funktionen des sozialen Rückhalts (vgl. Krug 2010)

4.6.2 Gemeinsam statt einsam: Schriftliche Arbeiten im Fernstudium

Wir haben im Kap. 3.3 (*"Stressbewältigung und -vermeidung im sozialen Umfeld"*) schon intensiv über Erwartungen gesprochen, insbesondere über die Erwartungen an andere und an uns selbst. Doch Erwartungen können von der einen oder der anderen Seite kommen und führen bei Nichterfüllung zu Enttäuschungen, Frustration und erhöhtem Konfliktpotenzial. Auch unausgesprochene Wünsche und Bitten können sich zu einer Unzufriedenheit aufstauen, die eine Beziehung auf Dauer belasten. Hierzu können Ihnen die Tipps im Kap. 4.2 (*"Stressprävention durch verbesserte Kommunikation"*) helfen, Ihre Bedürfnisse in Zukunft besser zu artikulieren. Sozialer Rückhalt und soziale Unterstützung gewinnt für Sie besonders bei einer längeren wissenschaftlichen Arbeit (z. B. der Erstellung einer wissenschaftlichen Hausarbeit oder Thesis) an Bedeutung, denn gerade diese Phasen sind von einer gewissen sozialen Isolation gekennzeichnet. Konzentrieren Sie sich voll und ganz auf diese Arbeit, haben soziale Kontakte oft das Nachsehen. Belastbare Beziehungen, die in Momenten des Selbstzweifels, in Krisen oder bei Niedergeschlagenheit vorhanden sind, sorgen dafür, dass Sie sich aufgefangen fühlen. Die Erstellung einer wissenschaftlichen Arbeit ist mit unterschiedlichen Phasen und Herausforderungen verbunden (vgl. Kruse 2000). Das soziale Umfeld kann in jeder Phase dazu beitragen, Stress zu vermeiden.

- **Zu Beginn des Schreibprozesses**: Sie haben eine grobe Idee und sind hoch motiviert. In dieser Phase sind Sie meist euphorisch. Das Schreiben geht Ihnen leicht von der Hand. Der Austausch mit anderen Studierenden (mitunter erfahrenen Studierenden) und Tutoren kann Ihnen in dieser Phase nicht nur dabei helfen, neue Ideen zu generieren, sondern auch Ihre Idee zu präzisieren. Eine große Herausforderung in dieser Phase ist es, dass Sie ggf. zu komplex denken und Ihr Ziel und Ihr Konzept nicht klar genug vor Augen haben. Denken Sie daher daran, dass Ihnen ein klares Ziel die Bearbeitung wesentlich erleichtert und ein zu breit gefasstes Thema zur oberflächlichen Bearbeitung verführt.
- **Während des Schreibprozesses**: Es kann vorkommen, dass Sie unzufrieden sind, mit dem was Sie geschrieben haben oder dass Sie der Meinung sind, in einzelnen Schreibetappen zu wenig geschrieben zu haben. Auch kann vorkommen, dass Sie eine Schreibblockade haben, allerdings stehen Schreibblockaden oft in einem engen Zusammenhang mit psychischen oder lebenspraktischen Problemen im beruflichen oder privaten Umfeld (vgl. Pohl 2005). Bei einem Schreibprozess ist es wichtig zur klären, warum der Schreibprozess stockt. Nehmen Sie in einem solchen Fall eine bewusste Auszeit, um ungeklärte Dinge

4.6 Stressprävention durch die Inanspruchnahme von Unterstützungen

im sozialen Umfeld zu bereinigen, zu akzeptieren, Abstand zu gewinnen und wieder Energie aufzutanken (vgl. Ruhmann 1995). Setzen Sie sich nicht unter Druck „*Ich muss das Blatt füllen…*" und verfallen Sie nicht in Perfektionismus „*Das klingt noch immer nicht gut genug*", denn Schreiben ist ein Prozess, gute Arbeiten brauchen Zeit. Der (Erfahrens-)Austausch mit Ihrem sozialen Umfeld und Ihren Studienkollegen trägt zur Ermutigung bei. Vergleichen Sie sich dabei nicht mit anderen, da Sie Ihren ganz eigenen Rhythmus und Stil haben.

- **Zum Schluss des Schreibprozesses**: Auch diese Phase hält angesichts bestehender Abgabefristen mitunter einige Herausforderungen parat, die Sie gemeinsam mit Ihrem sozialen Umfeld besser meistern können. Beispielsweise kann Zeit eingespart werden, indem Sie Ihre Texte auch von fachfremden Personen gegengelesen lassen. Dadurch werden auch häufige Fehler (Rechtschreibung, Grammatik, Zitation, Füllwörter etc.) vermieden. So dass Sie in Ruhe Zeit finden können, noch einmal Ihr Gesamtwerk zu reflektieren und Ihre Einleitung, Zielsetzung und Ihren Schluss aufeinander abzustimmen. Haben Sie Ihre Arbeit allerdings einmal abgegeben, sollten Sie nicht mehr in Ihr Dokument schauen, um sich nicht unnötig Sorgen zu machen.

In Kommunikation mit anderen Fernstudierenden können Sie über den Online-Campus Ihrer Hochschule, über soziale Netzwerke, das Telefon oder auch über moderne Kommunikationsformen, wie z. B. WhatsApp, Skype oder TeamView, treten. Der frühzeitige Aufbau von Beziehungen zu Ihren Mitstudierenden, kann Ihnen zudem von Vorteil sein, wenn Sie während Ihres Fernstudiums ein Gruppenprojekt absolvieren müssen. So haben Sie bereits vorgesorgt und können stressfrei Ihr Projekt mit Ihrem Lernpartner beginnen.

Für die Qualität Ihrer Leistungen ist auch eine lernförderliche Umgebung verantwortlich. Frische Luft, eine angenehme Raumtemperatur sowie eine ausreichende Beleuchtung sind lernförderlich und steigern das Wohlbefinden. Ob Sie Ihren Lernarbeitsplatz dabei mit Blumen, Bilder oder ähnlichem schöner gestalten oder es eher nüchtern lieben, bleibt eine persönliche Geschmacksache. Wichtig ist, dass Sie sich wohlfühlen und Ihren Lernarbeitsplatz nicht überfrachten. Gewissenhafte Arbeiten (z. B. das reine Lesen von Studienheften) können Sie theoretisch auch in angenehmerer Atmosphäre im Wohnzimmer vornehmen. Dies setzt voraus, dass Sie dort Ruhe haben und sich konzentrieren können. An welchem Ort Sie am effektivsten lernen bzw. schreiben und entspannen können, sollten Sie an Ihrem Verhalten beobachten.

▶ **Merksatz** Gestalten Sie sich den Lernarbeitsplatz so, dass eine angenehme und lernfördernde Atmosphäre geschaffen wird! Dies kann die gemütliche Couch, der Schreibtisch oder eine öffentliche Bibliothek sein! Variieren Sie Ihre lernfördernden Wohlfühlorte, um herauszufinden, wo Sie sich am wohlsten fühlen.

4.6.3 Falscher Stolz: Hilfe annehmen heißt Stärke zeigen

Sie haben gesehen, dass es viele Möglichkeiten gibt, Unterstützung in Anspruch zu nehmen und sozialen Rückhalt zu erfahren. Die Voraussetzung ist, dass Sie die vielfältigen Möglichkeiten, die Ihnen zur Verfügung stehen, nutzen und sich nicht aus falschem Stolz und Schamgefühl davon abhalten lassen. Externe Hilfe anzunehmen, ist kein Zeichen der Schwäche, sondern die Fähigkeit, seine eigenen Grenzen zu kennen und gut einschätzen zu können. Gegenseitige Hilfeleistungen sind feste Bestandteile unseres zwischenmenschlichen Miteinanders und ermöglicht es uns erst, gemeinsame Erfolge zu erzielen.

> **Beispiel**
> Nicole ist eher eine Einzelkämpferin, bis jetzt hat sie die ersten Prüfungen alle erfolgreich gemeistert. Jetzt stößt sie bei Statistik auf ihre Grenzen. Ihr Studienkollege Frank liebt Statistik und möchte Nicole gerne helfen, die dankend ablehnt und es alleine schaffen will. Es fällt ihr immer schwerer, Frank um Hilfe zu bitten, was ihr zu schaffen macht.

Wir sehen an dem Beispiel: Falscher Stolz ist kontraproduktiv. Daher lohnt es sich, dieses Gefühl zu hinterfragen. Nicoles *„auf Stolz basierende Gedanken"* resultieren auf der Annahme *„Ich bin intelligent, habe es bis jetzt alleine geschafft und werde auch zukünftig meine Probleme selbst lösen"*. Würde sie ausgewogen denken, so würde sich Nicole sagen: *„Selbst die klügsten Menschen brauchen gelegentlich Hilfe und ich kann froh und dankbar sein, dass Frank mich hier unterstützen kann."* Würde sie ihren Stolz überwinden und sich darüber bewusst werden, welche Vorteile mit der Inanspruchnahme der angebotenen Hilfe verbunden sind, dann wäre sie in der Lage, ihren problematischen Stolz zu neutralisieren.

Seien Sie nicht zu stolz, Hilfe anzunehmen und reflektieren Sie, wie es um Ihr persönliches Stolzgefühl bestellt ist.

> **Übung**
> Denken Sie darüber nach, ob auch Sie möglicherweise darauf verzichten, Hilfe in Anspruch zu nehmen, weil Ihnen Ihr eigener Stolz im Wege steht. Wann ist

dies der Fall? Welche Gedanken kommen Ihnen dabei und welche Vorteile verschenken Sie sich dabei mitunter?

Situation, in der Unterstützung hilfreich (gewesen) wäre:	
Meine auf Stolz basierenden Gedanken	Meine ausgewogenen Gedanken
Meine Vorteile, wenn ich Unterstützung in Anspruch nehme:	

(vgl. Branch & Wilson, 2010)

▶ **Merksatz** Zögern Sie nicht, andere Menschen um Hilfe zu bitten und den Rat anderer anzunehmen, aber zögern Sie auch nicht, Hilfe zu leisten.

Wir sollten uns, wenn wir Hilfe geben und nehmen, bewusst darüber werden, welche positiven oder negativen Emotionen wir auslösen können. Angebotene und nicht angenommene Hilfeleistungen können bei unserem Gegenüber auch als emotionale Ablehnung wahrgenommen werden und die Bereitschaft für eine zukünftige Unterstützungsleistung schmälern.

4.6.4 Handlungsplan

In diesem Kapitel haben Sie abschließend einen Überblick über die mannigfaltigen Unterstützungsmöglichkeiten in Ihrem Fernstudium erhalten.

Handlungsplan
Um Entlastung zu erfahren und Unterstützung stärker in Anspruch zu nehmen, plane ich für die *nächste Woche* Folgendes:

1. Ich werde vermehrt darauf achten, angebotene Unterstützung stärker in Anspruch zu nehmen!

2. In Situationen, in denen mein Stolz mich bisher daran gehindert hat, Unterstützung anzunehmen, werde ich meine auf Stolz basierenden Gedanken durch ausgewogenen Gedanken ersetzen.

3. In Situationen, in denen ich aus Stolz Hilfe abgelehnt habe, werde ich mir bewusst, welche Vorteile für mich damit verbunden sind!

    ☐ mehrmals täglich
    ☐ einmal täglich
    ☐ alle zwei Tage

4. Ich mache mir bewusst, welche negativen Gefühle es bei meinem Gegenüber auslösen kann, wenn ich seine Hilfe ablehne!

4.7 Stressprävention durch effektives Selbstmanagement

Sie haben in den letzten Kapiteln unterschiedliche Umsetzungstipps an die Hand bekommen. Wir möchten Ihnen an dieser Stelle komprimiert die einzelnen Kompetenzbereiche gegenüberstellen, um Ihnen mithilfe von aktivitätsorientierten Kompetenzen dabei zu helfen, sich selbst besser zu „managen" und Ihnen bei der Verwirklichung Ihres Studienziels zu helfen. Hierzu sind Selbstmanagement-Kompetenzen erforderlich, denn *Selbstmanagement* kann als gezielte, selbstgesteuerte und eigenverantwortliche Entwicklung Ihres Lebens beschrieben werden, bei der Sie die Richtung bestimmen (vgl. Jäger 2007). Daraus folgt, dass Sie Ihre persönlichen Ziele und Schwerpunkte selbst setzen, in denen Sie sich persönlich zur Stressreduktion weiterentwickeln möchten.

Gehen Sie daher noch einmal in sich, wenn Sie Tab. 4.3 betrachten, um zu reflektieren, in welchen Bereichen Sie noch Optimierungsbedarf sehen. Orientieren Sie sich dabei ggf. an dem Inhaltsverzeichnis und den definierten Lernzielen aus den einzelnen Hauptkapiteln. Denken Sie daran, dass die einzelnen Kompetenzbereiche sowohl einen positiven Einfluss auf Ihr persönliches Stressmanagement als auch auf das Management Ihres Fernstudiums haben können. Die Grenzen sind fließend und damit ist der persönliche Nutzen aus diesem Ratgeber für Sie vielfältig.

Tab. 4.3 Beispielhafte Übersicht über Stressmanagement-Kompetenzen

Personale Kompetenz	☐ Schärfung der eigenen Wahrnehmung für persönliche Stressoren, für körperliche und psychische Signale und Erholungsbedürftigkeit ☐ Fähigkeit, negative Gedanken zu relativieren ☐ Erkennen der Sinnhaftigkeit von Verhaltensveränderung ☐ Fähigkeit, eigene Bedürfnisse stärker wahrzunehmen ☐ Fähigkeit, innere Genussverbote zu relativieren ☐ Fähigkeit, eine selbstfürsorgliche Einstellung zu entwickeln
Methodische Kompetenz	☐ Stressbewältigungsstrategien ☐ Methoden zur gewaltfreien Kommunikation ☐ Methoden zur kurz- und langfristigen Entspannung ☐ Methoden zum besseren Zeitmanagement
Fachliche Kompetenz	☐ Wissenszuwachs über Stress, Stressoren und Ressourcen ☐ Wissenszuwachs zum Thema Ernährung, Bewegung und Schlaf ☐ Wissenszuwachs im Bereich Entspannung und Erholung
Sozial-kommunikative Kompetenz	☐ Fähigkeit, eigene Bedürfnisse stärker zu äußern und Nein zu sagen ☐ Fähigkeit, gewaltfrei zu kommunizieren ☐ Fähigkeit, Bitten verständnisvoll zu artikulieren ☐ Fähigkeit, externe Hilfe anzunehmen

Die unterschiedlichen Kompetenzen die Sie aufbauen können, sind stark miteinander verknüpft und die Erlernung verlangt Geduld von Ihnen. Die gute Nachricht ist, alle Fähigkeiten, die Sie für ein stressfreies Fernstudium benötigen, sind erlernbar und zwar – wie die Hirnforschung belegt – bis ins hohe Alter. Der Fachbegriff Neuroplastizität beschreibt die Fähigkeit, aktivierte Nervenzellenverschaltungen zu erzeugen, indem wir unser Gehirn immer wieder auf die gleiche Weise benutzen. Der Neurobiologe Gerald Hüther beschreibt diesen neuronalen Vorgang, der sich in unserem Gehirn vollzieht, bildhaft mit der Bahnung eines Feldweges hin zu einer Autobahn (vgl. Hüther 2013). Das heißt, umso mehr Sie sich mit etwas beschäftigen, desto schneller verschalten die neuronalen Netze, z. B. bei Themen aus dem Fernstudium. Zugegeben, Sie können den Aufbau und die Entwicklung von Kompetenzen nicht über Nacht erwarten, aber die Mut machende Erkenntnis dabei ist, dass jeder von uns Kompetenzen während eines Lernprozesses erlernen kann, mögen sie zu Anfang auch noch so schwierig erscheinen.

Wie schnell sich diese Bahnungen vollziehen, ist vor allem abgängig davon, wie unsere emotionale Beteiligung ist. Denn wenn wir unsere Aufmerksamkeit auf ein angestrebtes Ziel richten und persönliche Begeisterung verspüren, strengen wir uns nicht nur besonders an, sondern es werden eine Menge neuronale Netzwerke durch den Ausstoß von neuronaler Botenstoffe (beispielsweise Adrenalin, Dopamin, Endorphine und Enkephaline) aktiviert (vgl. Hüther 2011). Die emotionale Beteiligung ist dafür verantwortlich, dass unsere Nervenzellen insbesondere solche Eiweiße herausstellen, die für die Herausbildung neuer Nervenzellenverschaltungen benötigt werden. Die Begeisterung für ein Thema oder ein Ziel kann also als eine Art Dünger für das Gehirn verstanden werden. Entsprechend sind es nicht Routinehandlungen und Belanglosigkeiten, die uns zu Höchstleistungen anspornt, sondern all das, was uns aufgrund unserer eigenen, subjektiven Bewertungen wichtig und bedeutsam erscheint (vgl. Hüther 2011).

Doch nicht alles ist für uns im Leben bedeutsam, machen Sie sich einmal Gedanken darüber, welchen Sinn Sie bestimmten Handlungen oder Aufgaben im Fernstudium geben. Dies können Sie tun, indem Sie einen direkten oder indirekten Bezug zu der zu erlernenden Materie herstellen. Einen persönlichen Bezug können Sie herstellen, wenn Sie eine innere Neugier, beispielsweise durch eigene Erfahrungen (z. B. mit bestimmten Themen oder Branchen, wie im Gesundheitswesen), haben. Auf der indirekten Ebene kann Begeisterung entstehen, wenn z. B. im Vordergrund steht, sich mit dem Studium einen Traum zu verwirklichen, den eigenen Kindern ein gutes Vorbild zu sein, sich nach dem Studium selbstständig zu machen oder den Traumberuf zu ergreifen.

Sind ausreichende Begeisterung und Motivation vorhanden, stellen Selbstmanagement-Techniken ein wichtiges Hilfsmittel zur Verwirklichung der eigenen Ziele dar. Dabei sollten Sie sich auf das für Sie Wichtige konzentrieren, nicht zu viel auf einmal von sich verlangen und schon gar nicht in eine Art „Tempofalle" tappen, indem Sie sich zu stark unter Druck setzen, um die Früchte Ihrer Bemühungen schnell ernten zu wollen. Langfristig wirkt sich Ihre „Investition" in ein gutes Selbstmanagement nicht nur auf Ihre Lebensqualität und Ihr gesundheitliches Wohlergehen, sondern auch positiv auf Ihr persönliches Zeitmanagement und damit Stressmanagement aus, da Sie Ihre Handlungen zielgerichteter angehen werden. Dabei sollten Sie bereit sein, mit Ihrem eigenen Verhalten zu experimentieren, denn Selbstmanagement stellt auch eine Art „Trial and Error"-Prozess dar, an dem Sie lernen und wachsen.

Abbildung 4.5 zeigt Ihnen, aus welchen klassischen Bestandteilen Ihr persönliches Selbstmanagement-Projekt bestehen sollte.

> **Beispiel**
>
> Alexander steht am Anfang seines Fernstudiums. Gerade die ersten beiden Module begeistern ihn sehr. Er kann sich zwischen Kommunikation und Projektmanagement gar nicht entscheiden, weil er beide Themen spannend findet. So arbeitet er mal das eine, mal das andere Studienheft durch. Florian hat sich hingegen ganz auf Kommunikation konzentriert, sich einen konkreten Plan für das Seminar und die Prüfung gesetzt, konnte sein erstes Ziel schon erreichen und das erstes Erfolgserlebnis feiern. Alexander hat noch keine Prüfung abgelegt und setzt sich nun unter Druck.

4.7 Stressprävention durch effektives Selbstmanagement

1. Ziele formulieren	• Welches Ziel (inkl. Teilziele) wollen Sie angehen?
2. Aktivitäten analysieren	• Haben Sie eine To-Do-Liste erstellt?
3. Aufwand abschätzen	• Haben Sie den Aufwand abgeschätzt und Pufferzeiten eingeplant?
4. Entscheiden	• Was ist wichtig? Was ist dringend?
5. Planen	• Haben Sie Ihre Ziele
6. Ausführen	• Wo treffen Abweichungen auf?
7. Auswerten	• Was haben Sie erledigt? Was sind die Ursachen für Abweichungen?

Abb. 4.5 Methodik des effizienten Arbeitens (vgl. Jakoby 2013)

Wir sehen an diesem Beispiel, dass Selbstmanagement sowohl für die persönliche Entwicklung als auch für die Selbstorganisation des Studiums und für das Stressmanagement entscheidend ist. Dabei haben wir gesehen, dass sich beim Selbstmanagement zwei zentrale Herausforderungen ergeben: Erstens sich für spezifische Ziele und Prioritäten zu entscheiden (Entscheidungsproblem) und zweitens sich den wichtigsten Aufgaben anzunehmen und diese konsequent auszuführen (Planungsproblem, vgl. Weisweiler et al. 2013). Das bedeutet im Einzelnen:

1. Entscheidungsproblem: Legen Sie konkrete Ziele und Prioritäten fest (vgl. Koch und Kleinmann 2002). Tun Sie dies nicht, kann dies dazu führen, dass Sie mitunter Aufgaben verschieben und wertvolle Zeit verschwenden.
2. Planungsproblem: Erstellen Sie einen Aktions- bzw. Handlungsplan, indem Sie Ihre Ziele auf kleinere Teilziele herunterbrechen. Tun Sie dies nicht, laufen Sie Gefahr, den Zeitaufwand für zukünftige Aufgaben zu unterschätzen, da wir im Allgemeinen dazu neigen, den Aufwand für erledigte Aufgaben im Nachhinein geringer einzuschätzen (vgl. Kahnemann und Tversky 1979).

Um einen konkreten Handlungsplan für sich zu erstellen, um sich „selbst zu managen" ist es wichtig, dass Sie zuerst Bilanz ziehen, in welchen Bereichen Sie Veränderungsprozesse anstoßen wollen und dass Sie sich Ihres übergreifenden „Projektziels" bewusst werden. Ziele, die Sie sich setzen, sollten nach der bekannten SMART-Regel (Abb. 4.6) des Management-Vordenkers Peter Ferdinand Drucker definiert werden. Denn umso konkreter Sie Ihre Ziele definieren, desto wahrscheinlicher ist die Umsetzung.

Ihre Ziele sollten zudem Ihr Kohärenzgefühl (*„sense of coherence"*, kurz „SOC") unterstützen, denn aus der Sicht des Begründers des Salutogenese-Konzepts, Aaron Antonovsky, ist das Kohärenzgefühl ein dynamisches Gefühl des

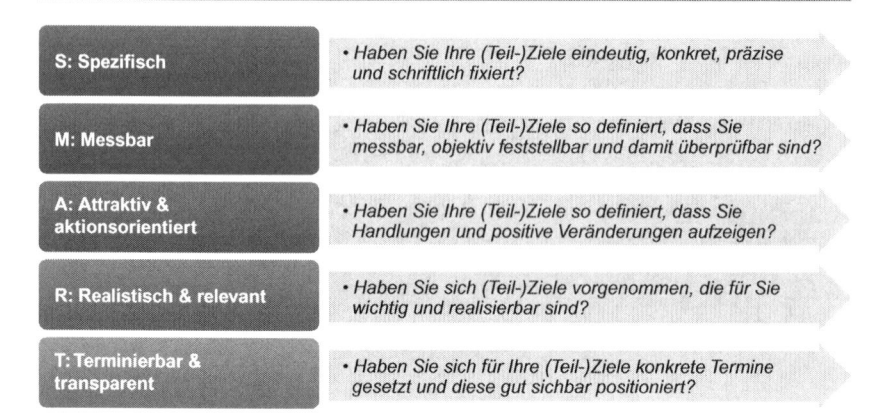

S: Spezifisch	• Haben Sie Ihre (Teil-)Ziele eindeutig, konkret, präzise und schriftlich fixiert?
M: Messbar	• Haben Sie Ihre (Teil-)Ziele so definiert, dass Sie messbar, objektiv feststellbar und damit überprüfbar sind?
A: Attraktiv & aktionsorientiert	• Haben Sie Ihre (Teil-)Ziele so definiert, dass Sie Handlungen und positive Veränderungen aufzeigen?
R: Realistisch & relevant	• Haben Sie sich (Teil-)Ziele vorgenommen, die für Sie wichtig und realisierbar sind?
T: Terminierbar & transparent	• Haben Sie sich für Ihre (Teil-)Ziele konkrete Termine gesetzt und diese gut sichtbar positioniert?

Abb. 4.6 SMART-Regel (vgl. Drucker 1954)

Vertrauens, das dafür verantwortlich ist, wie souverän wir mit neuen Herausforderungen umgehen, da wir wissen, dass wir über ausreichend eigene Ressourcen zur Bewältigung verfügen (vgl. Antonovsky 1997). Mit anderen Worten: Je kohärenter Sie sind, umso wahrscheinlicher wird Ihr Erfolg im Projekt Fernstudium. Zielsetzungen, die Sie definieren, sollten sich daher daran orientieren, wie stark Ihr optimistisches Vertrauen in sich selbst und Ihre Umwelt ist. Dabei besteht das Kohärenzgefühl aus drei Kompetenzbereichen, die eng miteinander verknüpft sind (vgl. Antonovsky 1997), deren daraus resultierende Fragestellungen Sie bei der Definition Ihrer Ziele reflektieren sollten:

- Gefühl der Verstehbarkeit beziehungsweise Durchschaubarkeit („sense of comprehensibility"): Verstehbarkeit heißt, dass wir eintretende Ereignisse nachvollziehen und innerhalb der eigenen Welt einordnen können. Ihre Ziele sollten daher die folgende Frage berücksichtigen: *„Habe ich das Gefühl, dass ich vorhersehen kann, dass ich mein Ziel erreiche?"*
- Gefühl der Handhabbarkeit beziehungsweise Bewältigbarkeit beziehungsweise Beeinflussbarkeit („sense of manageability"): Handhabbarkeit heißt, dass wir davon überzeugt sind, die Herausforderung bewältigen zu können, aus eigener Kraft oder mit der Unterstützung des sozialen Umfelds. Ihre Zieldefinition sollte daher folgende Frage berücksichtigen: *„Habe ich das Gefühl, dass ich mein Ziel bewältigen kann und über genügend Ressourcen zur Erreichung des Zieles verfüge?"*
- Gefühl der Sinnhaftigkeit beziehungsweise Bedeutsamkeit („sense of meaningfulness"): Sinnhaftigkeit heißt, dass wir die Herausforderung, die wir annehmen und in die wir investieren als sinnvoll empfinden. Ihre Zieldefinition sollte fol-

gende Frage berücksichtigen: *„Habe ich das Gefühl, dass die Erreichung des Zieles für mich stimmig und von Bedeutung ist?"*

Entwickeln Sie nun Ihren konkreten Aktions- und Handlungsplan und definieren Sie Ihre persönlichen Vorhaben unter Berücksichtigung der SMART-Regel und der drei Fragen zur Sicherstellung einer hohen persönlichen Kohärenz!

> **Übung**
>
> Formulieren Sie ein übergreifendes Ziel und entsprechende Teilziele nach der SMART-Regel: Beginnen Sie immer mit dem Wort „Ich", damit Sie sich mit Ihren Zielen maximal identifizieren können. Machen Sie sich klar, welche Bedeutung das jeweilige Ziel für Sie hat. Worüber freuen Sie sich oder worauf sind Sie stolz, wenn Sie dieses Ziel erreicht haben?
>
> Überlegen Sie, wie Sie sich belohnen wollen, wenn Sie das Ziel erreicht haben!

Mein übergreifendes Ziel ist ...	Dieses Ziel zu erreichen bedeutet für mich ...
Ich ...	Ich freue mich bzw. ich bin stolz ...
	und belohne mich ...
Um mein übergreifendes Ziel zu erreichen, setze ich mir folgende Teilziele ...	Dieses Ziel zu erreichen bedeutet für mich ...
1. Teilziel: Ich ...	Ich freue mich ...
	und belohne mich ...
2. Teilziel: Ich ...	Ich freue mich ...
	und belohne mich ...
3. Teilziel: Ich ...	Ich freue mich ...
	und belohne mich ...
4. Teilziel: Ich ...	Ich freue mich ...
	und belohne mich ...

Nun haben Sie Ihr Ziel definiert. Reflektieren Sie, ob Sie die SMART-Regel wirklich befolgt haben. Sind Ihre Ziele positiv als Annährungsziele und nicht als Verneinungsziele formuliert (siehe Kap. 4.3.2 *„Wirkungsvolle Ziel- und Prioritätensetzung im Fernstudium"*)? Haben Sie auf Verallgemeinerungen (wie „immer", „nie" etc.) verzichtet, da sie oft unrealistisch sind? Sind die Ziele messbar und enthalten damit keine unspezifischen Vergleiche (wie „besser", „weniger", „schneller", „mehr")? Ein Beispiel für ein übergreifendes Ziel wäre: *„ Ich bin stolz darauf, am 31. Dezember übernächsten Jahres meinen Studienabschluss mit einem Notendurchschnitt von 2,5 in der Tasche zu haben."*

Teilziele für das übergreifende Ziel könnten sein:

1. **Teilziel:** „Ich werde das Modul Betriebswirtschaft bis Ende Juni dieses Jahres mit mindestens der Note 3 abgeschlossen haben. Dieses Modul ist für mich eine bedeutende Wissensbasis für alle weiteren Module für meine berufliche Weiterentwicklung."
2. **Teilziel:** „Ich werde meine Hausarbeit mit dem Thema XY noch in diesem Jahr mit der Note 2 fertigstellen, da mich dieses Thema interessiert und ich einen direkten Bezug zu meiner beruflichen Tätigkeit herstellen kann."
3. **Teilziel:** „Ich werde meine Abschlussarbeit (zum Thema YZ) im August übernächsten Jahres starten. Das Thema ist für mich beruflich wichtig, da mein Arbeitgeber mir eine neue Abteilung hierzu aufbaut und ich mein Wissen konkret einbringen kann."

Ihre persönlichen Herausforderungen (und die dazugehörigen Belohnungen) sollten Sie immer verschriftlichen und visualisieren! Besteht Ihre Belohnung beispielsweise darin, nach Ihrem gelungenen Abschluss mit dem Wohnmobil durch Europa zu fahren, dann hängen Sie sich zur Selbstmotivation ein entsprechendes Poster neben Ihrem Schreibtisch auf. Visualisierungen können Sie dabei in Form einer geistigen Vorwegnahme (mentalem Training) durchführen, um Ihre Wünsche in die Tat umzusetzen und sich besser zu managen.

Wenden Sie die Visualisierungs-Technik zur Lern- und Leistungssteigerung, der Gewinnung von Selbstsicherheit und der Stressreduzierung an, gibt es bestimmte Voraussetzungen, die die Wirkung solcher Übungen verstärken. Daher sollten Sie bei der Anwendung die folgenden Aspekte beherzigen (Alfermann und Stoll 2011):

1. *Wenn man sich an einem ruhigen Ort befindet, frei von jeglicher Ablenkung.*
2. *Wenn das Gemüt und die Sinne ausgeglichen sind und der Körper entspannt ist.*

4.7 Stressprävention durch effektives Selbstmanagement

3. Wenn *Gefühle, Gedanken und Wünsche oder Sehnsüchte beiseitegelegt werden können, die keinen Bezug zum geistigen Vorstellungsbild haben.*
4. *Wenn in Farben visualisiert wird.*
5. *Wenn in so vielen Einzelheiten wie möglich visualisiert wird.*
6. *Wenn man sich die eigenen Sinne zunutze machen kann: Riechen, Tasten, Fühlen und Hören.*
7. *Regelmäßige Wiederholungen und Übungen.*

Beispiel

Leoni steht vor einer wichtigen mündlichen Prüfung, natürlich ist sie aufgeregt, da sie den Vortrag vor einer größeren Gruppe halten muss. Ein Freund gibt ihr den Tipp, eine aus der u. a. Sportpsychologie gängige Methode anzuwenden: Die Visualisierung. Sie stellt sich die Situation in allen Einzelheiten vor und spielt den Vortrag und den anschließenden Applaus der Gruppe mehrfach im Detail – Folie für Folie – durch. Nach einem zusätzlichen Probevortrag fühlt sie sich selbstsicher, so dass sie sich jetzt sogar auf die Prüfung und die Herausforderung freut. Da sie die Technik nun beherrscht, sich so intensiv mit den Inhalten und möglichen Fragen des Publikums auseinandersetzen kann, wendet Leoni diese auch für wichtige Präsentationen im Berufsalltag an.

▶ **Merksatz** Besonders effektiv ist das mentale Training vor dem Einschlafen, da angenommen wird, dass die Gedächtnisinhalte aus dem Kurzzeitgedächtnis während der Tiefschlafphasen in das Langzeitgedächtnis überführt werden (vgl. Debarnot et al. 2009).

Geht es darum, dass Sie bei Ihrem Selbstmanagement-Projekt Ihre Pläne in die Realität umsetzen, konzentrieren Sie sich ausschließlich auf Ihr erstes Teilziel und blenden Sie alles andere vollkommen aus. Sprechen wir über die Konzentration auf das Wesentliche, ist die Einschätzung des Zeitaufwands bedeutend. Dabei ist zu bedenken, dass gemäß des aus der Volkswirtschaft bekannten ersten Gossens´chen Gesetzes des abnehmenden Grenznutzens der Nutzen einer Zeitinvestition (beispielsweise für eine aufwendige Literaturrecherche) erst ansteigt und mit der Zeit wieder abnimmt (vgl. Heine und Herr 2013). Entsprechend wird der zusätzliche Nutzen bei einer laufenden Erhöhung der investierten Zeit immer kleiner. Das heißt, dass es ein Optimum gibt, bei der sich der Aufwand und der Nutzen aufwiegt. Merken Sie beispielsweise bei einer Literaturrecherche, dass Sie zuerst sehr viel interessante Literatur für Ihre Hausarbeit finden, kommen Sie nach ein paar Wochen an einem Punkt an, an dem Sie keine wirklich weitere Literatur mehr finden. Es macht daher Sinn, dass Sie Ihre Literaturrecherche zeitlich terminieren, um sich nicht in der Recherche und in Ihrem persönlichen Perfektionismus zu verlieren. Das Pareto-Prinzip (oder 20:80-Formel oder Prinzip der Hebelwirkung) erleichtert die Prioritätensetzung. Dieses geht auf den französisch-italienischen Volkswirtschaftler und Soziologen Vilfredo Pareto zurück, der feststellt hat, dass 20 % der Bevölkerung Italiens 80 % des Volksvermögens besaßen (vgl. Weissman et al. 2014). Die 20:80-Formel lässt sich auf viele Bereiche, auch auf das Zeitmanagement anwenden. Achten Sie daher darauf, welches Ziel Sie verfolgen, wie viel Zeit Sie für die Erreichung des Zieles investieren möchten und welche Prioritäten Sie setzen.

Zur Reflexion der Prioritätensetzung ist die Auseinandersetzung mit der bekannten Eisenhower-Regel hilfreich. Der Namensgeber war der amerikanische General und 34. Präsident der Vereinigten Staaten Dwight D. Eisenhower, von dem angenommen wird, dass er dieses Entscheidungsraster entwickelt hat (vgl. Kaluza 2011). Es hilft Ihnen dabei, anfallende Aufgaben im Studium, im Beruf und im Privatleben anhand einer Vier-Felder-Matrix (Abb. 4.7) nach ihrer Dringlichkeit und Wichtigkeit zu priorisieren.

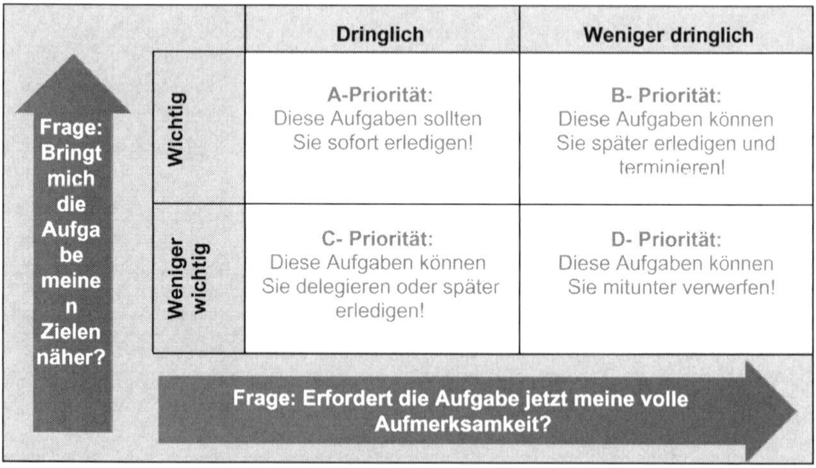

	Dringlich	Weniger dringlich
Wichtig	**A-Priorität:** Diese Aufgaben sollten Sie sofort erledigen!	**B-Priorität:** Diese Aufgaben können Sie später erledigen und terminieren!
Weniger wichtig	**C-Priorität:** Diese Aufgaben können Sie delegieren oder später erledigen!	**D-Priorität:** Diese Aufgaben können Sie mitunter verwerfen!

Frage: Bringt mich die Aufgabe meinen Zielen näher?

Frage: Erfordert die Aufgabe jetzt meine volle Aufmerksamkeit?

Abb. 4.7 Eisenhower-Prinzip (vgl. Kaluza 2014)

4.7 Stressprävention durch effektives Selbstmanagement

Beispiel

Sebastian möchte sein Zeitmanagement verbessern und erstellt für sich eine persönliche Liste mit anstehenden Aufgaben. Er priorisiert die einzelnen Aufgaben seiner To-do-Liste nach der Dringlichkeit und Wichtigkeit für ihn so:
- Lernen für die morgige Klausur im Wirtschaftsmathematik (A-Aufgabe)
- Facebook-Freundschaftsanfrage eines Unbekannten beantworten (D-Aufgabe)
- Blusen und Hemden bügeln (C-Aufgabe)
- Geschenk für eine Freundin, die übernächste Woche Geburtstag hat, besorgen (B-Aufgabe)

Um seine To-do-Liste schnell abzuarbeiten, beantwortet er zuerst die Facebook-Freundschaftsanfrage, bestellt über Amazon ein Geschenk für seine Freundin, bügelt schnell die Hemden und stellt fest, dass ihm nun keine Zeit mehr zum Lernen für die anstehende Klausur bleibt. Er wird nervös und geht unruhig und gestresst ins Bett. Zwar hat Sebastian drei seiner Aufgaben der To-do-Liste erledigt, dabei ist jedoch die wichtigste und dringlichste Aufgabe auf der Strecke geblieben. Anstatt die Aufgaben in Kategorien einzuteilen, zu verschieben, zu delegieren oder ganz zu verwerfen, gerät er unter Druck. Die wichtige Erkenntnis für Sie ist: Reflektieren Sie Ihre Aufgaben, um mehr Zeit für wichtige Dinge zu haben.

Probieren Sie in der folgenden Übung das Eisenhower-Prinzip einmal selbst aus.

Übung

Erstellen Sie für den nächsten Tag eine persönliche To-do-Liste nach dem Eisenhower-Prinzip! Achten Sie darauf, dass Sie nicht nur Aufgaben aus dem Studium oder dem Privat- und Berufsleben, sondern auch wichtige persönliche Aufgaben, die Ihrer Erholung und persönlichen Gesundheit dienen, berücksichtigen!

	Dringlich	Weniger dringlich
Wichtig		
Weniger wichtig		

Frage (vertikal, links): Bringt mich die Aufgabe meinen Zielen näher?

Frage (horizontal, unten): Erfordert die Aufgabe jetzt meine volle Aufmerksamkeit?

Übung Eisenhower-Prinzip (vgl. Kaluza 2014)

Schauen Sie sich Ihre Tabelle noch einmal in Ruhe an. Gibt es Aufgaben, die weniger wichtig und weniger dringlich sind, die Sie komplett streichen können? Es bedarf zu Beginn etwas Mut, diese Aufgaben nicht anzugehen, aber schaffen Sie es, dann werden Sie für sich wesentlich mehr Freiräume haben.

Wie leicht oder schwer es Ihnen fällt, gesetzte Ziele anzugehen, hängt von Ihrer Motivation ab. Extrinsisch motivierte Menschen ziehen ihre Motivation eher aus äußeren Anreizen bzw. Vorteilen (z. B. Gehaltserhöhung), die sie mit dem Studium erwarten. Intrinsisch motivierte Menschen hingegen studieren aus eigenem inneren Antrieb, da das Studium ihnen innere Befriedigung verschafft und sie Spaß an der persönlichen Weiterentwicklung haben. Dabei stellen extrinsische und intrinsische Motivation keine Gegensätze dar, sondern jeder von uns ist mal mehr, mal weniger extrinsisch oder intrinsisch motiviert (vgl. Deci und Ryan 2000). Besonders bei der Veränderung fest verankerter Verhaltensweisen und Gewohnheiten, bedarf es einer hohen intrinsischen Motivation (vgl. Scherenberg und Greiner 2008). Um zu überprüfen, welche Motive bei Ihnen dominieren, an dieser Stelle eine kleine Übung.

Übung

Was treibt Sie an? Sind Sie es eher intrinsisch oder eher extrinsisch motiviert? Prüfen Sie welche Motivationsform bei Ihnen überwiegt und warum?

4.7 Stressprävention durch effektives Selbstmanagement

Extrinsisch motiviert: Ich studiere, weil ...	
mein Arbeitgeber oder meine Eltern es von mir erwarten!	O
ich mehr Geld verdienen möchte!	O
ich beruflich aufsteigen möchte!	O
ich Angst habe, sonst arbeitslos zu werden.	O
die meisten in meinem sozialen Umfeld studieren oder studiert haben.	O
Intrinsisch motiviert: Ich studiere, weil ...	
mich das Thema interessiert.	O
ich Spaß habe am Lernen.	O
ich mich persönlich weiterentwickeln möchte.	O
ich Zusammenhänge besser verstehen möchte.	O
ich meine Fähigkeiten und Handlungsmöglichkeiten erweitern möchte.	O

Wie Sie anhand der unterschiedlichen Aussagen sehen können, sind extrinsisch motivierte Menschen nicht nur stärker fremdgesteuert, sondern die Erreichung der Ziele hinter den jeweiligen Motiven befinden sich eher in weiterer zeitlichen Entfernung. Die Motive intrinsisch motivierter Menschen hingegen sind nicht nur stärker selbstbestimmt, sondern konzentrieren sich auch stärker auf das Jetzt und Hier. Diese Motive sind damit für Sie greifbarer und direkter zu befriedigen. Zudem kann davon ausgegangen werden, dass intrinsisch motivierte Menschen extrinsische Ziele (z. B. den Studienabschluss) eher verwirklichen, da die innere Begeisterung die Leistung positiv beeinflussen wird. Extrinsisch motivierte Menschen verfolgen eher oberflächliche Strategien zur Aufgabenbewältigung, orientieren sich an niedrigeren Qualitätsstandards und zeigen weniger Kreativität (vgl. Krapp und Ryan 2002). Die intrinsische Motivation wird dabei von drei wesentlichen Grundbedürfnissen beeinflusst (vgl. Deci und Ryan 2000), die Sie selbst mit beeinflussen können:

1. Erleben von Kompetenz: Fühlen Sie sich den Herausforderungen im Studium gewachsen und stehen diese in einem guten Verhältnis zu Ihren eigenen Fähigkeiten, steigert dies Ihre intrinsische Motivation. Damit Sie Selbstkompetenz

erleben können, heißt dies auch, beim ersten Problem nicht direkt die Flinte ins Korn zu werfen, sondern an sich zu glauben und auf Ihre positiven Lernfortschritte zu schauen. Nehmen Sie positive und konstruktive Rückmeldungen bewusst wahr und seien Sie stolz darauf.

2. Erleben von Autonomie: Das Autonomieerleben kann gleichgesetzt werden mit selbstbestimmtem Handeln aus freien Stücken. Machen Sie sich klar, dass es Ihr eigener Wunsch ist, sich zu verändern. Nehmen Sie die mannigfaltigen Wahlfreiheiten Ihres Lebens und innerhalb des Fernstudiums wahr, und machen Sie sich von wahrgenommenen Abhängigkeiten frei. Sie sind der Gestalter Ihrer Zukunft!

3. Erleben von sozialer Eingebundenheit: Sich zu sozialen Gruppen zugehörig zu fühlen, „sehen und gesehen werden", Respekt und Anerkennung von anderen Menschen zu erfahren, die mit gleichen oder ähnlichen Dingen beschäftigt sind (vgl. Reinmann und Bianco 2008), steigert ebenfalls die intrinsische Motivation. *Die Vernetzung mit anderen Studierenden und Gleichgesinnten und das Setzen von gemeinsamen Zielen steigert das Gefühl der sozialen Eingebundenheit.*

Unabhängig davon, was Sie motiviert, stellen Sie Ihre Ziele regelmäßig auf den Prüfstand. Es ist keine Schande, wenn Sie Ihre Ziele nicht erreicht haben. Wichtig ist nur, dass Sie sich neue Ziele setzen und eine Lernkontinuität zur Sicherstellung Ihres Studienziels gewährleisten. Sollten unvorhersehbare Ereignisse eintreffen, die Sie zu einer Pause zwingen (z. B. Schwangerschaft, Krankheit, Arbeitslosigkeit), so denken Sie daran, dass Sie bei Ihrer Hochschule immer auf Verständnis treffen und in der Regel für bestimmte Zeiträume (z. B. sechs Monate) kostenfrei pausieren können.

> **Merksatz** Ursprünglich gesetzte Ziele können sich mitunter ändern, daher kontrollieren Sie regelmäßig, ob Ihre Ziele Ihnen noch erstrebenswert erscheinen. Hierzu sollten Sie zu festen Terminen (z. B. monatlich) einen Soll-Ist-Vergleich vornehmen.

Setzen Sie Ihre Ziele und damit guten Vorsätze beziehungsweise neue Gewohnheiten nicht direkt in die Tat um, gibt es ein paar Tipps, die Ihnen helfen können nicht so schnell wieder in alte Verhaltensmuster zu verfallen (vgl. Isebaert 2005; Knoblauch et al. 2005):

- Ergreifen Sie möglichste jede Gelegenheit, um neue Gewohnheiten in die Tat umzusetzen. Mitunter kann es helfen, die neuen Ziele und Verhaltensänderun-

4.7 Stressprävention durch effektives Selbstmanagement

gen dem sozialen Umfeld anzukündigen, um tatkräftige Unterstützung durch Ermutigungen zu erhalten.
- Neue Gewohnheiten sollten sich möglichst von alten Gewohnheiten unterscheiden. Ist die neue Gewohnheit der alten sehr ähnlich, ist die Gefahr größer, dass man in alte Verhaltensmuster zurückfällt.
- Haben Sie Ihre neuen Gewohnheiten einmal umgesetzt, sollten diese konsequent beibehalten werden. Tun Sie dies nicht, so werden die alten Gewohnheitsmuster wieder die Oberhand gewinnen. Das Motto „Einmal ist keinmal" gilt hier nicht, da es umso schwieriger wird, je weniger Sie das Gefühl haben, Kontrolle über Ihr Verhalten zu behalten.
- Betrachten Sie einen Rückfall in alte Verhaltensmuster als eine Form, die Symptome zu kontrollieren (z. B. Sicherheitsbedürfnis). Schauen Sie sich einmal an, warum Sie gerade dieses oder jenes Vorhaben nicht umgesetzt haben und was der Auslöser für Ihren Rückfall war. Eine genaue Ursachenanalyse kann Ihnen helfen, in Zukunft neue Verhaltensweisen effektiver umzusetzen.

Sie haben in diesem Kapitel erfahren, wie Sie Ihre Vorhaben – sei es im Fernstudium oder die Anregungen aus diesem Praxisratgeber – umsetzen können. Rückschläge in Form von nicht eingehaltenen Vorsätzen sind dabei normal. Es bedarf einiger Zeit, bis wir neue Gewohnheiten etabliert haben. Sie wissen nun, wie wichtig es dabei ist, dass Sie am Ball bleiben und trotz Rückfälle in alte Gewohnheitsmuster konsequent Ihre Vorhaben weiterverfolgen. Wenn Sie einmal Gewohnheiten etabliert haben, sind diese auch nicht mehr so schnell veränderbar. Um sich selbst gut zu „managen" sind Sie nun in der Lage, sich realistische Ziele und Prioritäten zur Verwirklichung Ihres persönlichen Projektes „Fernstudium" zu setzen und können zwischen dringlichen und wichtigen Aufgaben unterscheiden. Auch können Sie jetzt einschätzen, was Sie motiviert und anspornt, um Ihr persönliches Belohnungssystem darauf abzustimmen.

Wie gewohnt, haben wir für Sie einen Handlungsplan erstellt, damit Sie Ihre Selbstmanagement-Kenntnisse konsequent umsetzen können.

Handlungsplan

Um meine persönlichen Ziele und Etappenziele zu erreichen, plane ich für die *nächste Woche* Folgendes:

1. Um meine Ziele und Etappenziele zu erreichen, werde ich diese konsequent verschriftlichen und visualisieren!

2. In Situationen, in denen ich das Gefühl habe, vom Weg abzukommen, mache ich mir meine Ziele bewusst und stelle einen neuen Aktions- und Handlungsplan auf!

3. In Situationen, in denen ich merke, dass zu viele Anforderungen auf mich einströmen, werde ich die Eisenhower-Methode anwenden!

    ☐ mehrmals täglich
    ☐ einmal täglich
    ☐ alle zwei Tage

4. Um meine Ziele zu erreichen, werde ich mir meinem übergreifenden Ziel und meinen Motiven – als Gestalter meines Lebens – bewusst.

Nachwort 5

Sie haben in diesem Praxisratgeber viel darüber gelernt, was Stress ist, wie sich Stress bei Ihnen bemerkbar macht, wie Sie mit Stress im Fernstudium umgehen und Stress langfristig vorbeugen können. Hierzu haben Sie in einer Vielzahl an Übungen die Möglichkeit gehabt, Ihre aktuelle Einstellung, Ihre Bedürfnisse und Ihre Verhaltensweisen zu reflektieren. Auch haben wir Ihnen eine Menge an praxisorientierten Tipps an die Hand gegeben. Als Fazit aus diesem Ratgeber sollten Sie vor allem mitnehmen, verstärkt auf Ihre eigenen Bedürfnisse zu hören und Ihre persönlichen Ziele verfolgen. Wie Sie wissen, ist das Erleben von Stress abhängig von der persönlichen Bewertung von Ereignissen, aus der Vergangenheit, der Gegenwart und der Zukunft.

Denn auf der Suche nach Anerkennung und Zuwendung anderer neigen wir allzu oft dazu, unsere eigenen Bedürfnisse und Ziele zu vernachlässigen und unsere Bewertung bewusst oder unbewusst danach auszurichten. Seelische Ausgeglichenheit können wir allerdings vor allem dann erreichen, wenn wir unser Glück nicht von anderen abhängig machen, wir damit „frei" sind und uns nicht ständig mit anderen vergleichen. Die daraus resultierte innere Zufriedenheit wirkt sich nicht nur positiv auf unser Verhalten, unser soziales Umfeld, sondern zudem auch auf unsere Gesundheit aus. Der Grund dafür, dass wir unsere Gesundheit im Alltag so oft vernachlässigen, liegt darin, dass wir die Konsequenzen unseres gesundheitsschädlichen Verhaltens – und damit auch Dauerstress – nicht unmittelbar spüren, da sich negative Gesundheitseinflüsse schleichend in uns vollziehen.

Gut, dass Sie sich entschlossen haben, durch die Beschäftigung mit „Stressmanagement im Fernstudium" pro-aktiv etwas für sich tun. Sie haben sehr viel gelernt, vermutlich aber auch schon vieles wieder vergessen und Ihre alten Gewohnheitsmuster wieder angenommen. Das ist vollkommen normal! Nehmen Sie sich daher stufenweise einige Ihrer persönlichen Gesundheits- und Wohlfühlprojekte – während Ihres Fernstudiums – vor, dazu können Sie jederzeit das Buch als

Hilfsmittel zur Hand nehmen. Hierzu können Sie ein persönliches Erfolgstagebuch erstellen, um sich immer wieder selbst zu motivieren! Dabei können Sie die gewonnenen Selbstmanagement-Kenntnisse zum einen für Ihre Fortschritte im Fernstudium, zum anderen zur Umsetzung stressreduzierender und damit gesundheitsschädlicher Verhaltensweisen nutzen. Wichtig ist, dass Sie am Ball bleiben, an sich glauben und nicht aufgeben, sobald die erste Schwierigkeit auftaucht. Denn besondere Herausforderungen könnten sich im Nachhinein noch als großer Glücksfall für Sie erweisen und durch Ihren besonnenen Umgang mit ihnen Ihre Selbstwirksamkeit und Resilienz steigern.

Wir wünschen Ihnen bei Ihrem Fernstudium alles Gute
und eine möglichst stressfreie Zeit!
Viviane Scherenberg & Petra Buchwald

Literatur

Aiello, L. C., & Wheeler, P. (1995). The expensive-tissue hypothesis: The brain and the digestive system in human and primate evolution. *Current Anthropology, 36*(2), 199–221.
Alfermann, D., & Stoll, O. (2012). *Sportpsychologie – Ein Lehrbuch in 12 Lektionen* (4. Aufl.). Aachen: Meyer & Meyer Verlag.
Allen, D. (2011). *Wie ich die Dinge geregelt kriege: Selbstmanagement für den Alltag* (14. Aufl.). München: Piper Verlag.
Allmer, H. (1996). *Erholung und Gesundheit*. Göttingen: Hogrefe Verlag.
Althaus, M. (2009). *Die Anti-Harvards – Wie Bildungskonzerne Amerikas Hochschulwesen revolutionieren*. Münster: Lit Verlag.
Antonovsky, A. (1997). *Salutogenese. Zur Entmystifizierung der Gesundheit*. Tübingen: dgvt-Verlag.
Aronson, E., Wilson, T. D., & Akert, R. M. (2004). *Sozialpsychologie*. München: Pearson Studium.
Bannink, F. P. (2012). *Praxis der Positiven Psychologie*. Bern: Hans Huber Verlag.
Barrabass, R. (2013). *Kerngebiete der Psychologie: Eine Einführung an Filmbeispielen*. Göttingen: Vandenhoeck & Rubrecht Verlag.
Bensberg, G. (2013). *Survival Guide Schreiben. Ein Schreibcoaching fürs Studium Bachelor-, Master- und andere Abschlussarbeiten*. Berlin: Springer.
Bernstein, D. A., & Borkovec, T. D. (1975). *Entspannungs-Training. Handbuch der progressiven Muskelentspannung*. München: Pfeiffer.
Bertelsmann Lexikon Institut. (2006). *Bertelsmann – Das neue Universal Lexikon*. Gütersloh: Wissen Media Verlag.
Bodemann, G. (1996). *Freiburger Stressbewältigungstraining. Trainer Manual*. Universität Freiburg.
Bodenmann, G. (1997). *Stress und Partnerschaft. Gemeinsam den Alltag bewältigen*. Bern: Hans Huber Verlag.
Bodenmann, G., & Gmelch, S. (2009). Stressbewältigung. In J. Markgraf & S. Schneider (Hrsg.), *Lehrbuch der Verhaltenstherapie* (3. Aufl., S. 617–630). Heidelberg: Springer.
Branch, R., & Wilson, R. (2010). *Übungsbuch Kognitive Verhaltenstherapie für Dummies*. Weinheim: Wiley.
Buchwald, P. (2011). *Stress in der Schule und wie wir ihn bewältigen*. Paderborn: Schöningh.
Buchwald, P. (2012). *Selbstbewusst ins Leben – Kinder und Jugendliche stärken, fördern, motivieren*. Paderborn: Schöningh.

Buchwald, P., Schwarzer, C., & Hobfoll, S. (Hrsg.). (2004). *Stress gemeinsam bewältigen*. Göttingen: Hogrefe Verlag.

Bundschuh, K. (2003). *Emotionalität, Lernen und Verhalten*. Bad Heilbrunn: Verlag Julius Klinkhardt KG.

Caplan, R. D., Cobb, S., French, J. R. P., Van Harrison, R., & Pinneau, S. R. (1982). *Arbeit und Gesundheit. Stress und seine Auswirkungen bei verschiedenen Berufen*. Bern: Hans Huber Verlag.

Csikszentmihalyi, M., Abuhamdeh, S., & Nakamura, J. (2005). Flow. In A. J. Elliot & C. S. Dweck (Hrsg.), *Handbook of competence and motivation* (S. 598–608). New York: Guilford Press.

Debarnot, U., Creveaux, T., Collet, C., Gemignani, A., Massarelli, R., Doyon, J., et al. (2009). Sleep-related improvements in motor learning following mental practice. *Brain and Cognition, 69*(2), 398–405.

Deci, E. L., & Ryan, R. M. (2000). The „what" and „why" of goal pursuits: Human needs and the self-determination of behavior. *Psychological Inquiry, 11*, 23–40.

Derra, C. (2007). *Progressive Relaxation – Grundlagen und Praxis für Ärzte und Therapeuten*. Köln: Deutsche-Ärzte Verlag.

Deutsche Gesellschaft für Ernährung. (2013). *Referenzwerte für die Nährstoffzufuhr* (5. Aufl.). Frankfurt a. M.: Umschau-Verlag.

Deutscher Olympischer SportBund (DOSB). (2014). Prüfungswegweiser. http://www.dosb. de/fileadmin/user_upload/sportabzeichen.de/downloads/Materialien/1_14/DOSB_Pruefungswegweiser_2014_WEB.pdf. Zugegriffen: 12. Mai 2015.

Dietz, F. (2006). *Psychologie 1 – Methodische Grundlagen und biopsychologische Modelle*. Marburg: MEDI-LEARN Verlag.

Diewald, M. (1991). *Soziale Beziehungen: Verlust oder Liberalisierung? Soziale Unterstützung in informellen Netzwerken*. Berlin: Edition Sigma.

Dirks, S., Klein-Heßling, J., & Lohaus, A. (1994). Entwicklung und Evaluation eines Streßbewältigungsprogrammes für das Grundschulalter. *Psychologie in Erziehung und Unterricht, 41*, 180–192.

Drucker, F. (1954). *The practice of management*. New York: Harper & Row.

Elliot, A. J., & Sheldon, K. M. (1997). Avoidance achievement motivation: A personal goal analysis. *Journal of Personality and Social Psychology, 73*(1), 171–185.

Ellrott, T., Pudel, V., & Westenhöfer, J. (2005). Fettreduzierte Lebensmittel ad libitum, eine geeignete Strategie zur Gewichtsabnahme? *Aktuelle Ernährungsmedizin, 20*, 293–303.

Ende, M. (2009). *Momo: Oder Die seltsame Geschichte von den Zeit-Dieben und von dem Kind, das den Menschen die gestohlene Zeit zurückbrachte*. Stuttgart: Thienemann Verlag.

Eppel, H. (2007). *Stress als Risiko und Chance. Grundlagen von Belastung, Bewältigung und Ressourcen*. Stuttgart: Kohlhammer Verlag.

Euro-FH. (2012). Fernstudium parallel zum Beruf. Bedeutung und Akzeptanz bei Personalentscheidern in mittleren und großen Unternehmen. Repräsentative forsa-Umfrage. http://www.euro-fh.de/infos-service/presse/pressearchiv/forsa-studie/. Zugegriffen: 12. Mai 2015.

Euro-FH. (2013). Fernstudium parallel zum Beruf. Bedeutung und Akzeptanz bei Personalentscheidern in mittleren und großen Unternehmen. Repräsentative forsa-Umfrage. http://www.euro-fh.de/index.php/download_file/view/1165/520/. Zugegriffen: 12. Mai 2015.

Literatur

Forum Distanc E-Learning. (2014). Fernunterrichtsstatistik 2013. http://fdlmedia.istis.de/files/Fernunterrichtsstatistik/Fernunterrichtsstatistik_2013_offiziell.pdf. Zugegriffen: 12. Mai 2015.

Fry, W. (2000). Humor lehrt uns immer wieder etwas Neues. Der Gerontologe William Fry über das Lachen und den Humor. *Psychologie, 1,* 67–69.

Garber, C. E., Blissmer, B., Deschenes, M. R., et al. (2011). American college of sports medicine position stand. Quantity and quality of exercise for developing and maintaining cardiorespiratory, musculoskeletal, and neuromotor fitness in apparently healthy adults: Guidance for prescribing exercise. *Medicine & Science in Sports & Exercise, 43,* 1334–1359.

Geisler, E. (2012). *GOOD BYE burnout.* Norderstedt: Book on Demand.

Gesundheitsberichterstattung des Bundes. (2014). Teilnahme am gesetzlichen Gesundheits-Check-up. Gliederungsmerkmale: Jahre, Deutschland, Alter, Geschlecht. www.gbe-bund.de. Zugegriffen: 3. Aug. 2014.

Gollwitzer, P. M., & Moskowitz, G. (1996). Goal effects on action and cognition. In E. T. Higgins & A. W. Kruglanski (Hrsg.), *Social psychology: Handbook of basic principles* (S. 361–399). New York: Guilford Press.

Grosse-Holtforth, M., & Grawe, K. (2000). Fragebogen zur Analyse Motivationaler Schemata (FAMOS). *Zeitschrift für Klinische Psychologie und Psychotherapie, 29*(3), 170–179.

Größing, S. (1997). Bewegungskulturelle Bildung und sportliche Handlungsfähigkeit. In E. Balz & P. Neumann (Hrsg.), *Wie pädagogisch soll der Schulsport: Auf der Suche nach fachdidaktischen Antworten* (S. 33–45). Schöndorf: Hoffmann Verlag.

Hapke, U., Maske, U. E., et al. (2013). Chronischer Stress bei Erwachsenen in Deutschland. Ergebnisse der Studie zur Gesundheit Erwachsener in Deutschland (DEGS1). *Bundesgesundheitsblatt – Gesundheitsforschung – Gesundheitsschutz, 5/6,* 749–754.

Häusel, H. G. (2005). *Think Limbic!* München: Haufe Verlag.

Häusel, H. G. (2007). *Limbic success.* München: Haufe Verlag.

Häusel, H. G. (2010). Think Limbic! Die Emotionsstrukturen im Gehirn kennen und für die Markenführung nutzen. In M. Bruhn & R. Köhler (Hrsg.), *Wie Marken wirken: Impulse aus der Neuroökonomie für die Markenführung* (S. 233–250). München: Franz Vahlen Verlag.

Haut, J., & Emrich, E. (2011). Sport für alle, Sport für manche. *Sportwissenschaft, 41,* 315–326.

Heine, M., & Herr, H. (2013). *Volkswirtschaftslehre – Paradigmenorientierte Einführung in die Mirko- und Makroökonomie* (4. Aufl.). München: Oldenbourg Wissenschaftsverlag GmbH.

Hesse, H. (2012). *Demian.* Berlin: Suhrkamp.

Hobfoll, S. E., & Buchwald, P. (2004). Die Theorie der Ressourcenerhaltung und das multiaxiale Copingmodell – eine innovative Stresstheorie. In P. Buchwald, C. Schwarzer, & S. E. Hobfoll (Hrsg.), *Stress gemeinsam bewältigen – Ressourcenmanagement und multiaxiales Coping* (S. 11–26). Göttingen: Hogrefe Verlag.

Höcker, A., Engberding, M., & Rist, F. (2013). *Prokastination – Ein Manuel zur Behandlung des pathologischen Aufschiebens.* Göttingen: Hogrefe Verlag.

Holmes, T. H., & Rahe, R. H. (1967). The social readjustment rating scale. *Journal of Psychometric Research, 11,* 213–218.

Hoover, E. (2005). Tomorrow, I love Ya! *The Chronicle of Higher Education, 52*(16), A30.

Hüther, G. (2011). *Was wir sind und was wir sein könnten: Ein neurobiologischer Mutmacher*. Frankfurt a. M.: Fischer Verlag.

Hüther, G. (2013). *Biologie der Angst: Wie aus Streß Gefühle werden*. Göttingen: Vandenhoeck & Rubrecht Verlag.

Isebaert, L. (2005). *Kurztherapie – ein praktisches Handbuch: Die gesundheitsorientierte kognitive Therapie*. Stuttgart: Thieme Verlag.

Jäger, R. (2007). *Selbstmanagement und persönliche Arbeitstechniken*. Gießen: Verlag Dr. Götz Schmidt.

Jakoby, W. (2013). *Projektmanagement für Ingenieure: Ein praxisnahes Lehrbuch für den systematischen Projekterfolg* (2. Aufl.). Wiesbaden: Springer.

Kahnemann, D., & Tversky, A. (1979). Prospect theory: An analysis of decision under risk. *Econometrica, 47*(2), 263–291.

Kaluza, G. (2011). *Stressbewältigung* (2. Aufl.). Berlin: Springer.

Kaluza, G. (2014). *Gelassen und sicher im Stress*. Berlin: Springer.

Katie, B., & Mitchell, S. (2002). *Lieben was ist: Wie vier Fragen Ihr Leben verändern können*. München: Verlagsgruppe Random House GmbH.

Kluge, I., & Kundermann, B. (2012). Schlafstörungen. In T. Kirchner (Hrsg.), *Kompendium der Psychotherapie* (S. 431–447). Berlin: Springer.

Knoblauch, J., Hüger, J., & Mockler, M. (2005). *Ein Meer an Zeit – Die neue Dimension des Zeitmanagements*. Frankfurt a. M.: Campus Verlag.

Koch, C. J., & Kleinmann, M. (2002). A stitch in time saves nine: Behavioural decision-making explanations for time management problems. *European Journal of Work and Organizational Psychology, 11*(2), 199–217.

Krapp, A., & Deci, E. L. (2002). Selbstwirksamkeit und Lernmotivation. *Zeitschrift für Pädagogik, 44*, 54–82.

Krug, W. (2010). Psychohygiene im Pflegeberuf. In S Amberger & S. C. Roll (Hrsg.), *Psychiatriepflege und Psychotherapie* (S. 107–119). Stuttgart: Thieme Verlag.

Kruse, O. (2000). *Kein Angst vor dem leeren Blatt: Ohne Schreibblockaden durchs Studium* (4. Aufl.) Frankfurt a. M.: Campus Verlag.

Küstenmacher, W. T., & Seiwert, L. (2013). *Simplify your Life: Einfacher und glücklicher leben*. Knaur TB.

Lazarus, R. S. (1995). Stress und Stressbewältigung – Ein Paradigma. In S. H. Filipp (Hrsg.), *Kritische Lebensereignisse* (S. 198–232). Weinheim: Psychologie Verlags Union.

Lazarus, R. S., & Launier, R. (1981). Streßbezogene Transaktionen zwischen Person und Umwelt. In J. R. Nitsch (Hrsg.), *Stress. Theorien, Untersuchungen, Maßnahmen* (S. 213–259). Bern: Hans Huber Verlag.

Leppin, A. (2004). Konzepte und Strategien der Krankheitsprävention. In K. Hurrelmann, T. Klotz, & J. Haisch. (Hrsg.), *Lehrbuch Prävention und Gesundheitsförderung* (S. 31–40). Bern: Hans Huber Verlag.

Macht, M., & Simson, G. (2011). Emotional eating. In I. Nyklicek, A. Vingerhoets, & M. Zeelenenberg (Hrsg.), *Emotional regulation and well-being* (S. 281–296). New York: Springer.

Marx, R. (2006). Angststörungen – eine Einführung. In W. Beiglböck, et al. (Hrsg.), *Handbuch der klinisch-psychologischen Behandlung* (2. Aufl., S. 197–203). Wien: Springer.

Maslow, A. (1987). *Motivation and personality* (3. Aufl.). New York: Harper & Row.

Meier-Baumgartner, H. P., Dapp, U., & Anders, J. (2006). *Aktive Gesundheitsförderung im Alter* (2. Aufl.). Stuttgart: Kohlhammer Verlag.

Morschitzky, H. (2009). *Angststörungen, Diagnostik, Konzepte, Therapie, Selbsthilfe.* Wien: Springer.
Müller, T., & Paterok, B. (2010). *Schlaftraining – Ein Therapiemanual zur Behandlung von Schlafstörungen* (2. Aufl.). Göttingen: Hogrefe Verlag.
Myers, D. G. (2008). *Psychologie* (2. Aufl.). Wiesbaden: Springer.
Nachreiner, F., Janßen, D., & Schonmann, C. (2005). Arbeitszeit und Gesundheit – zu gesundheitlichen Effekten längerer Wochenarbeitszeiten. In Gesellschaft für Arbeitswissenschaft e.V. (GfA) (Hrsg.), *Personalmanagement und Arbeitsgestaltung. Bericht zum 51. Arbeitswissenschaftlichen Kongress an der Universität Heidelberg, 22.–24.03.2005* (S. 337–340). Dortmund: GfA Press.
Naz, S. (2004). Was ich von Ferdinand Drucker gelernt habe. In P. F. Drucker & P. Paschek (Hrsg.), *Kardinaltugenden effektiver Führung* (S. 205–216). München: Redline Wirtschaftsverlag.
Panksepp, J. (1998). *Affective neuroscience. The foundations of human and animal emotions.* New York: Oxford University Press.
Pellerin, L., & Magistretti, L. P. (2003). How to balance the brain energy budget while spending glucose differently. *The Journal of Physiology, 546*(2), 325.
Persson, P. B. (2011). Wasser- und Elektrolythaushalt. In R. Schmidt, F. Lang, & M. Heckmann (Hrsg.), *Physiologie des Menschen* (S. 664–681). Berlin: Springer.
Priebe, K., Schmahl, C., & Stiglmayr, C. (2013). *Dissoziation.* Berlin: Springer.
Prinz, A., & Pawelzik, M. R. (2008). Neuroökonomie. In S. Gauggle & M. Herrmann (Hrsg.), *Handbuch der Neuro- und Biopsychologie.* Göttingen: Hogrefe Verlag.
Pudel, V. (2010). Ernährung – Gewicht – Diät. Die Mythen und die Fakten. In G. Reich & M. Cierpka (Hrsg.), *Psychotherapie der Essstörungen* (3. Aufl., S. 1–28). Stuttgart: Georg Thieme Verlag.
Reime, B. (2000). *Gesundheitsverhalten erwerbstätiger Frauen im Kontext von Burnout, Sozialer Unterstützung und Gender.* Münster: Wattmann.
Reinmann, G., & Bianco, T. (2008). *Knowledge Blogs zwischen Kompetenz, Autonomie und sozialer Eingebundenheit.* Arbeitsbericht. Augsburg: Universität Augsburg.
Riedenauer, M., & Tschirf, A. (2012). *Zeitmanagement und Selbstorganisation in der Wissenschaft – Ein selbstbestimmtes Leben in Balance.* Wien: Facultas Verlags- und Buchhandels AG.
Robinson, V. M. (2002). *Praxishandbuch therapeutischer Humor. Grundlagen und Anwendung für Gesundheits- und Pflegeberufe* (2. Aufl.). Bern: Hans Huber Verlag.
Rosenberg, M. B. (2012). *Gewaltfreie Kommunikation: Eine Sprache des Lebens* (10. Aufl.). Paderborn: Junfermannsche Verlagsbuchhandlung.
Rudow, B. (2011). *Die gesunde Arbeit – Arbeitsgestaltung, Arbeitsorganisation und Personalführung* (2. Aufl.). MüncChen: Oldenbourg Wissenschaftsverlag GmbH.
Ruhmann, G. (1995). Schreibprobleme – Schreibberatung. In J. Baurmann & R. Weingarten (Hrsg.), *Schreiben: Prozesse, Prozeduren, Produkte* (S. 85–106). Opladen: Westdeutscher Verlag.
Saletu, M. (2013). Eine Schlafstörung kommt selten allein. *Psychopraxis, 5,* 8–13.
Scheffer, D., & Heckhausen, H. (2006). Eigenschaftstheorien der Motivation. In J. Heckhausen & H. Heckhausen (Hrsg.), *Motivation und Handeln* (3. Aufl., S. 45–72). Heidelberg: Springer.

Scheier, C. (2008). Neuromarketing: Über den Mehrwert der Hirnforschung für das Marketing. In R. T. Kreutzer & W. Merkle (Hrsg.), *Die neue Macht des Marketing* (S. 305–323). Wiesbaden: Gabler Verlag.
Scheier, C., & Held, D. (2006). *Wie Werbung wirkt – Erkenntnisse des Neuromarketing*. München: Haufe Verlag.
Scherenberg, V. (2011). *Nachhaltigkeit in der Gesundheitsvorsorge: Wie Krankenkassen Marketing und Prävention erfolgreich verbinden*. Wiesbaden: Gabler Verlag.
Scherenberg, V. (2012). Potenziale des Neuromarketings für die Gestaltung von Gesundheitskampagnen. In S. Hoffmann, U. Schwarz, & R. Mai (Hrsg.), *Angewandtes Gesundheitsmarketing* (S. 147–162). Wiesbaden: Springer.
Scherenberg, V., & Glaeske, G. (2010). Lust statt Frust – Erkenntnisse der Hirnforschung für Gesundheitskampagnen nutzen. *Mabuse, 186*, 51–53.
Scherenberg, V., & Greiner, W. (2008). *Präventive Bonusprogramme – Auf dem Weg zur Überwindung des Präventionsdilemmas*. Bern: Hans Huber Verlag.
Schmid, N. (2013). *Mein Weg in die Entspannung*. Wien: maudrich Verlag.
Schwarzer, C., Meißen, B., & Buchwald, P. (2001). *Stressmanagement im Erziehungsalltag*. Aachen: Caritasverband für das Bistum Aachen e.V.
Selye, H. (1956). *The stress of life*. New York: McGraw Hill.
Selye, H. (1974). *Stress without distress: How to survive in a stressful society*. London: Hodder and Stoughton.
Spitzenverband der gesetzlichen Krankenkassen. (2014). Leitfaden Prävention. http://www.gkv-spitzenverband.de/media/dokumente/presse/publikationen/Leitfaden_Praevention-2014_barrierefrei.pdf. Zugegriffen: 12. Mai 2015.
Spitzer, M. (2007). *Lernen: Gehirnforschung und die Schule des Lebens* (3. Aufl.). Heidelberg: Spektrum Akademischer Verlag.
Sprenger, R. (2000). *Die Entscheidung liegt bei Dir! Wege aus der alltäglichen Unzufriedenheit*. Frankfurt a. M.: Campus.
Staedt, J., & Riemann, D. (2006). *Diagnostik und Therapie von Schlafstörungen*. Stuttgart: Kohlhammer Verlag.
Steiner, A. (2009). *100 Glückwünsche – Sprüche, Zitate und Verse für jeden Anlass*. Hannover: Schlütersche Verlagsgesellschaft.
Stoll, O., & Ziemainz, H. (2012). *Laufen psychotherapeutisch nutzen*. Berlin: Springer.
Tausch, R. (1996). *Hilfen bei Stress und Belastung*. Hamburg: Rowohlt.
Krankenkasse, T. (2013). Bleib locker Deutschland! TK-Studie zur Stresslage der Nation. www.tk.de/centaurus/servlet/contentblob/590188/Datei/115476/TK_Studienband_zur_Stressumfrage.pdf. Zugegriffen: 2. Aug. 2014.
Thees, S., Gobel, J., Jose, G., Bohrhardt, R., & Esch, T. (2012). Die Gesundheit von Studierenden im Bologna-Prozess – Untersuchungen zu Gesundheitsverhalten, Stress und Wohlbefinden zeigen Handlungsbedarf. *Prävention und Gesundheitsförderung, 7*(3), 196–202.
Titze, M., & Eschenröder, T. (2007). *Therapeutischer Humor: Grundlagen und Anwendungen*. Frankfurt a. M.: Fischer Verlag.
Tracy, B. (2002). *Eat the frog*. Offenbach: Gabal Verlag.
Tudor-Locke, C., & Bassett, D. R. (2004). How many steps/day are enough? Preliminary pedometer indices for public health. *Sports Medicine, 1*(34), 1–8.
Voss, R. (2014). *Wissenschaftliches Arbeiten* (3. Aufl.). Konstanz: UVK Verlagsgesellschaft.

Literatur

Wagner-Link, A. (1996). *Der Stress – Stressoren erkennen, Belastungen vermeiden, Stress bewältigen.* Hamburg: Techniker Krankenkasse.

Wagner-Link, A. (2009). *Aktive Entspannung und Stressbewältigung. Wirksame Methoden für Vielbeschäftigte* (6. Aufl). Renningen: Expert-Verlag.

Weckert, A. (2012). *Tanz auf dem Vulkan – Gewaltfreie Kommunikation und Neurobiologie in Konfliktsituationen.* Paderborn: Junfermannsche Verlagsbuchhandlung.

Weisman, A., Augsten, T., & Artmann, A. (2014). *Das Unternehmenscockbit – Erfolgreiches Navigieren in schwierigen Märkten* (2. Aufl.). Wiesbaden: Springer.

Weisweiler, S., Dirscherl, B., & Braumandl, I. (2013). *Zeit- und Selbstmanagement: Ein Trainingsmanual – Module, Methoden, Materialien für Training und Coaching.* Berlin: Springer.

Zander, M. (2011). *Handbuch der Resilienzförderung.* Wiesbaden: VS Verlag für Sozialwissenschaften.

Sachverzeichnis

A
Ablenkung, 77, 100, 101, 113, 126, 127, 135
Adrenalin, 88, 145
Anerkennung, 92, 130–132, 156
Angst, 81, 82, 85, 87, 96, 101, 102, 105, 127, 130
Annäherungsziele, 105
Arbeitslosigkeit, 156
Arbeitsmaterialien, 138, 139
Ausdauersport, 115–117

B
Belohnung, 106, 118, 121
Bewältigungsstrategien, 77, 85
Bewegung, 77, 111, 113, 114, 117, 118
Bewegungsvorsätze, 115

D
Dankbarkeit, 83
Dopamin, 107, 128, 131, 145
Du-Botschaften, 94

E
Eisenhower-Regel, 152
Emotional Eater, 118
emotionale Beteiligung, 145
emotionale Distanz, 86
Endorphine, 107, 145
Entlastung, 77, 86, 91, 103, 109, 111, 132, 143
Entspannungstechniken, 133

Erfolgserfahrungen, 81
Erholung, 77, 98, 99, 113, 122, 126, 127, 133, 134, 153
Erholungsdefizit, 134
Ernährung, 77, 113, 118, 120, 121
Ernährungsumstellung, 120, 121
Ernährungsverhalten, 118
extrinsische Motivation, 154

F
falscher Stolz, 142
Fernziel, 104, 107
Flucht-oder-Kampf-Reaktion, 114
Fünf-am-Tag-Regel, 120

G
Gedanken, 78, 85, 86, 92, 108, 111, 121, 122, 127, 128, 130–132, 135, 143, 146
gewaltfreie Kommunikation, 93, 97
Gewohnheiten, 2, 3, 108, 121, 156, 157
Gruppenprojekt, 87, 91, 93, 141

H
Handhabbarkeit, 148
Humor, 88

I
Ich-Botschaften, 93–95
ICH-Botschaften, 97
Inbox-Zero-Methode, 112
innere Einstellung, 75–77
intrinsische Motivation, 22, 154

© Springer Fachmedien Wiesbaden 2016
V. Scherenberg, P. Buchwald, *Stressmanagement im Fernstudium*,
DOI 10.1007/978-3-658-09607-6

Isolation, 137, 140

K
Kohärenzgefühl, 147
Kommunikation, 76, 82, 88, 90, 93–97, 111, 146
Kompetenzen, 144, 145
Krankheit, 156

L
Leidensdruck, 82
Leistungsfähigkeit, 134

M
Mentoren-Programm, 138
Misserfolge, 77, 80, 81, 82
Modelllernen, 79
Motivation, 105, 106, 118, 119, 129, 134, 137, 146, 154–156
Motive, 131, 154, 155

N
Nervenzellenverschaltungen, 145
Neuroplastizität, 145
Nikotin, 122

O
Online-Campus, 141
Opferrolle, 79
Optimismus, 83

P
Pareto-Prinzip, 152
Perfektionismus, 82, 90, 101, 141, 152
Prioritäten, 92, 93, 98, 99, 102, 104, 147
Prokrastination, 101
psychische Widerstandsfähigkeit, 78

R
Resilienz, 75–77, 79
Ressourcenbilanz, 76
Rituale, 98, 106, 108–110

S
Sägeblatteffekt, 99
Schlaf, 77, 113, 121–125

Schlafqualität, 120, 123
Schlaf-Wach-Rhythmus, 123
Schreibblockade, 140
Schuldzuweisung, 79
Schwangerschaft, 156
Selbstmanagement, 76, 77, 105, 144, 146, 147
Selbstmotivation, 104, 150
Selbstwirksamkeit, 81, 107, 160
selektive Wahrnehmung, 85
Sinnhaftigkeit, 137, 148
Sinnsuche, 86
soziale Netzwerke, 138
Spirale negativer Gefühle, 78
Sportart, 116
Stressfaktoren, 90
Stress-Manhattan, 76
Stressoren, V
Stressreaktionen, 1
Studienservice, 138

T
Teilziele, 147, 149, 150
To-do-Liste, 153

U
Überforderung, V, 90

V
Vermeidungsziele, 105
Verstehbarkeit, 148
Vertrauen, 148
Visualisierung, 150, 151
Vorstellungsbilder, 105, 129–131

W
Weltbild, 84
wissenschaftliche Arbeit, 140

Z
Zeitfresser, 76, 97–100, 126
Zeitmanagement, 77, 86, 97, 98, 104, 112, 146, 152
Ziele, 77, 90, 98, 102, 105–107, 110, 111, 116, 118, 130, 137, 146–150, 155, 156

Druck: KN Digital Printforce GmbH · Schockenriedstraße 37 · 70565 Stuttgart